21世纪复旦大学研究生教学用书

THINGS YOU SHOULD KNOW

你应该了解的
专业学位硕士研究生政治读本

肖 巍　吴海江　主编

复旦大学出版社

编辑出版说明

21世纪,随着科学技术的突飞猛进和知识经济的迅速发展,世界将发生深刻变化,国际间的竞争日趋激烈,高层次人才的教育正面临空前的发展机遇与巨大挑战。

研究生教育是教育结构中高层次的教育,肩负着为国家现代化建设培养高素质、高层次创造性人才的重任,是我国增强综合国力、增强国际竞争力的重要支撑。为了提高研究生的培养质量和研究生教学的整体水平,必须加强研究生的教材建设,更新教学内容,把创新能力和创新精神的培养放到突出位置上,必须建立适应新的教学和科研要求的有复旦特色的研究生教学用书。

"21世纪复旦大学研究生教学用书"正是为适应这一新形势而编辑出版的。"21世纪复旦大学研究生教学用书"分文科、理科和医科三大类,主要出版硕士研究生学位基础课和学位专业课的教材,同时酌情出版一些使用面广、质量较高的选修课及博士研究生学位基础课教材。这些教材除可作为相关学科的研究生教学用书外,还可以供有关学者和人员参考。

收入"21世纪复旦大学研究生教学用书"的教材,大都是作者在编写成讲义后,经过多年教学实践、反复修改后才定稿的。这些作者大都治学严谨,教学实践经验丰富,教学效果也比较显著。由于我们对编辑工作尚缺乏经验,不足之处,敬请读者指正,以便我们在将来再版时加以更正和提高。

复旦大学研究生院

目 录

导言 ··· 1

第一讲 改革开放与全面深化改革 ································· 7
一、改革开放是决定性的一招 ···································· 7
1. 改革开放只有进行时没有完成时 ··························· 7
2. 改革开放取得的伟大成就 ····································· 10
3. "六个紧紧围绕"全面深化改革 ··························· 13
4. 改革开放的深刻启示 ·· 15
   延伸阅读1.1 ··· 17

二、必须进一步解放思想 ·· 21
1. 为什么要解放思想 ·· 21
2. 进一步解放思想的必要性 ····································· 23
3. 坚持"三个进一步解放"的统一 ··························· 24
   延伸阅读1.2 ··· 26

三、涉深水、闯险滩才能破困局 ································· 29
1. 改革已进入"攻坚期""深水区" ··························· 29
2. 勇于啃硬骨头、涉深水、闯险滩 ··························· 30
3. 坚定信心,"敢"字当头,有勇有谋 ····················· 32
4. 抓住机遇,不失时机赢得战略主动 ······················· 34
   延伸阅读1.3 ··· 36

第二讲 中国特色社会主义:道路、理论与制度 ············· 40
一、勇于探索增强道路自信 ·· 40
1. 道路决定前途命运 ·· 40

2. 中国道路何以自信 ·· 41
　　3. 所谓"中国特色" ·· 43
　　延伸阅读2.1 ·· 45
二、不断创新促进理论自信 ·· 48
　　1. "大胆地试,大胆地闯" ··· 48
　　2. "创新,创新,再创新" ··· 50
　　3. "创新永无止境" ·· 51
　　延伸阅读2.2 ·· 53
三、不断完善打造制度自信 ·· 56
　　1. 我们的制度被实践证明是符合中国国情的制度 ························· 56
　　2. 我们的制度是当代中国发展进步的根本保障 ···························· 57
　　3. 促进中国特色社会主义制度更加成熟更加定型 ························· 59
　　延伸阅读2.3 ·· 61
四、坚定走中国道路弘扬中国精神凝聚中国力量 ···································· 64
　　1. 中国梦：中华民族伟大复兴的愿景 ······································ 65
　　2. 实现中国梦必须走中国道路 ·· 66
　　3. 实现中国梦必须弘扬中国精神 ··· 67
　　4. 实现中国梦必须凝聚中国力量 ··· 68
　　延伸阅读2.4 ·· 69

第三讲　总依据总布局总任务 ·· 72
一、牢牢把握最大国情、最大实际 ·· 72
　　1. 关于社会主义初级阶段 ·· 72
　　2. 中国仍然是发展中国家 ·· 74
　　3. 坚持最大国情、最大实际的意义 ·· 76
　　延伸阅读3.1 ·· 77
二、社会主义是全面发展的社会主义 ·· 80
　　1. 全面发展的总体布局 ··· 80
　　2. 总布局的形成与发展 ··· 82
　　3. 全面发展是社会主义的本质要求 ·· 83
　　延伸阅读3.2 ·· 84

三、实现中华民族伟大复兴 ··· 87
　　1. "实现中华民族伟大复兴"的内涵 ························· 88
　　2. 实现中华民族伟大复兴的条件 ····························· 90
　　3. 聚焦总任务努力奋斗 ··· 92
　　延伸阅读 3.3 ··· 93
四、把握新机遇推进国家治理现代化 ····························· 96
　　1. 新的历史特点新的时代要求 ······························· 96
　　2. 国家治理体系与治理能力 ··································· 98
　　3. 推进国家治理现代化的要领 ······························· 99
　　延伸阅读 3.4 ··· 102

第四讲　创新驱动转型发展 ·· 106
一、发展转型时不我待 ·· 106
　　1. 粗放型增长方式不可持续 ··································· 106
　　2. "中等收入陷阱"挑战及其应对 ···························· 108
　　3. 不能老停留于"中国制造"的"世界工厂" ··············· 110
　　延伸阅读 4.1 ··· 112
二、从"中国制造"到"中国创造" ································· 115
　　1. "中国制造"正面临全球产业革命新变局 ················ 115
　　2. "中国创造"就是要成为创新型国家 ······················ 117
　　3. 创新驱动绝非一日之功 ····································· 119
　　延伸阅读 4.2 ··· 121
三、重要的是能力与体制建设 ······································· 126
　　1. 创新需要合适的社会生态系统 ···························· 126
　　2. 政府和市场在创新驱动发展战略中的作用 ············ 127
　　3. 加强创新驱动能力建设 ····································· 130
　　延伸阅读 4.3 ··· 134

第五讲　科学技术与社会进步 ·· 140
一、科学共同体与科学规范 ·· 140
　　1. 科学共同体 ··· 141
　　2. 关于科学的"规范" ··· 143

延伸阅读 5.1 ······ 145
二、科学技术的社会条件 ······ 149
　　1. 经济生活 ······ 149
　　2. 政治制度 ······ 150
　　3. 意识形态 ······ 151
　　4. 教育水平 ······ 152
　　5. 文化传统 ······ 153
　　延伸阅读 5.2 ······ 154
三、科学技术的社会功能 ······ 156
　　1. 科学技术的物质价值 ······ 156
　　2. 科学技术的精神价值 ······ 160
　　延伸阅读 5.3 ······ 163
四、科学精神与人文情怀 ······ 165
　　1. 弘扬科学精神 ······ 166
　　2. 观照人文情怀 ······ 167
　　延伸阅读 5.4 ······ 169

第六讲　科学方法与社会科学方法 ······ 173
一、从科学到社会科学 ······ 173
　　1. "科学"之内涵 ······ 173
　　2. 社会科学之发端 ······ 175
　　3. 社会科学之生成 ······ 178
　　延伸阅读 6.1 ······ 179
二、社会科学方法：实证、诠释或批判？ ······ 184
　　1. 社会科学研究方法的三种基本范式 ······ 184
　　2. 马克思主义社会科学方法论的意义 ······ 186
　　3. 三种研究范式简评 ······ 188
　　延伸阅读 6.2 ······ 190
三、大数据时代科学研究的机遇与挑战 ······ 195
　　1. 大数据的 4 个 "V" ······ 196
　　2. 科学研究生态的改变 ······ 198
　　3. 大数据时代的社会科学方法论 ······ 199

延伸阅读 6.3 ………………………………………………… 202

第七讲　把握主动引领社会思潮 …………………………… 206
　一、意识形态：从控制到引领 ………………………………… 206
　　1. 意识形态前世今生 ………………………………………… 206
　　2. 意识形态的"控制术" …………………………………… 209
　　延伸阅读 7.1 ………………………………………………… 212
　二、当代社会思潮谱系 ………………………………………… 215
　　1. 老左派与新左派思潮 ……………………………………… 215
　　2. 自由主义思潮 ……………………………………………… 216
　　3. 文化保守主义思潮 ………………………………………… 217
　　4. 民族主义思潮 ……………………………………………… 218
　　5. 民粹主义思潮 ……………………………………………… 219
　　6. 民主社会主义思潮 ………………………………………… 220
　　延伸阅读 7.2 ………………………………………………… 221
　三、主流价值重在建设 ………………………………………… 224
　　1. 当代中国意识形态问题研判 ……………………………… 225
　　2. 意识形态建设的前景 ……………………………………… 228
　　延伸阅读 7.3 ………………………………………………… 231

第八讲　世界文明与中国发展 ……………………………… 239
　一、中国的发展离不开世界 …………………………………… 239
　　1. 准确判断时局 ……………………………………………… 240
　　2. 坚定发展目标 ……………………………………………… 242
　　3. 深度融入国际社会 ………………………………………… 244
　　延伸阅读 8.1 ………………………………………………… 246
　二、世界的繁荣也需要中国 …………………………………… 249
　　1. 推动世界经济增长 ………………………………………… 250
　　2. 促进世界和平发展 ………………………………………… 252
　　3. 支持世界文明多样性发展 ………………………………… 253
　　延伸阅读 8.2 ………………………………………………… 255
　三、讲好"中国故事"树立良好国际形象 …………………… 258

1. 国家形象的组成 ………………………………………… 258
　　2. 国家形象的塑造 ………………………………………… 260
　　3. 树立良好的中国国际形象 ……………………………… 262
　　延伸阅读 8.3 ………………………………………………… 264
四、中国和平发展为世界文明作更大贡献……………………… 265
　　延伸阅读 8.4 ………………………………………………… 269

导　言

　　编写一部适合专业学位研究生的思想政治理论课读本,是我们多年从事相关教学活动时感受到的迫切需要。

　　2014 年我国研究生招生 63 万多人(其中博士生 7 万多人),类推研究生在校生可达 180 万人。2012 年研究生招生已比十年前扩大一倍,目前博士生、硕士生和本科生的比例大概是 1∶10∶100。研究生中一个比较突出的情况是理科(包括理工医农)研究生占大多数,而我们大部分思想政治理论教师并非理科背景出身,如何针对理科同学的特点进行教学也是一个很有挑战的课题。特别值得一提的是,近年专业硕士生招生急剧增加,2014 年招生 23.7 万人(占硕士研究生招生总数 56 万的 42%),这部分研究生的教学特点及其要求早已提上议事日程,但一直没有形成比较好的衔接办法。随着今后研究生结构改变的趋势日益明显,专业硕士研究生规模将越来越大,如何提供一部适合他们的思政理论课参考读本,是我们在一年前就开始进行讨论并着手编写本书的初衷。

　　一般说来,研究生的学习动机和自身经历高度相关,许多本科生是被家长、学校追着赶着上来的,而研究生求学的动机往往更讲求实际,更注重本人发展空间。研究生的现实困惑和理论需求程度也和本科生很不一样,他们的经历比本科生要复杂些,特别是在职的专业硕士研究生从本科同一学科、专业一路走上来的并不多,学习时间也比较紧张和集中。就开展面向这些研究生的思想政治理论课而言,我们更应关心的是怎样对他们的现实愿望和理论需求有所帮助。这些研究生年龄稍长,基本上形成了较为稳定的价值观,他们的自主性甚至某些成见也更强烈。他们对社会上各种现象、各种问题有自己的看法,这或许和他们的工作阅历和价值观都有关系。他们接受主流思想的程度以及意识形态认同问题也肯定具有某些特点,他们希望获得能够让他们信服的东西,而不是要他们接受的东西。考虑到这几年研究生就业情况比较低迷,研究生规模是扩大了,但硕士学位的"含金量"并没有因此走高,反而有所下降。从这个意义上说,专业硕士研究生对现实问题的关注,实际上是和他们对前途的焦虑联系在一起的。我们的思想政治理论教育,要努力传递这样的信心:中国发展的成就巨大,但同时问题也很严重,这些问题毕竟要靠如今在读的一批批大学生、研究生去摸索去解决。

当今世界,综合国力竞争愈演愈烈,国际环境复杂多变,各种文明和制度相互碰撞,不同社会思潮相互激荡已成常态;当代中国,深化改革、扩大开放,加快发展方式转变进入攻坚阶段,而作为国家发展之"魂"的意识形态建设,亦由于经济社会文化条件的巨大变化,重建权威性和主导性的任务非常艰巨。

改革开放以来,中国的前途命运与人类文明、时代潮流和世界大趋势越来越密切地联系起来,这也促使我们抓住机遇,迎难而上,大胆吸收和借鉴人类社会一切先进文明成果,全面建设小康社会,进而实现社会主义现代化。我们的意识形态和思想认识也已不断从那些不合时宜的观念、做法和体制中解放出来,从对马克思主义的错误的和教条式的理解中解放出来,从主观主义和形而上学的桎梏中解放出来,既坚持了老祖宗的传统,又谱写了新篇章。但是各种干扰甚至挑战仍然不容忽视;包括某种僵化的东西仍然有习惯性的表现;当我们解放思想,锐意改革,用发展着的马克思主义指导新的实践,解决当下中国的实际问题,并提出一系列新思想、新观点、新论断时,也经常面对这样那样的质疑和非议。

第一,**来自资本主导的现代生产方式、生活方式的挑战**。现代化生产越来越倚重于资本的运作,使资本成为这个世界上最强势的"物化"力量,但对资本逻辑的施展及其已经或可能出现的弊端缺乏足够的警惕,更谈不上严肃认真的批判。科学技术的巨大成就,所标榜的所谓"价值中立""工具理性"和效用(功利)主义往往使人们丧失了对为什么要这样做的价值的追问,也很容易使大众相信科学技术的进步能够解决发展中的所有问题。而且,物质日益丰富和技术更新换代、生活标准的看涨、消费观念的刷新,极大地改变了人们的生活方式和消费习惯,与此同时,通过各种手段刺激起来的消费欲望也在吞噬着劳动的快乐,淹没了人的精神向往和审美情趣,越是发达的地方,这种价值迷失的现象似乎也越严重,"(资本)赢家通吃""科学主义""消费主义"作为某种隐蔽的意识形态不知不觉地宰制人们的思想和行为。

第二,**来自全球化"语境"外来思想的挑战**。冷战终结以后,人们对于苏联解体原因大相径庭的解释,实际上反映了对世界社会主义理论与实践的严重困惑。而西方发达国家有些势力鼓吹的东西尽管很诱人,但对其存在条件、推广的可能性,以及是否适合包括中国在内许多国家的现实国情等却往往被忽略了。在全球化过程中,许多外来的思想及其政策主张也占据了不小的市场,并通过各种渠道产生影响。凭借着先进技术和话语权的优势,西方价值观被"普世"化,地方性的民族认同和文化认同遭遇前所未有的危机,这也意外地滋生了某些极端势力的温床。近年发生的许多国际恐怖主义事件,并没有使人们认清其深层次的思想根源和精神力量,相反,民族主义、激进主义的因素在发酵,还不时以"反全球化""反西方""反精英"的形式表现出来。

第三,**本土各种非主流思潮的挑战**。尽管我们在意识形态领域不断加强宣传和引导力度,但国内各种非主流的思想不但没有偃旗息鼓,反而日益活跃。由于我国经济社会文化发展不均衡,利益多元化和价值观疏离已成为不争事实,任何思想性的约束越来越失去了强制力。譬如文化保守主义希望回归某种传统,刻意强调传统思想中某些与现代化精神格格不入的东西,并把它们当作抑制现代病、克服人心不古的"良药";还有历史虚无主义依托各种假设和隐晦的论证,明里暗里否定历史进程的必然性,否定中国现代化的艰难探索和中国革命的伟大意义,否定中国共产党的执政正当性,却无从提供合理的历史和现实解释。特别是在利益分化导致部分人群物质和精神失落的情况下,否定改革开放的社会思潮也悄然出现了,而且还有蔓延之势;民粹主义鼓动平民化的狂欢和情绪化的宣泄,无形中也在聚集某种社会对抗的能量,它们打着"红色"旗号的主张往往也很具有煽动性和蛊惑性。

第四,**数字技术和网络传播方式的挑战**。数字技术迅猛发展,网络传播方式已经成为大众尤其青年最重要的信息来源和交往途径,这种传播方式所具有的即时性、海量性、互动性、隐蔽性等特点,大大拓展了人们的视野,丰富了人们的精神生活,激活了人们的参与热情,也促使公共话题的思维方式表达方式发生了很大变化。同时,网络传播无论内容还是形式也带来许多新问题,特别是信息安全及管理问题。信息选择的多样性和价值取向的多元化,在相当程度上冲击了主流思想的导向和控制力;数字技术与网络传播的扁平化、虚拟化、娱乐化在不断"挤压"比较严肃的问题讨论,有意无意地"解构"价值观的话语体系。而且,由于网络强大的渗透功能,为各种势力的意识形态传播提供了技术条件,而我们对这些渗透的甄别和防御能力还相当有限,网络化条件下的意识形态建设难度不容低估。

我们要掌握主动,增强主流意识形态的解释力、影响力和凝聚力,不能靠围追堵截疲于应付,更不能罔顾现实自说自话;我们还要认真吸取苏联失败的教训,确立当代中国马克思主义的主导地位和精神引领,与各种社会思潮有更广泛的交流、更积极的交融和更令人信服的交锋,使大众真诚服膺社会主义价值,为中国特色社会主义聚集起最大公约数的共识,凝练全球化时代的民族精神敢为天下先的创新精神,把核心价值观化为青年学生学习、工作和生活实践。

坚持和发展中国特色社会主义是全国各族人民的共同事业,共同事业要有共同的思想基础。改革开放以来特别是近些年,人们思想活动的独立性、选择性、多变性、差异性明显增强,生活方式与价值取向也日益多元化,传统的说教方式越来越难以奏效。考虑到执政党通过国家意志表现出来的主流意识形态(国家意识形态),与广大民众基于利益格局切身感受所反映的各种思想思潮有不小的分化,国家意识形态如何最大限度地"整合"社会思想思潮,凝练核心价值,为进一步改革开放和现代化国家发展凝聚起贯穿历史、现实与未来的精神动力,是我们每个研究生都要面对的。我们的意识形态教育也要变消极被动、反应型为积极主动、引导型,使国家意识形态更符合中国当下实际和未来发展的需要。

一是要有"**自主**"的意识形态建设。中国道路既不同于计划经济与政治集权的"苏联模式",又不是依附于资本主义世界体系的什么道路。中国特色社会主义理论作为中国道路的意识形态表述,尽管在不同时期有所侧重和强调,但一以贯之的基本线索是始终把多民族的社会主义中国的统一、独立和主权作为一切工作的前提和基础,始终把广大人民群众作为国家的根本和历史的创造者,始终把发展作为解决中国一切问题的关键,始终把社会的稳定与和谐作为国家发展的优先价值目标,始终在世界发展的大格局中思考中国的问题和全人类的前途。中国特色社会主义的实践蕴涵着丰富的价值观内容,包括以人为本、发展优先、社会和谐、国家富强、天下为怀;这些内涵构成了核心价值观的"定针",可以增强核心价值观的生命力、凝聚力、感召力,防止在与各种社会思潮的互动碰撞中随波逐流、进退失据,拥有一个大国所应具备的意识形态独立性和稳定性,为实现"中国梦"描绘一幅完整的值得期待的价值观愿景。

二是要有"**整合**"的意识形态建设。在改革开放和社会转型过程中,各种思想思潮都有其存在的合理性,它们或将与核心价值观长期共存,有交流交融也有交锋,这是不以任何主观意志为转移的。我们必须充分了解它们的来龙去脉,以我为主,为我所用,积极加以引导,最大限度地凝聚价值观共识,最大限度地发挥各方面积极性。当代中国马克思主义不但属于中国,而且具有世界意义。我们不能满足于中国话语的阐释,还应具有反映时代特征的世界眼光。应该看到,全球化为马克思主义理论创新展示了更开阔的舞台,为世界社会主义运动发展提供了新的机遇,意识形态建设同样要以当代中国为本位,遵循"古为今用,洋为中用"的原则,努力做到有选择地吸纳、消化中国传统文化、国外马克思主义和西方现代文化中对意识形态建设有益的内容,促进一切人类文明优秀成果服务于这个目标,充分展现意识形态话语的时代性开放性。

三是要有**"中道"**的意识形态建设。当代中国马克思主义深刻体现了马克思主义理论与实践相统一的整体性蕴涵,从理论到实践的进程不能照本宣科依样画葫芦,也不能毕其功于一役,重要的是密切联系当代中国的实际和当今世界的变化,提出切实可行的目标模式与行动路线。在方法论上,各种社会思想思潮既有共性,又有个性。有个性,就有比较;有共性,就可以借鉴。这就要求我们在比较借鉴的基础上,取长补短,举一反三,中道取胜,同时警惕各种"左"和右的偏激主义,包括危言耸听"阴谋论"和巧言令色的民粹主义,还要注意克服急于求成、急功近利的冲动思维;应该不厌其烦地提醒人们,绝不走封闭僵化的老路,也绝不走改旗易帜的邪路,价值观引领要"适度",避免"不及"与"过头"。既应充分吸收一切可以为我所用的思想成果,也要对食洋不化的全盘西化论、泥古不化的文化保守主义和教条主义地看待马克思主义的态度有自己的立场和严肃的批判,既不能放弃原则,一味求和,害怕斗争,又不能草木皆兵,反应过度,既保持坚定的价值立场,也讲求对话交流的艺术。

四是要有**"创新"**的意识形态建设。与全面深化改革相适应,价值观建设也不能墨守成规,包括理论资源、话语体系、表达方式、传播手段等都要主动求"变",主动利用现代传播手段,打造核心价值观传播的新理念、新形象、新渠道、新载体。意识形态创新发展离不开马克思主义中国化、时代化、大众化。马克思主义只有与本国国情相结合、与时代发展同进步、与人民群众共命运,才能焕发出强大的生命力、创造力和感召力。马克思主义中国化、时代化与大众化相辅相成:中国化、时代化就是马克思主义被中国大众接受、认同和运用的过程,也是马克思主义通过中国大众展开中国实践的过程,没有中国化时代化,就没有大众化,也只有通过大众化才能真正实现中国化时代化。扩大国家意识形态的覆盖面与影响力,提升国家意识形态的指导性与有效性。这就对培育和弘扬核心价值观的创新能力提出了更高的要求,特别是通过教育引导、舆论宣传、文化熏陶、实践养成、制度保障,切实把核心价值观贯穿于社会生活方方面面。

我们既要强调坚持指导思想,高扬主旋律;又要尊重多样化的社会现实,尊重差异、包容多样。我们讲思想工作要胸怀大局、把握大势、着眼大事,这些

"大"就是全面建成小康社会的大格局、全面深化改革的大形势、全面推进依法治国的大事项;因势而谋、应势而动、顺势而为,要求我们在意识形态领域增强主动性、掌握主动权、打好主动仗。我们一定要顺应形势变化和时代发展,保持思想的敏锐性和开放度,用新的眼光审视思想政治理论教育新情况,用新的办法解决思想政治理论教育有效性问题,找到打开思想政治理论教育新局面的"金钥匙"。

  本书是学院几位教师集体合作的产物,肖巍负责导言、第一、三讲;吴海江负责第二、五讲;钱箭星负责第四讲;陆炜负责第六讲;李冉负责第七讲;徐蓉负责第八讲。学院博士后柴秀波、博士生王学荣也参与了部分写作工作。

  我们认为,本书所阐发的内容是攻读专业硕士学位的研究生们都应该了解的思想政治理论课内容。

第一讲 改革开放与全面深化改革

中共十八大的召开标志着我国改革开放与社会主义现代化建设进入了一个新阶段。我们在取得巨大成就的同时也出现了不少问题,新一代领导人基于对党和国家奋斗历程和前途命运的深刻思考指出:"现在,解决我国进一步发展面临的一系列突出矛盾和挑战,必须深化改革开放。改革开放是决定当代中国命运的关键一招,也是决定实现'两个一百年'奋斗目标、实现中华民族伟大复兴的关键一招。"[①]中共十八届三中全会通过了《中共中央关于全面深化改革若干重大问题的决定》,以当前亟待解决的重大问题为要领,对全面深化改革的主要任务和重大举措进行了详细而周密的规划和部署。这是坚定不移贯彻党的基本路线、基本纲领、基本经验、基本要求的重要体现,也是坚定不移高举改革开放大旗的重要宣示,是全面深化改革的总部署、总动员。具体而言,《决定》剖析了我国改革发展稳定面临的重大理论和实践问题,阐明了全面深化改革的重大意义和未来方向,提出了全面深化改革的指导思想、目标任务及重大原则,生动描绘了全面深化改革的新蓝图、新目标、新愿景,合理布局了深化改革的战略重点、优先顺序、主攻方向、工作机制、推进方式和时间表、路线图,汇集了全面深化改革的新思想、新论断、新举措,形成了改革理论和政策的一系列重大突破,是我们党在新的历史起点上全面深化改革的科学指南和行动纲领。

一、改革开放是决定性的一招

1. 改革开放只有进行时没有完成时

中国特色社会主义这个"题目",是在改革开放的实践过程中提出来的。中

---

① 《习近平关于全面深化改革论述摘编》,人中央文献出版社2014年版,第3页。

国特色社会主义与改革开放紧紧地联系在一起,水乳交融,不可分割:一方面,我们进行的改革开放是中国特色社会主义的改革开放;另一方面,也只有改革开放才能发展中国、发展社会主义、发展马克思主义。

改革开放是当代中国的"主旋律",也是中国特色社会主义道路、理论和制度的主要内容。"改革开放,是解放和发展社会生产力、不断创新充满活力的体制机制的必然要求,是发展中国特色社会主义的强大动力,必须坚定不移地加以推进。"①作为一项前无古人的崭新事业,中国特色社会主义必然要经历一个从起步蹒跚,不完善、不成熟到逐步完善和成熟的过程,只有通过进一步改革开放,才能提供源源不断的动力源泉,不断吸收人类文明的优秀成果,才能使我们更加坚信中国特色社会主义是实现国家繁荣富强、人民幸福安康的"正道"。正如邓小平1992年在"南方谈话"中所说的那样,"不坚持社会主义,不改革开放,不发展经济,不改善人民生活,只能是死路一条。基本路线要管一百年,动摇不得。只有坚持这条路线,人民才会相信你,拥护你"②。今天,我们对邓小平这番话有了更加深入的理解。中国人民的面貌、社会主义中国的面貌、中国共产党的面貌之所以能够发生如此深刻的变化,中国之所以能够在国际社会赢得举足轻重的地位,靠的正是坚持不懈地推进改革开放这个"关键一招"。

无论是贯彻落实科学发展观,还是完善社会主义市场经济体制;无论是推进和谐社会建设,还是加强反腐倡廉建设,都必须用改革开放的办法来解决阻碍经济社会发展的体制机制问题,努力形成与社会主义初级阶段基本国情相适应的比较成熟的制度,为发展中国特色社会主义提供强有力的体制保障。"改革开放是党在新的历史条件下领导人民进行的新的伟大革命,是决定当代中国命运的关键抉择,是坚持和发展中国特色社会主义、实现中华民族伟大复兴的必由之路。只有改革开放才能发展中国、发展社会主义、发展马克思主义。当前,世情、国情、党情继续发生深刻变化,我国发展中不平衡、不协调、不可持续问题突出,制约科学发展的体制机制障碍躲不开、绕不过,必须通过深化改革加以解决。我们一定要坚定不移坚持中共十一届三中全会以来的路线方针政策,坚定信心、砥砺勇气,坚持不懈把改革创新精神贯彻到治国理政各个环节,奋力把改革开放推向前进。要坚持社会主义市场经济的改革方向,提高改革决策的科学性,增强改革措施的协调性,找准深化改革开放的突破口,明确深化改革开

---

① 胡锦涛:《在中央党校的讲话》,《人民日报》2007年6月26日。
② 《邓小平文选》第3卷,人民出版社1993年版,第370—371页。

放的重点,不失时机地推进重要领域和关键环节改革,继续推进经济体制、政治体制、文化体制、社会体制改革创新,继续解放和发展社会生产力,继续推动我国社会主义制度自我完善和发展,坚决破除一切妨碍科学发展的思想观念和体制机制弊端,为推进中国特色社会主义事业注入强大动力。"①逆水行舟,不进则退。在这个大是大非问题上绝不能犹豫,否则,不仅不能取得新的成就,而且已经取得的成就也将难以保持。

邓小平一针见血地指出:"改革开放迈不开步子,不敢闯,说来说去就是怕资本主义的东西多了,走了资本主义道路。要害是姓'资'还是姓'社'的问题。"②邓小平的这个教诲至今仍然具有警示意义,进一步改革开放的最大障碍仍然是姓"社"姓"资"问题。我们绝不能以所谓"改革"为名,否定党的领导和社会主义原则,但也要警惕有人以所谓"反思改革"为名,否定改革开放这个"关键抉择"。进一步改革开放,更加要求提高改革决策的科学性,增强改革措施的协调性,处理好改革发展稳定的关系,加快重要领域和关键环节的改革步伐,在扩大开放的同时全面提高开放水平,这也是丰富和发展中国特色社会主义理论体系的实践活力。"世界在变化,形势在发展,中国特色社会主义实践在深入,不断学习、善于学习,努力掌握和运用一切科学的新思想、新知识、新经验,是党始终走在时代前列引领中国发展进步的决定性因素。"③为此,我们还必须按照"科学理论武装、具有世界眼光、善于把握规律、富有创新精神"的要求,把建设马克思主义学习型政党这个重大而紧迫的战略任务抓紧抓好,扎扎实实地提高执政党的马克思主义理论水平。

中共十八大以来,我们党反复强调改革开放的极端重要性,提出了"两个关键一招":改革开放是决定当代中国命运的关键一招,也是决定实现"两个一百年"奋斗目标、实现中华民族伟大复兴的关键一招,实践发展永无止境,解放思想永无止境,改革开放也永无止境,改革开放只有进行时、没有完成时。面对新形势新任务,我们必须通过全面深化改革,不动摇、不折腾、不懈怠,以更大的政治智慧和勇气着力解决我国发展面临的一系列突出矛盾和问题,不断推进中国特色社会主义制度的完善和发展。

---

① 胡锦涛:《在庆祝中国共产党成立90周年大会上的讲话》,《人民日报》2011年7月2日。
② 《邓小平文选》第3卷,人民出版社1993年版,第372页。
③ 《中共中央关于加强和改进新形势下党的建设若干重大问题的决定》,人民出版社2009年版。

2. 改革开放取得的伟大成就

1978年中共十一届三中全会做出把"全党工作的着重点和全国人民的注意力转移到社会主义现代化建设上来","多方面地改变同生产力发展不适应的生产关系和上层建筑,改变一切不适应的管理方式、活动方式和思想方式"的决定,这实则改革开放的历史性决策。这场新的历史条件下的伟大革命,成了当代中国发展进步的活力之源。三十多年来,我国经济社会面貌发生了历史性变化,经济实力和综合国力显著增强,人民物质文化生活水平大幅度提高,国际地位和影响力明显提升。正如习近平指出的:"没有改革开放,就没有中国的今天,也就没有中国的明天。"①

中共十七大将我国改革开放的宝贵经验总结为"十个结合",这"十个结合"是我们这样一个十几亿人口的发展中大国摆脱贫困、加快实现现代化、巩固和发展社会主义的"重要法宝"。一是把坚持马克思主义基本原理同推进马克思主义中国化结合起来,我们既没丢掉传统,又发展了传统,既坚持马克思主义基本原理,又根据当代中国实践和时代发展不断推进马克思主义中国化,使马克思主义更好地指导中国特色社会主义的实践,同时赋予当代中国马克思主义勃勃生机。二是把坚持四项基本原则同坚持改革开放结合起来,我们既以四项基本原则保证改革开放的正确方向,又通过改革开放赋予四项基本原则新的时代内涵,引导全党全国各族人民深刻认识坚持四项基本原则与坚持改革开放的辩证关系和重大意义,坚持"一个中心"同"两个基本点"统一于发展中国特色社会主义的伟大实践,使中国特色社会主义在当今世界的深刻变动和当代中国的深刻变革中牢牢立住了、站稳了,并成为充满生机活力的社会主义。三是尊重人民首创精神同加强和改善党的领导结合起来,我们坚持了"人民群众创造历史"这一马克思主义的科学原理,真正代表中国最广大人民的根本利益,紧紧依靠人民,最广泛地调动人民群众的积极性、主动性、创造性,从人民中凝聚力量、吸取智慧,不断加强和改善党的领导,使党得到人民的充分信赖和拥护,始终发挥党的领导核心作用。四是把坚持社会主义基本制度同发展市场经济结合起来,我们在深刻而广泛的变革中始终坚持社会主义基本制度,同时又在社会主义条件下发展市场经济,使经济活动遵循价值规律的要求,不断解放和发展社会生产力,增强综合国力,提高人民生活水平,更好地实现经济建设这个中

---

① 《习近平关于全面深化改革论述摘编》,中央文献出版社2014年版,第4页。

心任务。五是把推动经济基础变革同推动上层建筑改革结合起来,我们既积极推进经济体制改革,又积极推进政治体制改革,发展社会主义民主政治,建设社会主义法治国家,保证人民当家做主,不断推动我国社会主义上层建筑与经济基础相适应,为改革开放提供制度保证和法制保障。六是把发展社会生产力同提高全民族文明素质结合起来,我们既重视"物的发展",又重视"人的发展",既注重发展社会生产力,又注重提高全民族的文明素质,大力发展社会主义先进文化,建设社会主义精神文明,着力培育有理想、有道德、有文化、有纪律的"四有公民",为经济社会发展提供强大的精神动力和智力支持。七是把提高效率同促进社会公平结合起来,我们既高度重视通过提高效率来促进发展,又高度重视在经济发展的基础上实现社会公平,并以此来促进社会和谐,坚持以人为本,以解决人民群众最关心、最直接、最现实的利益问题为重点,着力发展社会事业,着力完善收入分配制度,保障和改善民生,走共同富裕道路,努力形成全体人民各尽其能、各得其所而又和谐相处的局面。八是把坚持独立自主同参与经济全球化结合起来,我们既高度珍惜并坚定不移地维护中国人民经过长期奋斗得来的独立自主权利,又坚持对外开放的基本国策,始终站在国际大局与国内大局相互联系的战略高度来审视中国和世界的发展问题,思考和制定中国的发展战略,坚持独立自主的和平外交政策,坚持和平发展道路,坚持互利共赢的开放战略,推动建设持久和平、共同繁荣的和谐世界。九是把促进改革发展同保持社会稳定结合起来,我们既大力推进改革发展,又正确处理改革发展稳定关系,坚持"改革是动力、发展是目的、稳定是前提"这一基本原则,把改革的力度、发展的速度和社会可承受的程度统一起来,把不断改善人民生活作为处理改革发展稳定关系的重要结合点,在社会稳定中推进改革发展,通过改革发展促进社会稳定。十是把推进中国特色社会主义伟大事业同推进党的建设新的伟大工程结合起来,我们既通过推进中国特色社会主义事业来改进党的建设,又通过加强党的建设来推进中国特色社会主义事业,不断提高党的执政能力、保持和发展党的先进性,不断增强党的阶级基础和扩大党的群众基础,不断提高拒腐防变和抵御风险的能力,使党始终成为中国特色社会主义事业的坚强领导核心。①

改革开放以来,我国经济实力显著增强,经济总量不断迈上新台阶,综合国力和国际竞争力由弱变强,成功实现由低收入经济体向中上等收入经济体的历

---

① 胡锦涛:《继续把改革开放伟大事业推向前进》,《求是》2008 年第 1 期。

史性跨越。国内生产总值由1978年的3 000—4 000亿元跃升到2014年的近60万亿元。改革开放之前我国经济总量位居世界第十位,1986年国内生产总值突破1万亿元,2001年突破10万亿元,分别位居世界第六、七位,2008年超过德国,居世界第三位,2010年又超过日本,居世界第二位,成为仅次于美国的世界第二大经济体。我国经济总量占世界的份额由1978年的约2%提高到现在的超过12%。根据世界银行的数据,我国人均国民总收入由1978年的190美元上升至2012年的5 680美元,已进入中上等收入经济体行列。由此可见,改革开放是我国经济快速发展的根本动力。没有改革开放,就没有今天中国经济的繁荣局面。

改革开放使中国人民的生活水平大为改善。改革开放这三十多年,是近代以来我国人民群众得到实惠最多、生活水平提高最快的历史时段,城乡居民生活由温饱不足到总体小康再向全面小康迈进,社会保障实现了从低水平到建立制度框架再到全方位覆盖的历史性飞跃。近年我国城镇居民人均可支配收入、农村居民家庭人均纯收入扣除物价上涨因素后,分别比1978年增长10倍之多,城乡居民拥有的财富明显增加。贫困人口大幅减少,农村绝对贫困人口从1978年的2.5亿人减少到2010年的2 688万人,平均每年脱贫544万人。2011年我国将农民人均纯收入2 300元(按照2010年不变价计算)作为新的国家扶贫标准,将更多低收入人口纳入扶贫范围。改革开放创造了改善人民生活的雄厚物质基础。没有改革开放,就没有今天中国人民的美好生活。

改革开放使我国的国际竞争力和影响力显著提升。我国不断拓展对外开放的广度和深度,从沿海到沿江、沿边和内陆,从制造业到农业和服务业,从大规模"引进来"到大踏步"走出去",我国与世界的关系发生了历史性变化。2013年我国货物进出口总额达到4.2万亿美元,超过美国成为第一货物贸易大国,比1978年增长200多倍。2013年实际使用外商直接投资金额1 175亿美元,连续多年位居发展中国家首位;2013年年末对外直接投资存量高达6 605亿美元。我国通过参与国际经济合作和制定国际经济规则,对世界经济的影响力大幅提升。改革开放提升了我国的国际竞争力。没有改革开放,就没有今天中国举足轻重的国际地位。

"改革开放最主要的成果是开创和发展了中国特色社会主义,为社会主义现代化建设提供了强大动力和有力保障。事实证明,改革开放是决定当代中国命运的关键抉择,是党和人民事业大踏步赶上时代的重要法宝。"① 改革开放的

---

① 《中共中央关于全面深化改革若干重大问题的决定》,《人民日报》2013年11月16日。

伟大实践证明,改革开放是决定当代中国命运的关键一招,是党和人民事业大踏步赶上时代潮流的重要法宝,也是实现中华民族伟大复兴中国梦的必由之路。要把中国特色社会主义事业推向前进,必须坚定不移沿着改革开放这条富民强国之路走下去。

3. "六个紧紧围绕"全面深化改革

中共十八届三中全会通过的《决定》,是以习近平为总书记的新一届党中央发出的新的动员令,也是新时期全面深化改革的纲领性文件。《决定》凝聚了全面深化改革的思想共识和行动智慧。我们要全面贯彻落实《决定》提出的许多重大改革部署,以经济体制改革为重点全面深化改革,不失时机推进深层次矛盾的攻坚克难,加快重要领域和关键环节改革的步伐,承担起新时期深化改革扩大开放的历史使命。

《决定》提出,要紧紧围绕市场在资源配置中的决定性作用,深化经济体制改革,推动经济更有效率、更加公平、更可持续发展;要紧紧围绕坚持党的领导、人民当家做主、依法治国有机统一深化政治体制改革,发展更加广泛、更加充分、更加健全的人民民主;要紧紧围绕建设社会主义核心价值体系、社会主义文化强国深化文化体制改革,推动社会主义文化大发展大繁荣;要紧紧围绕更好保障和改善民生、促进社会公平正义深化社会体制改革,确保社会既充满活力又和谐有序;要紧紧围绕建设美丽中国深化生态文明体制改革,推动形成人与自然和谐发展现代化建设新格局;要紧紧围绕提高科学执政、民主执政、依法执政水平深化党的建设制度改革,为改革开放和社会主义现代化建设提供坚强政治保证。

为了实现这"六个紧紧围绕",全面深化改革就要有力推动经济转型发展。目前我国正处在发展转型期,发展中不平衡不协调等问题凸显,科技创新能力尚有待提高,产业结构还有待优化,发展方式依旧比较粗放,城乡区域发展差距依然较大。只有坚持和完善基本经济制度,加快完善现代市场体系、宏观调控体系、开放型经济体系,加快转变经济发展方式,加快建设创新型国家,以及加快包括财税、金融、科技、土地、户籍等领域的改革,破除原有发展方式赖以存在的体制机制,把推动改革发展的立足点转到提质增效上来,才能真正转向科学发展的新轨道。

全面深化改革要进一步激发市场主体的活力。经济体制改革是全面深化改革的重中之重,其核心是要处理好政府与市场的关系,使市场在资源配置中发挥决定性作用,同时更好地发挥政府的作用。发挥经济体制改革的牵引作用,推动生产关系同生产力、上层建筑同经济基础相适应,进而推动经济社会持续、快速、健康发展,这一鲜明思路体现了我国正处于并将长期处于社会主义初级阶段这个最大的实际,也契合了发展仍是解决中国所有问题的关键这一重大判断。只有进一步处理好政府和市场关系,真正建立起一个统一、开放、竞争、有序的现代市场体系,充分发挥市场在资源配置中的决定性作用,同时切实转变政府职能,深化行政体制改革,才能不断提高资源配置效率和公平性。

全面深化改革要在不断改善民生方面有更大的作为。当前,我国居民收入分配差距依然较大,教育、医疗、就业、住房、社会保障等关系群众切身利益的问题依然较多,社会建设和社会管理面临诸多新课题新挑战。实现发展成果更多更公平惠及全体人民,就必须改革收入分配制度,促进共同富裕,推进社会领域制度创新,推进基本公共服务均衡化,加快形成科学有效的社会治理体制。只有加快教育、医疗、就业、社保等领域的改革,调整国民收入分配格局,完善公共服务体系,才能使改革发展的丰硕成果最大限度惠及亿万人民群众,朝着共同富裕的康庄大道继续前进。

全面深化改革还要大力促进社会公平正义。公平正义是中国特色社会主义的内在要求。只有建立起一个机会公平、规则公平、权力公平的社会公平保障体系,形成维护公平正义的制度环境,保证各种所有制经济依法平等使用生产要素、公平公正参与市场竞争、同等受到法律保护,推进城乡要素平等交换和公共资源均衡配置,让人人都有成长成才的通道,让各类人才都有施展才华的广阔天地,这样才能最大限度地调动一切积极因素,激发亿万人民群众参与改革发展的积极性、主动性和创造性。随着经济社会发展水平和人民生活水平不断提高,人民群众的公平意识、民主意识、权利意识不断增强,对社会不公问题的反应越来越强烈。如果不能给老百姓带来实实在在的利益,不能创造更加公平的社会环境,甚至出现了更多不公平,改革就失去了意义,也不可能持续。从这个意义上说,促进公平正义、增进人民福祉,既是全面深化改革的最大共识,亦是取得改革成功的深厚根基。

全面深化改革还提出了生态文明制度建设的新任务。建设生态文明,是关系人民福祉、关乎民族未来的长远大计。面对资源约束趋紧、环境污染严重、生态系统退化的严峻形势,必须把生态文明建设放在更加突出的地位。要实行最严格的源头保护制度、损害赔偿制度、责任追究制度、环境治理制度、生态修复制度,用制度保护生态环境。只有建立系统完整的生态文明制度体系,健全国土空间开发、资源节约利用、生态环境保护的体制机制,才能形成人与自然和谐发展的现代化建设新格局,为建设美丽中国、实现中华民族永续发展提供制度保障。

可见,全面深化改革是关系党和国家发展全局的重大战略部署,而不是某个领域某个方面的单项改革。这"六个紧紧围绕",既冲破思想观念的障碍,又突破利益固化的藩篱,充分体现了改革的系统性、整体性、协同性。全面深化改革,就是要在思想观念和利益格局上不断破除藩篱,不断理顺经济社会的各种关系,将社会运行成本降下来,将社会效率和社会活力升上去。只要我们坚定改革信心,坚持正确方向,以饱满的热情及更大的政治勇气和智慧推进各项改革,我们必将使一切劳动、知识、技术、管理、资本的活力竞相迸发,使一切创造社会财富的源泉充分涌流,使发展成果更多更公平地惠及全体人民。

4. 改革开放的深刻启示

改革开放的伟大实践,不仅使我国取得了经济社会发展的辉煌成就,而且也为全面深化改革提供了根本启示和宝贵财富。"要实现中华民族伟大复兴,我们就必须坚定不移推进改革开放。没有改革开放,就没有中国的今天;离开改革开放,也没有中国的明天。中共十八届三中全会吹响了全面深化改革的新号角。我们要不断深化对改革开放规律性的认识,勇于攻坚克难,敢于迎难而上,坚决破除各方面体制机制弊端,奋力开拓中国特色社会主义更加广阔的前景。"①

第一,改革开放是一场深刻革命,必须坚持正确方向,沿着正确的道路稳步推进。改革开放以来我们取得一切成绩和进步的根本原因,归结起来就是开辟了中国特色社会主义道路,形成了中国特色社会主义理论体系,确立了中国特色社会主义制度。全面深化改革,必须坚定道路自信、理论自信、制度自信,以更大的政治勇气和智慧,冲破思想观念上的障碍,突破利益固化的藩篱,推动中国特色社会主义制度自我完善和发展。在坚持中国特色社会主义道路的前提下,坚定不移地推进经济体制、政治体制、文化体制、社会体制、生态文明体制和党的建设体制改革,促进现代化建设各个环节、各个方面相协调,发挥经济体制改革的牵引作用,推动生产关系同生产力、上层建筑同经济基础相适应,推动经济社会持续健康发展。

---

① 习近平:《在纪念毛泽东诞辰120周年座谈会上的讲话》,《人民日报》2013年12月27日。

第二,改革开放是一项复杂的系统性工程,需要深入研究各领域改革的关联性和各项改革举措的耦合性。必须坚持各项工作的全方位改革,在各项改革协同配合中整体性推进。改革开放作为一场深刻而全面的社会变革,各方面相互联系、相互影响,必须整体协同推进,才能防止顾此失彼。回顾三十多年来的改革历程,无论是家庭联产承包责任制启动农村改革,还是扩大国有企业自主权推动城市改革,再到今天以简政放权为重点的行政体制改革,都是循着从局部到全局的路径推进的。当前,推进新型城镇化,让亿万农业转移人口融入现代城市生活,就需要联动推进土地、户籍、公共服务等领域改革。又比如,推进收入分配改革,也需要配套推进财税、国企、资源等领域的改革。可见,全面深化改革必须更加注重各项改革的相互促进、良性互动和协同配合。

第三,全面深化改革,必须坚持改革发展稳定的统一,把握好稳定这个前提。历史反复证明,稳定是改革发展的前提,在我们这样一个大国,没有稳定的社会环境,改革和发展都难以推进。过去三十多年,我们之所以能够有序推进改革、实现经济社会快速发展,就是因为牢牢把握住了稳定这个前提。当前,我国经济体制深刻变革、社会结构深刻变动、利益格局深刻调整、思想观念深刻变化,在给我国发展进步带来巨大活力的同时,也使各种社会矛盾愈发凸显,保持社会稳定尤为重要。全面深化改革必须从人民利益出发谋划和推进改革,从群众最期盼最关切的领域改起,谋民生之利,解民生之忧,满足人民群众过上更好生活的新期待。处理好改革发展稳定的关系,我们就能总揽全局,保证经济社会持续健康发展;处理不好,就会吃苦头,付出代价。

第四,改革开放是亿万人民的事业,必须充分发挥人民群众的首创精神。改革发展最大的创造力在基层、在群众。过去三十多年,很多改革成果都是由基层创造出来的。改革开放初期的农村家庭联产承包责任制就是群众首创的典型范例,由此推动的农村改革极大地调动了农民生产积极性,解放了农村生产力。"改革开放在认识和实践上的每一次突破和发展,改革开放中每一个新生事物的产生和发展,改革开放每一个方面经验的创造和积累,无不来自亿万人民的实践和智慧。"[①]进入全面深化改革新阶段,我们面临的矛盾日益复杂,全面深化改革必须加强和改善党的领导,必须保持党同人民群众的血肉联系,充分反映人民群众的意愿和利益诉求,充分体现人民群众的创新实践,充分汇聚人民群众的智慧,并使改革的成果最大限度地惠及亿万人民群众。

---

① 习近平:《在中共中央政治局第二次集体学习时讲话》,《人民日报》2013年1月2日。

改革开放毕竟是一项前无古人的崭新事业。全面深化改革必须坚持正确的方法论，在实践探索中不断推进。正如习近平指出的，摸着石头过河，是富有中国特色、符合中国国情的改革方法。摸着石头过河就是摸规律，从实践中获得真知。在一定意义上说，三十多年来的改革开放过程也就是不断"摸石头、找规律"的探索过程。我国是一个发展中的大国，重大改革不能出现根本性失误，一旦出现就无可挽回、无法弥补，所以改革必须试点先行，在实践中摸规律。条件成熟了再全面推开。习近平还强调："摸着石头过河和加强顶层设计是辩证统一的，推进局部的阶段性改革开放要在加强顶层设计的前提下进行，加强顶层设计要在推进局部的阶段性改革开放的基础上来谋划。"①中共十八届三中全会通过的《决定》，就是新历史时期改革开放的顶层设计，是全面深化改革的部署、总动员。我们既要在全会精神的指引下，有力推进重点领域和关键环节改革，又要充分考虑我国地区差异大、经济社会发展具有多层次的复杂国情，这就需要因地制宜，鼓励（保留）探索出各具特色、富有成效的改革之路，到实践中去"摸石头"、探索规律、积累经验，把改革开放不断引向深入。

延伸阅读1.1

改革促进了生产力的发展，引起了经济生活、社会生活、工作方式和精神状态的一系列深刻变化。改革是社会主义制度的自我完善，在一定的范围内也发生了某种程度的革命性变革。这是一件大事，表明我们已经开始找到了一条建设有中国特色的社会主义的路子。

——邓小平：《在中国共产党全国代表会议上的讲话》（1985年9月23日），《邓小平文选》第3卷，人民出版社1993年版，第142页。

中国正在深化改革，为今后的发展创造更好的条件。我们不仅着眼于本世纪，更多的是着眼于下一个世纪。现在面临的问题是，不进则退，退是没有出路的。只有深化改革，而且是综合性的改革，才能够保证本世纪内达到小康水平，而且在下个世纪更好地前进。

——邓小平：《在改革中保持生产的较好发展》（1988年6月7日），《邓小平文选》第3卷，人民出版社1993年版，第268页。

---

① 《习近平关于全面深化改革论述摘编》，中央文献出版社2014年版，第35页。

坚持改革开放是决定中国命运的一招。这方面道理也要讲够。

——邓小平：《总结经验，使用人才》(1991年8月20日)，《邓小平文选》第3卷，人民出版社1993年版，第368页。

革命是解放生产力，改革也是解放生产力。推翻帝国主义、封建主义、官僚资本主义的反动统治，使中国人民的生产力获得解放，这是革命，所以革命是解放生产力。社会主义基本制度确立以后，还要从根本上改变束缚生产力发展的经济体制，建立起充满生机和活力的社会主义经济体制，促进生产力的发展，这是改革，所以改革也是解放生产力。过去，只讲在社会主义条件下发展生产力，没有讲还要通过改革解放生产力，不完全。应该把解放生产力和发展生产力两个讲全了。

——邓小平：《在武昌、深圳、珠海、上海等地的谈话要点》(1992年1月18日—2月21日)，《邓小平文选》第3卷，人民出版社1993年版，第370页。

我国经济、政治、文化和社会生活各方面存在着种种矛盾，阶级矛盾由于国际国内因素还将在一定范围内长期存在，但社会的主要矛盾是人民日益增长的物质文化需要同落后的社会生产之间的矛盾，这个主要矛盾贯穿我国社会主义初级阶段的整个过程和社会生活的各个方面。这就决定了我们必须把经济建设作为全党全国工作的中心，各项工作都要服从和服务于这个中心。只有牢牢抓住这个主要矛盾和工作中心，才能清醒地观察和把握社会矛盾的全局，有效地促进各种社会矛盾的解决。发展是硬道理，中国解决所有问题的关键在于依靠自己的发展。

在社会主义初级阶段，围绕发展社会生产力这个根本任务，要把改革作为推进建设有中国特色社会主义事业各项工作的动力。改革是全面改革，是在坚持社会主义基本制度的前提下，自觉调整生产关系和上层建筑的各个方面和环节，来适应初级阶段生产力发展水平和实现现代化的历史要求。把社会主义同市场经济结合起来，是一个伟大创举。这就需要积极探索，大胆试验，尊重群众的首创精神；需要深化改革，解决体制转变中的深层次矛盾和关键问题；需要扩大开放，吸收和借鉴世界各国包括资本主义发达国家的先进技术和管理经验。

——江泽民：《高举邓小平理论伟大旗帜，把建设有中国特色社会主义事业全面推向二十一世纪》(1997年9月12日),《江泽民文选》第2卷,人民出版社2006年版,第16页。

　　我们党在上世纪70年代末作出实行改革开放的重大决策,主要有两方面的背景。一方面,从我国自身的情况看,"文化大革命"十年内乱,使党、国家和人民遭到严重挫折和损失。邓小平曾经说,"文化大革命"结束时,"就整个政治局面来说,是一个混乱状态;就整个经济情况来说,实际上是处于缓慢发展和停滞状态。"我们必须通过改革开放,增强我国社会主义的生机活力,解放和发展社会生产力,改善人民生活。另一方面,从外部环境看,20世纪70年代世界范围内蓬勃兴起的新科技革命推动世界经济以更快的速度向前发展,我国经济实力、科技实力与国际先进水平的差距明显拉大,面临着巨大的国际竞争压力。我们必须通过改革开放,带领人民追赶时代前进潮流。正如邓小平指出的:"我们要赶上时代,这是改革要达到的目的"。这就把改革的目的说得很透彻、很深刻。党的十七大把改革开放的目的概括为三句话:就是要解放和发展社会生产力,实现国家现代化,让中国人民富裕起来,振兴伟大的中华民族;就是要推动我国社会主义制度自我完善和发展,赋予社会主义新的生机活力,建设和发展中国特色社会主义;就是要在引领当代中国发展进步中加强和改进党的建设,保持和发展党的先进性,确保党始终走在时代前列。改革开放的实践充分表明,通过这场伟大革命的洗礼,中华民族大踏步赶上了时代前进潮流,社会主义中国巍然屹立在世界东方,我们党昂首阔步走在了时代前列。关于改革开放的性质,党的十七大也说得很清楚,这既是我们党领导的一场新的伟大革命,又是社会主义制度的自我完善和发展。

　　——胡锦涛:《继续把改革开放伟大事业推向前进》(2007年12月17日),《求是》2008年第1期。

　　全面深化改革的总目标是完善和发展中国特色社会主义制度,推进国家治理体系和治理能力现代化。必须更加注重改革的系统性、整体性、协同性,加快发展社会主义市场经济、民主政治、先进文化、和谐社会、生态文明,让一切劳动、知识、技术、管理、资本的活力竞相迸发,让一切创造社会财富的源泉充分涌流,让发展成果更多更公平惠及全体人民。

紧紧围绕使市场在资源配置中起决定性作用深化经济体制改革,坚持和完善基本经济制度,加快完善现代市场体系、宏观调控体系、开放型经济体系,加快转变经济发展方式,加快建设创新型国家,推动经济更有效率、更加公平、更可持续发展。

紧紧围绕坚持党的领导、人民当家作主、依法治国有机统一深化政治体制改革,加快推进社会主义民主政治制度化、规范化、程序化,建设社会主义法治国家,发展更加广泛、更加充分、更加健全的人民民主。

紧紧围绕建设社会主义核心价值体系、社会主义文化强国深化文化体制改革,加快完善文化管理体制和文化生产经营机制,建立健全现代公共文化服务体系、现代文化市场体系,推动社会主义文化大发展大繁荣。

紧紧围绕更好保障和改善民生、促进社会公平正义深化社会体制改革,改革收入分配制度,促进共同富裕,推进社会领域制度创新,推进基本公共服务均等化,加快形成科学有效的社会治理体制,确保社会既充满活力又和谐有序。

紧紧围绕建设美丽中国深化生态文明体制改革,加快建立生态文明制度,健全国土空间开发、资源节约利用、生态环境保护的体制机制,推动形成人与自然和谐发展现代化建设新格局。

紧紧围绕提高科学执政、民主执政、依法执政水平深化党的建设制度改革,加强民主集中制建设,完善党的领导体制和执政方式,保持党的先进性和纯洁性,为改革开放和社会主义现代化建设提供坚强政治保证。

——《中共中央关于全面深化改革若干重大问题的决定》(2013年11月12日),《人民日报》2013年11月16日。

当前,国内外环境都在发生极为广泛而深刻的变化,我国发展面临一系列突出矛盾和挑战,前进道路上还有不少困难和问题。比如:发展中不平衡、不协调、不可持续问题依然突出,科技创新能力不强,产业结构不合理,发展方式依然粗放,城乡区域发展差距和居民收入分配差距依然较大,社会矛盾明显增多,教育、就业、社会保障、医疗、住房、生态环境、食品药品安全、安全生产、社会治安、执法司法等关系群众切身利益的问题较多,部分群众生活困难,形式主义、官僚主义、享乐主义和奢靡之风问题突出,一些领域消极腐败现象易发多发,反腐败斗争形势依然严峻,等等。解决这些问题,关键在于深化改革。

……

我们中国共产党人干革命、搞建设、抓改革，从来都是为了解决中国的现实问题。可以说，改革是由问题倒逼而产生，又在不断解决问题中得以深化。

……

改革开放是我们党在新的时代条件下带领人民进行的新的伟大革命，是当代中国最鲜明的特色，也是我们党最鲜明的旗帜。三十五年来，我们党靠什么来振奋民心、统一思想、凝聚力量？靠什么来激发全体人民的创造精神和创造活力？靠什么来实现我国经济社会快速发展、在与资本主义竞争中赢得比较优势？靠的就是改革开放。

面对未来，要破解发展面临的各种难题，化解来自各方面的风险和挑战，更好发挥中国特色社会主义制度优势，推动经济社会持续健康发展，除了深化改革开放，别无他途。

当前，在改革开放问题上，党内外、国内外都很关注，全党上下和社会各方面期待很高。改革开放到了一个新的重要关头。我们在改革开放上决不能有丝毫动摇，改革开放的旗帜必须继续高高举起，中国特色社会主义道路的正确方向必须牢牢坚持。

——习近平：《关于〈中共中央关于全面深化改革若干重大问题的决定〉的说明》（2013年11月9日），《人民日报》2013年11月16日。

二、必须进一步解放思想

1. 为什么要解放思想

实践没有止境，理论创新也没有止境。在新的历史起点上，丰富和发展中国特色社会主义理论体系，必须坚定不移继续解放思想，排除各种干扰，解决新课题、实现新突破、开拓新境界；必须进一步深化改革扩大开放，特别是加快重要领域和关键环节的改革步伐，全面提高开放水平。

改革开放的过程也是一个思想解放的过程。我们现在面对复杂多变的国际形势和非常艰巨的攻坚任务,继续思想解放,进一步深化改革扩大开放必须集中破解"实现什么样的发展、怎样发展"这一时代课题,改革不符合科学发展的观念和做法,不断创新发展思路、发展方法。"必须通过深化改革,努力形成一套有利于实现科学发展的体制机制。"①我国改革开放的宝贵经验,包括我们党在改革开放实践中如何坚持和发展马克思主义、如何坚持和发展社会主义、如何全面推进中国特色社会主义伟大事业、如何统筹国内国际两个大局、如何加强和改善党的领导等,这些都是我们全面深化改革的基本遵循。我们贯彻落实科学发展观,继续推进社会主义现代化建设,还是要靠进一步深化改革扩大开放,使这些宝贵经验通过新的实践继续发扬光大。

中共十七大召开前夕,胡锦涛提出要坚定不移地坚持解放思想,坚定不移地推进改革开放,坚定不移地落实科学发展、社会和谐,坚定不移地为全面建设小康社会而奋斗。在这"四个坚定不移"中,解放思想是前提,没有这个"坚定不移",也就没有其他的"坚定不移"。"解放思想是党的思想路线的本质要求,是应对前进道路上各种新情况新问题、不断开创事业新局面的一大法宝"②;中共十七大报告指出,"解放思想是发展中国特色社会主义的一大法宝"。解放思想,就是把我们的思想认识从那些不合时宜的观念、做法和体制的束缚中解放出来,从对马克思主义的教条式理解中解放出来,从主观主义和形而上学的桎梏中解放出来;解放思想是改革开放以来中国特色社会主义理论创新的灵魂,正是因为解放思想,中国特色社会主义理论体系才能在继承"老祖宗"的同时又不断创新,在排除"左"和右的错误干扰的同时又与时俱进。

我们每前进一步,都离不开解放思想的推动,甚至可以说,思想解放到什么程度,理论和实践创新就达到什么程度。"创新是一个民族进步的灵魂,是一个国家兴旺发达的不竭动力,也是一个政党永葆生机的源泉。"③我们曾经长期把市场经济等同于资本主义,是解放思想使我们重新认识了市场经济,并把社会主义市场经济体制确立为经济体制改革的目标;我们曾经长期把人权、物权当作资本主义的"专利"加以排斥,是解放思想使我们认识到人权、物权是公民的基本权利,我国保障公民人权、物权的法律制度建设也因此取得了重要进展,我们曾经长期把"自由""平等"视为资产阶级的价值观,是解放思想使我们领悟

---

① 胡锦涛:《全面贯彻落实科学发展观,推动经济社会又快又好发展》,《求是》2006年第1期。
② 胡锦涛:《在中央党校的讲话》,《人民日报》2007年6月26日。
③ 《江泽民文选》第3卷,人民出版社2006年版,第537页。

这些价值也是人类文明进步的体现，完全可以为我所用，为我所求，因此也被纳入社会主义核心价值观的内容……今天我们所面临的形势更为复杂，担负的任务更加繁重，与之相适应，解放思想更要注重实效，要落实到进一步改革开放、落实到推动科学发展、促进社会和谐，落实到以改革创新精神推进党的建设新的伟大工程，落实到治国理政各个方面。解放思想只有进行时，没有完成时，以前有解放思想的问题，现在也有解放思想的问题，将来还会有解放思想的问题。继续解放思想，就是要让思想跟上发展的实践和变化了的条件，防止出现新的思想僵化。解放思想，在经济问题、枝节问题、个别问题上比较容易，在政治问题、关键问题、系统问题上就比较困难；我国的改革越深入，发展带来的变化越深刻，涉及的问题、关系也会越敏感、越复杂，继续解放思想就愈发重要了。

在改革和发展的关键阶段，机遇前所未有，面临的挑战也前所未有，机遇大于挑战。抓住机遇、应对挑战，解决前进道路上的突出矛盾和问题，就必须大力营造有利于解放思想、开拓创新的氛围，鼓励大家开动脑筋想问题，放开手脚地干实事。思想解放了，中国特色社会主义道路就能越走越宽广，中国特色社会主义理论体系就能越来越丰富，中国特色社会主义制度就能越来越巩固，中国特色社会主义事业就能越来越兴旺。

2. 进一步解放思想的必要性

高举改革开放的旗帜，光有立场和态度还不够，还必须有实实在在的举措。行动是最有说服力的。全面深化改革无疑是一个伟大的战略抉择，也是一次难得的历史机遇。我们要抓住这个机遇，努力在全面深化改革上取得新突破。而要实现新的突破，必须进一步解放思想。

改革开放的进程既是一部不断提高社会生产力的发展史，也是一部不断冲破观念束缚的思想解放史。一次次观念的突破、思想的解放，都极大地促进了社会生产力的发展，也不断释放和激发出社会的活力。在这场决定当代中国命运的伟大变革中，我们深刻领悟到只有坚持解放思想、实事求是、与时俱进、求真务实，才能摆脱教条禁锢、带来行动突破、实现发展超越，开创一条国家振兴、人民幸福、民族复兴的康庄大道。正因为如此，中共十八届三中全会指出全面深化改革要"进一步解放思想、解放和发展社会生产力、解放和增强社会活力"。

解放思想的过程也就是统一思想的过程。解放思想的目的是为了更好地统一思想，从而最大限度地凝聚改革共识，形成改革合力。以解放思想为先导，进一步冲破阻碍科学发展的思想观念，进一步革除束缚生产力的体制机制弊端，充分调动一切积极因素，更好地发挥人民群众的主动性和创造性，进一步强化创新驱动，让创造财富的源泉充分涌流，努力开拓中国特色社会主义事业更加广阔的前景。

改革是由问题倒逼而产生，又在不断解决问题中深化。旧的问题解决了，新的问题又会产生，需要不断用改革的办法来解决问题，推动党和人民事业向前发展。实践探索的不断拓展，为解放思想提供了丰富滋养和强劲动力；而思想观念的桎梏一旦冲破，又会带动实践产生更大突破。无论是冲破思想观念的障碍也好，突破利益固化的藩篱也罢，解放思想都是首要的。在深化改革问题上，一些思想观念障碍往往不是来自体制外而恰恰是来自体制内。倘若思想不解放，我们就很难看清各种利益固化的症结所在，很难找准突破的方向和着力点，很难拿出创造性的改革举措来。因此，我们需要进一步解放思想，以自我革新的勇气和胸襟，跳出条条框框的限制，克服部门利益掣肘，以积极主动的姿态研究改革的新举措。

我们所主张的解放思想，是实事求是基础上的解放思想，而不是脱离实际的胡思乱想，也不是脱离人民的信马由缰。解放思想与实事求是具有内在的统一性，建立在实事求是基础之上的解放思想才是真正的解放思想。今天，我们改革的广度和深度都大大拓展了，正在进行具有许多新的历史特点的伟大斗争，面临许多新的挑战和困难。应对这些挑战和困难仍然要靠解放思想。我们讲解放思想，其实都来自实事求是。改革的过程，也是从实际出发不断校正认识、丰富经验，在实践探索中不断破除弊端、革故鼎新的过程。"实践发展永无止境，解放思想永无止境，改革开放永无止境。"① 这就要求我们以更大决心冲破思想观念的束缚，只有解放思想永无止境，才能做到改革开放永无止境。

3. 坚持"三个进一步解放"的统一

中共十八届三中全会《决定》提出，全面深化改革，要"坚定信心，凝聚共识，统筹谋划，协同推进，坚持社会主义市场经济改革方向，以促进社会公平正义、增进人民福祉为出发点和落脚点，进一步解放思想、解放和发展社会生产力、解放和增强社会活力"。这"三个进一步解放"，深刻总结了改革开放三十多年来以思想引领变革、以创新激发活力的宝贵经验，指出了在新的历史条件下全面

---

① 《中共中央关于全面深化改革若干重大问题的决定》，《人民日报》2013 年 11 月 16 日。

深化改革的目的和条件。

回顾三十多年改革开放的历程,坚持解放思想作为一条主线贯穿始终,解放和发展社会生产力的主旨从未改变,不断解放和增强社会活力的特点分外鲜明。正是这"三个解放",使我们不断冲破重重观念障碍,极大释放了社会创造活力,推动中国人民的面貌、社会主义中国的面貌、中国共产党的面貌发生了历史性变化。

"三个进一步解放"是一个有机统一的整体,其中,"解放思想"是"解放和发展社会生产力"和"解放和增强社会活力"的前提,而"解放和发展社会生产力"和"解放和增强社会活力"是"解放思想"的必然结果。

首先,解放思想是前提,是解放和发展社会生产力、解放和增强社会活力的"总开关"。实践发展永无止境,解放思想当然也永无止境,面对这项前无古人的改革开放大业,最忌讳的是思想僵化、故步自封。没有解放思想,我们党就不可能在十年动乱结束不久就做出实行改革开放的伟大决策,开启我国现代化建设的新时期;没有解放思想,我们党就不可能在实践中不断推进理论创新和实践创新,有效化解前进道路上的各种风险挑战,把改革开放不断推向前进,始终走在时代前列。

其次,"解放和发展社会生产力、解放和增强社会活力"是"解放思想"的必然结果。无论是真理标准大讨论,还是"姓社姓资"等思想交锋,均表明:观念的桎梏一旦突破,就会推动实践获得大发展;另一方面,改革在更大范围的突破,又为进一步思想解放提供了丰厚资源。让一切劳动、知识、技术、管理、资本的活力竞相迸发,让一切创造社会财富的源泉充分涌流,这既是解放思想的价值取向,也为进一步解放思想提供了现实可能性。解放和发展社会生产力、解放和增强社会活力也是解放思想的重要基础。我们增强社会活力,还要处理好"活力"和"有序"的关系。社会活动既需要充满活力,但这种活力又应该有序释放。既要防止死水一潭,又要警惕暗流汹涌。

再次,全面建成小康社会,实现社会主义现代化,实现中华民族伟大复兴,最紧迫的任务还是要进一步解放和发展生产力。实践是理论的基础,思想则是行动的先导。解放思想,解放和增强社会活力,归根到底都是为了更好地解放和发展社会生产力,这是我们明确方向、辨别是非的根本标准,也是我们处理好"三个进一步解放"关系的重要标尺。社会主义制度确立以后,一个重要任务就是要从根本上改变束缚生产力发展的经济体制,建立起充满生机和活力的社会主义经济体制,从而推动生产力发展。全面深化改革,也就是要以更大的决心和勇气、以更有力的措施和办法,进一步解放和发展社会生产力。

总之,"三个进一步解放"是一个整体,三者相互依存、相互促进、相辅相成,统一于中国特色社会主义建设的进程。

延伸阅读 1.2

经济发展对我们来说是一个新的问题,要付学费。现在我们正在摸索比较快的发展道路,我们相信这方面是有希望的。不解放思想不行,甚至于包括什么叫社会主义这个问题也要解放思想。经济长期处于停滞状态总不能叫社会主义。人民生活长期停止在很低的水平总不能叫社会主义。

——邓小平:《社会主义首先要发展生产力》(1980年4月—5月),《邓小平文选》第2卷,人民出版社1994年版,第312页。

解放思想,就是使思想和实际相符合,使主观和客观相符合,就是实事求是。今后,在一切工作中要真正坚持实事求是,就必须继续解放思想。认为解放思想已经到头了,甚至过头了,显然是不对的。

——邓小平:《贯彻调整方针,保证安定团结》(1980年12月25日),《邓小平文选》第2卷,人民出版社1994年版,第364页。

我们党的十一届三中全会的基本精神是解放思想,独立思考,从自己的实际出发来制定政策。因为在中国建设社会主义这样的事,马克思的本本上找不出来,列宁的本本上也找不出来,每个国家都有自己的情况,各自的经历也不同,所以要独立思考。不但经济问题如此,政治问题也如此。

——邓小平:《解放思想,独立思考》(1988年5月18日),《邓小平文选》第3卷,人民出版社1993年版,第260页。

坚持解放思想、实事求是的思想路线,弘扬与时俱进的精神,是党在长期执政条件下保持先进性和创造力的决定性因素。我们党能否始终做到这一点,决定着中国的发展前途和命运。坚持与时俱进,就一定要看到《共产党宣言》发表一百五十多年来世界政治、经济、文化、科技等发生的重大变化,一定要看到我国社会主义建设发生的重大变化,一定要看到广大党员干部和人民群众工作、生活条件和社会环境发生的重大变化,一定要充分估计这些变化对我们党执政提出的严峻挑战和崭新课题。要使党和国家的事业不停顿，首先理论上不能停顿。否认马克思主义的科学性，丢掉老祖宗，是错误的、有害的；教条式地对待马克思主义，也是错误的、有害的。我们一定要适应实践的发展，以实践来检验一切，用发展着的马克思主义指导新的实践。

——江泽民：《在中央党校省部级干部进修班毕业典礼上的讲话》(2002年5月31日)，《人民日报》2002年6月1日。

马克思主义只有同本国国情和时代特征紧密结合，在实践中不断丰富和发展，才能更好发挥指导实践的作用。党的十一届三中全会重新确立了党的思想路线，这就是：一切从实际出发，理论联系实际，实事求是，在实践中检验真理和发展真理。在改革开放实践中，我们坚持解放思想和实事求是的统一，大力发扬求真务实精神，不断深化对共产党执政规律、社会主义建设规律、人类社会发展规律的认识，自觉把思想认识从那些不合时宜的观念、做法和体制的束缚中解放出来，从对马克思主义的错误的和教条式的理解中解放出来，从主观主义和形而上学的桎梏中解放出来，以实践基础上的理论创新回答了一系列重大理论和实际问题，为改革开放提供了体现时代性、把握规律性、富于创造性的理论指导，开辟了马克思主义新境界。中国特色社会主义理论体系是马克思主义中国化最新成果，是党最可宝贵的政治和精神财富，是全国各族人民团结奋斗的共同思想基础，是扎根于当代中国的科学社会主义。我们要始终坚持用中国特色社会主义理论体系武装全党、教育人民，不断提高全党的马克思主义理论水平，使中国特色社会主义理论体系更加深入人心、更好发挥指导作用。

——胡锦涛：《在纪念党的十一届三中全会召开30周年大会上的讲话》(2008年12月18日)，《人民日报》2008年12月19日。

全面深化改革，必须高举中国特色社会主义伟大旗帜，以马克思列宁主义、毛泽东思想、邓小平理论、"三个代表"重要思想、科学发展观为指导，坚定信心，凝聚共识，统筹谋划，协同推进，坚持社会主义市场经济改革方向，以促进社会公平正义、增进人民福祉为出发点和落脚点，进一步解放思想、解放和发展社会生产力、解放和增强社会活力，坚决破除各方面体制机制弊端,努力开拓中国特色社会主义事业更加广阔的前景。

——《中共中央关于全面深化改革若干重大问题的决定》(2013年11月12日),《人民日报》2013年11月16日。

进一步解放思想、进一步解放和发展社会生产力、进一步解放和增强社会活力。全会决定提出的这"三个进一步解放"既是改革的目的,又是改革的条件。解放思想是前提,是解放和发展社会生产力、解放和增强社会活力的总开关。没有解放思想,我们党就不可能在十年动乱结束不久作出把党和国家工作中心转移到经济建设上来、实行改革开放的历史性决策,开启我国发展的历史新时期;没有解放思想,我们党就不可能在实践中不断推进理论创新和实践创新,有效化解前进道路上的各种风险挑战,把改革开放不断推向前进,始终走在时代前列。解放和发展社会生产力、解放和增强社会活力,是解放思想的必然结果,也是解放思想的重要基础。

全面建成小康社会,实现社会主义现代化,实现中华民族伟大复兴,最根本最紧迫的任务还是进一步解放和发展社会生产力。解放思想,解放和增强社会活力,是为了更好解放和发展社会生产力。邓小平同志说:革命是解放生产力,改革也是解放生产力,"社会主义基本制度确立以后,还要从根本上改变束缚生产力发展的经济体制,建立起充满生机和活力的社会主义经济体制,促进生产力的发展"。我们要通过深化改革,让一切劳动、知识、技术、管理、资本等要素的活力竞相迸发,让一切创造社会财富的源泉充分涌流。同时,要处理好活力和有序的关系,社会发展需要充满活力,但这种活力又必须是有序活动的。死水一潭不行,暗流汹涌也不行。

我们讲要坚定道路自信、理论自信、制度自信,要有坚如磐石的精神和信仰力量,也要有支撑这种精神和信仰的强大物质力量。这就要靠通过不断改革创新,使中国特色社会主义在解放和发展社会生产力、解放和增强社会活力、促进人的全面发展上比资本主义制度更有效率,更能激发全体人民的积极性、主动性、创造性,更能为社会发展提供有利条件,更能在竞争中赢得比较优势,把中国特色社会主义制度的优越性充分体现出来。

——习近平:《切实把思想统一到党的十八届三中全会精神上来》(2013年11月12日),《求是》2014年第1期。

三、涉深水、闯险滩才能破困局

我们党领导中国人民取得了改革开放的伟大成就,开辟了中国特色社会主义道路,丰富了中国特色社会主义理论体系,巩固了中国特色社会主义制度。但与此同时,"发展起来"之后的各种矛盾和问题也在积聚,越来越成为我们前进道路上必须破解的重重障碍。驾驭中国特色社会主义航船的中国共产党人必须直面这些新的矛盾和问题,带领中国人民奋勇前进,敢于啃硬骨头,勇于涉深水、闯险滩,才能破困局,不辜负人民期待和历史重托。

1. 改革已进入"攻坚期""深水区"

中共十八届三中全会通过的《决定》指出:"我国发展进入新阶段,改革进入了攻坚期和深水区。必须以强烈的历史使命感,最大限度集中全党全社会智慧,最大限度调动一切积极因素,以更大的决心冲破思想观念的束缚、突破利益固化的藩篱,推动中国特色社会主义制度自我完善和发展。"①

所谓改革的"攻坚期",就是进一步改革需要解决的问题分外艰巨,都是难啃的硬骨头,需要攻克体制机制上的顽瘴痼疾,就像战场上攻克的最后堡垒,必须一鼓作气,不可退缩、不可迟疑、不可松劲,也不可原地踏步、停滞不前,否则就可能前功尽弃。所谓改革的"深水区",就是进一步改革将不可避免地触及深层次的社会问题和矛盾,牵动利益格局深刻调整,在越来越深的水中前行,阻力势必越来越大,必须识得水性、迈稳步伐,否则就难以达到胜利的彼岸。习近平在《关于决定》的说明中指出:"当前,国内外环境都在发生极为广泛而深刻的变化,我国发展面临一系列突出矛盾和挑战,前进道路上还有不少困难和问题。比如:发展中不平衡、不协调、不可持续问题依然突出,科技创新能力不强,产业结构不合理,发展方式依然粗放,城乡区域发展差距和居民收入分配差距依然较大,社会矛盾明显增多,教育、就业、社会保障、医疗、住房、生态环境、食品药品安全、安全生产、社会治安、执法司法等关系群众切身利益的问题较多,部分群众生活困难,形式主义、官僚主义、享乐主义和奢靡之风问题突出,一些领域消极腐败现象易发多发,反腐败斗争形势依然严峻,等等。解决这些问题,关键

---

① 《中共中央关于全面深化改革若干重大问题的决定》,《人民日报》2013 年 11 月 16 日。

在于深化改革。"①特别是随着改革的深化,必然要触动某些权势部门和人物的既得利益,其难度和阻力可想而知。

邓小平在 1993 年提醒人们,"发展起来以后的问题不比不发展时少"②。这些年来,"发展起来以后"的各种矛盾和问题也在积聚,并且呈现错综复杂的特点,在经济领域,加快推进经济结构转型已刻不容缓。但在转型中又往往遇到调结构与稳增长、压产能与保就业等两难问题。一些地方、部门对于如何把握好稳增长、调结构、促改革很被动,束手无策;在社会领域,利益格局的深刻调整和利益主体与诉求多元化使得各种社会矛盾频发多变,要求实现知情权、参与权、表达权、监督权的呼声日益高涨;新媒体的影响也是不容低估的舆论力量,一些本来并不起眼的个案,如果处置不当或应对失策,极有可能演变为引发"围观"的群体性事件……凡此种种,均已成为前进路上难啃的"硬骨头"和充满风险的"险滩"。改革攻坚期和转型关键期的各种矛盾和问题相互交织,面对错综复杂的利益格局,面对某些领域权力运行的混乱以及相当突出的腐败现象,改革和转型能否啃下硬骨头、涉过险滩,取决于中国共产党的执政能力以及更加民主化、法治化、规范化的制度建设,在给市场和社会更大发展空间的同时,有效地遏制腐败等各种乱象。

我们还应该看到,随着改革向纵深发展,发展进程中还会出现过去没有遇到过的新情况、新问题。新问题往往与老问题相互交织,国内国际因素相互影响,各项改革措施往往相互关联,需要解决的问题错综复杂。基于对改革所处时代背景和现实条件的准确判断,我们党现在特别强调,改革面临的矛盾越多、难度越大,越要坚定与时俱进、攻坚克难的信心,越要有进取意识、进取精神、进取毅力,越要有敢于啃硬骨头、敢于涉险滩的勇气,坚决打赢全面深化改革这场攻坚战。

2. 勇于啃硬骨头、涉深水、闯险滩

当前,中国改革正处于克难攻坚、爬坡过坎的关键期,转型的阵痛和成长的烦恼叠加在一起。相比改革之初普遍受益的"帕累托改进",今天的改革遭遇着"众口难调"的困扰。既要确保效率,也要维护公平;既要鼓励竞争,也要保障底

---

① 习近平:《关于〈中共中央关于全面深化改革若干重大问题的决定〉的说明》,《人民日报》2013 年 11 月 16 日。
② 中共中央文献研究室:《邓小平年谱(一九七五——一九九七)》,中央文献出版社 2004 年版,第 1364 页。

线；既要尊重差异，也要凝聚共识。当此之时，我们绝不能瞻前顾后、畏葸不前，而要敢于啃硬骨头，勇于涉深水、闯险滩，要以更有力的措施和办法推进改革，破解转型发展的时代课题，义无反顾地担起全面深化改革这一历史重任。人们常说，"一代人有一代人的责任"。正是一代又一代人的不懈奋斗，才有了今天的伟大成就。历史的接力棒传到了我们手中，今天推进改革的复杂程度、敏感程度和艰巨程度，一点都不亚于三十多年前，我们必须勇敢地承担起自己的历史责任。中共十八届三中全会发出了攻坚克难的动员令，我们所需要的，就是以强烈的使命感，敢于啃硬骨头，勇于涉深水、闯险滩，以更大决心冲破思想观念的障碍、突破利益固化的藩篱，不断解决前进道路上的问题和挑战。

全面深化改革，既是"一盘棋"，亦是"多面体"；既要有宏观把握，也要专注具体步骤。全面深化改革是一个庞大复杂的系统工程。历史遗留的问题、发展以后的问题、转型升级的问题，既相互关联，又相互制约，牵一发而动全身。要解决这些问题，必须更加注重改革的系统性、整体性、协同性，从全局上谋划，在整体上推进，在更高层次上进行协调和督促落实，做好全面深化改革这篇"大文章"。全面深化改革是关系党和国家事业发展全局的重大战略部署，并不是某个领域某个方面的单项改革。所谓"不谋全局者，不足谋一域"，全面深化改革不能各自为战，而要协同攻关。改革攻坚期的一项重要任务就是要打破旧有不合理利益格局，调整形成新的更有利于科学发展、更能体现公平正义的合理利益格局，形成系统完备、科学规范、运行有效的制度体系，使各方面制度更加成熟、更加定型。改革必须跳出一时一地、一部门一行业的局限，在更长时期、更大范围和更高层次上加强顶层设计，实现整体谋划、协同推进，才能啃下那些"硬骨头"。

当前，我们的改革到了一个新的历史关头。"可以说，容易的、皆大欢喜的改革已经完成了，好吃的肉都吃掉了，剩下的都是难啃的硬骨头。"①有的是牵涉复杂的部门利益，有的是思想认识难以统一，有的则是要触动一些人的"奶酪"等。这就更需要多方面配合、多措施并举。矛盾越大，问题越多，就越要攻坚克难、勇往直前，敢于啃硬骨头，敢于涉险滩，敢于向积存已久的顽瘴痼疾"开刀"，坚决打好全面深化改革这场攻坚战。我们不但要勇于冲破思想观念的障碍，更要勇于突破利益固化的藩篱。不但要破除妨碍改革发展的那些思维定势，还要做好承受改革压力和改革代价的思想准备。改革必然触及利益，碰到

---

① 《习近平接受俄罗斯电视台专访》，《人民日报》2014年2月9日。

各种复杂关系的羁绊,要有勇气、有胆识、有担当,敢于出招、敢于动真格,真正让全面深化改革的部署"落地"。

全面深化改革所面临的问题之多、规模之大、复杂程度之高,可谓前所未有,应对这些挑战,不但要有勇气和智慧,还要不失时机抓住重点。从群众最期盼的领域改起,从制约经济社会发展最突出的问题改起,从社会各界能够达成共识的环节改起。"当前经济体制改革进入攻坚期和深水区,触及更多深层次矛盾,必然涉及利益关系深度调整,复杂性和难度前所未有。既要敢于担当,以壮士断腕的决心坚定不移推进改革,又要讲究策略方法,因地制宜、试点先行、积微成著,渐进式推进,努力取得改革新突破。"① 逆水行舟,不进则退,现在正是考验我们勇气的时候,即所谓"胆子要大";全面深化改革要加强顶层设计和整体谋划,又体现了"步子要稳",要统筹考虑、全面论证、科学决策。任何一个领域的改革都会牵动其他领域,同时也需要其他领域的改革密切配合。如果各领域改革不配套,各方面改革措施相互牵扯,全面深化改革就很难推进,即使勉强推进,效果也会大打折扣。

问题就是时代的声音,不容许任何拖延和回避。为此,我们要深刻认识当前改革"攻坚期"和"深水期"的特征,加大改革力度、加强改革探索,敢于"啃硬骨头",勇于"涉险滩",凝聚力量,攻坚克难。这也正是时代赋予我们的使命。

3. 坚定信心,"敢"字当头,有勇有谋

改革开放犹如大河奔流,有时潮平岸阔、风正帆悬,有时陡壁高崖、洪波涌起。我们要以革命家的豪情,设计师的眼光,劳动者的实干,准确把握改革开放的新节奏,大胆地试、大胆地闯,以更大的政治勇气和智慧,开辟全面深化改革的新路径。

全面深化改革,必须增强推进改革的信心和勇气。改革开放是我们党在新的时代条件下带领人民进行的新的伟大革命,是当代中国最鲜明的特色,也是我们党最鲜明的旗帜。三十多年来,我们党正是靠改革开放来振奋民心、统一思想、凝聚力量,靠改革开放来激发全体人民的创新精神和创造活力,靠改革开放来实现我国经济社会快速发展、在与资本主义竞争中赢得比较优势。面对未来,要破解发展面临的各种难题,化解来自各方面的风险和挑战,更好发挥中国

---

① 李克强:《在省部级主要领导干部学习贯彻十八届三中全会精神全面深化改革专题研讨班上的报告》,《人民日报》2014年2月19日。

特色社会主义的制度优势。推动经济社会持续健康发展,除了深化改革开放,别无他途。因此,就更要坚定改革信心,以更大的政治勇气和智慧、更有力的措施和办法推进改革。

坚定改革信心的过程,也是凝聚共识、形成合力的过程。广泛凝聚共识,形成改革合力,必须坚定信心,"敢"字当头。改革开放的历程,从来不是"月下漫步""沙滩纳凉",现在面临许多体制变革、结构变动、利益调整的艰辛问题,难免要"伤筋动骨"。如果信心动摇,很可能事倍功半,甚至前功尽弃。我们没有理由停顿和退缩,唯有一鼓作气,拿出那么一股子劲来,"咬定青山不放松",敢于突破、勇于创新,在重要领域和关键环节改革上取得决定性成果。

在三十多年的改革历程中,我们谱写了中华民族自强不息、顽强奋进的壮丽史诗,靠的正是一往无前的进取精神。深化改革面临的矛盾越多、难度越大,越要坚定与时俱进、勇往直前的信心,越要有进取意识、进取精神、进取毅力,越要有"明知山有虎,偏向虎山行"的勇气。我们提出改革举措当然要慎重,要反复研究、反复论证,但也不能因此谨小慎微、裹足不前,什么也不敢干、不敢试。搞改革,现有的工作格局和体制运行不可能不打破,不可能四平八稳没有风险。只要是经过了充分论证和评估,符合实际、必须做的,该干的就要大胆干。"逆水行舟用力撑,一篙松劲退千寻。"只要我们全面审视当今世界和当代中国发展大势,全面把握我国发展新要求和人民群众新期待,更加奋发有为地开拓进取,就一定能够把改革开放引向深入。

应对"深水区"和"攻坚期"的改革,我们要集中政治智慧,要加强各项改革的关联性、系统性、可行性研究,注重经济、政治、文化、社会、生态文明等领域改革的配套融合,协同共进。更需要我们鼓起勇气,冲破思想观念的障碍、突破利益固化的藩篱。改革本身就是一场利益博弈,改革越深入,就越要破除旧的利益格局,敢于在利益较量中坚定前行的方向。在一些固化的利益和势力面前,我们并没有绕着走的资本,也没有轻轻松松就可以过关的"灵丹妙药",唯有勇往直前,攻坚克难。"在深化改革问题上,一些思想观念障碍往往不是来自体制外而是来自体制内。"[①]来自自身、内部的障碍,其阻力要比外界更强大。我们要以自我革新的勇气和胸怀,以"壮士断腕"的胆量和决心,对涉及自身的利益调整等复杂问题,跳出条条框框限制,克服各种利益掣肘,以积极主动精神研究

---

① 习近平:《关于〈中共中央关于全面深化改革若干重大问题的决定〉的说明》,《人民日报》2013年11月16日。

和提出改革举措。

我们改革的前方,不乏艰难险阻和关山重重。全面深化改革的征程已经启动,中国特色社会主义制度的完善和发展正在继续。我们对实现全面深化改革的总目标充满信心,这是汇聚磅礴力量的光辉旗帜,是造福亿万人民的伟大事业。我们不仅要增强进取意识、机遇意识、责任意识,还要以同样雄健的精神,以更大的勇气和智慧,锐意进取,谱写中国特色社会主义事业的新篇章。

4. 抓住机遇,不失时机赢得战略主动

机遇是宝贵的,历史上的中国曾多次与机遇失之交臂。18 世纪中叶以来,我们失去了工业革命、世界现代化浪潮、科技革命和产业变革浪潮所带来的发展机遇。直到 1978 年,我们终于抓住了难得的历史机遇,中华民族才大踏步赶了上来。今天,国际环境总体稳定,经济发展能力增强,潜力巨大,主客观条件都对我们全面深化改革有利,我们从未如此接近实现中华民族伟大复兴的目标。这个机遇可谓千载难逢,绝不能丧失,抓住机遇才能赢得战略主动,否则就有可能陷于被动。"来而不可失者,时也。蹈而不可失者,机也。"牢固树立机遇意识,科学判断有利条件和不利因素,充分发挥我们的独特优势,就一定能够抢占未来发展制高点,不断提高我国综合国力和国际竞争力,不断激发全体人民的创造力。

波澜壮阔的中国改革开放,我们仅仅用了三十多年就走过了工业化国家上百年的发展历程,同时还保证了国家大局稳定、人民安居乐业、社会总体和谐的良好局面;在处理改革发展稳定的关系方面,我们通过不断探索和实践,积累了不少经验,取得了举世瞩目的成就。然而,改革开放只有进行时,没有完成时,这是国家持续稳定健康发展的正确选择,也是中国人民共同利益实现的必然途径。常言道:"再高的山、再长的路,只要我们锲而不舍不断前进,就有达到目的的那一天。"全面深化改革的大幕已经拉开,我们这一代人历史性地接过改革开放的接力棒。岁不我予、时不我待,我们一定要坚定信心、凝聚共识,形成合力,共同创造中华民族伟大复兴的美好明天。

由于全面深化改革的复杂程度、敏感程度、艰巨程度,必须把握和处理好一些重大关系。一是处理好解放思想和实事求是的关系。不进行思想的大解放,就不会有改革的大突破。解放思想不是脱离国情的异想天开,也不是闭门造车的主观臆想,更不是毫无章法的莽撞蛮干。解放思想的目的在于更好地实事求

是。必须坚持一切从基本国情出发,从实际出发,从人民群众的利益出发,既大胆探索又脚踏实地。二是处理好整体推进和重点突破的关系。要坚持整体推进,统筹谋划深化改革各个方面、各个层次、各个要素,注重推动各项改革相互促进、良性互动、协同配合,注重改革措施整体效果,防止畸重畸轻、单兵突进、顾此失彼。但重要领域"牵一发而动全身",关系到改革大局,是改革的重中之重;关键环节"一子落而满盘活",关系到改革成效,是改革的有力支点。三是处理好全局和局部的关系。既不能以局部代替全局,也不能以全局代替局部。在全面深化改革过程中,每一项改革既要考虑局部的具体情况,更要从大局出发,从全局上来统筹谋划。要避免"只见树木,不见森林"的片面性,既要考虑局部和眼前,更要着眼全局和长远。四是处理好顶层设计和摸着石头过河的关系。摸着石头过河和加强顶层设计是辩证统一的,推进局部的阶段性改革开放要在加强顶层设计的前提下进行,加强顶层设计要在推进局部的阶段性改革开放的基础上来谋划。要加强宏观思考和顶层设计,更加注重改革的系统性、整体性、协同性,同时也要继续鼓励大胆试验、大胆突破,不断把改革引向深入。五是处理好胆子要大和步子要稳的关系。面对新形势新任务,一定要拿出全面深化改革的勇气,大胆探索,勇于开拓。同时也要看到,全面深化改革涉及面广,必须稳妥审慎,三思而后行。对一些重大改革,不可能毕其功于一役,可以提出总体思路和方案,稳扎稳打,积小胜为大胜。既敢于出招又善于应招,做到"蹄疾而步稳"。六是处理好改革发展稳定的关系。改革是经济社会发展的强大动力,发展是解决一切经济社会问题的关键,稳定是改革发展的前提。只有社会稳定,改革发展才能不断推进;只有改革发展不断推进,社会稳定才具有坚实的基础。要坚持把改革的力度、发展的速度和社会可承受的程度统一起来,在保持社会稳定中推进改革发展,通过改革发展促进社会稳定。

中国共产党领导中国人民革命、建设和改革的历史,就是一部实践探索与理论创新相辅相成、相得益彰的历史。中共十八届三中全会吹响了全面深化改革的进军号角,在新的攻坚战中,我们必须更加清醒意识到,全面深化改革是抓住机遇、抢占未来发展制高点的必然选择。今天,我国国际地位和国际影响力有了大幅提高,塑造国际关系和国际秩序的能力也大幅增强;我们在改革开放过程中积累了丰富的实践经验,形成了丰硕的理论成果,对共产党执政规律、社会主义建设规律、人类社会发展规律的认识不断深化;全国各族人民实现"中国梦"的精气神日益高涨。我们必须增强机遇意识,通过全面深化改革,发挥我们的独特优势,激发我们的创造活力,推动实现中华民族伟大复兴的中国梦。"有梦想,有机会,有奋斗,一切美好的东西都能够创造出来。"①在这场放飞梦想、创造机会、鼓励奋斗的全面深化改革伟大实践中,我们每个人都应该为汇成中国社会主义现代化的滚滚洪流作出自己的点滴贡献。

延伸阅读 1.3

改革开放胆子要大一些,敢于试验,不能像小脚女人一样。看准了的,就大胆地试,大胆地闯。深圳的重要经验就是敢闯。没有一点闯的精神,没有一点"冒"的精神,没有一股气呀、劲呀,就走不出一条好路,走不出一条新路,就干不出新的事业。不冒点风险,办什么事情都有百分之百的把握,万无一失,谁敢说这样的话?一开始就自以为是,认为百分之百正确,没那么回事,我就从来没有那么认为。每年领导层都要总结经验,对的就坚持,不对的赶快改,新问题出来抓紧解决。恐怕再有三十年的时间,我们才会在各方面形成一整套更加成熟、更加定型的制度。在这个制度下的方针、政策,也将更加定型化。

……

现在,有右的东西影响我们,也有"左"的东西影响我们,但根深蒂固的还是"左"的东西。有些理论家、政治家,拿大帽子吓唬人的,不是右,而是"左"。"左"带有革命的色彩,好像越"左"越革命。"左"的东西在我们党的历史上可怕呀!一个好好的东西,一下子被他搞掉了。右可以葬送社会主义,"左"也可以葬送社会主义。中国要警惕右,但主要是防止"左"。右的东西有,动乱就是右的!"左"的东西也有。把改革开放说成是引进和发展资本主义,认为和平演变的主要危险来自经济领域,这些就是"左"。我们必须保持清醒的头脑,这样就不会犯大错误,出现问题也容易纠正和改正。

——邓小平:《在武昌、深圳、珠海、上海等地的谈话要点》(1992年1月18日—2月21日),《邓小平文选》第3卷,人民出版社1993年版,第372、375页。

邓小平同志说,巩固和发展社会主义制度,需要我们几代人、十几代人,甚至几十代人坚持不懈地努力奋斗。这就给我们不断推进社会主义事业打

---

① 习近平:《在第十二届全国人大第一次会议上的讲话》,《人民日报》2013年3月18日。

开了广阔的空间。我们对社会主义的认识，要随着实践的发展不断深化。我们进行改革的根本目的，就是要使生产关系适应生产力的发展，使上层建筑适应经济基础的发展，使我国社会主义社会的各方面都形成比较成熟、比较定型的制度。社会主义制度的自我完善和发展，说到底，是一个体制创新的问题。完善公有制为主体、多种所有制经济共同发展的基本经济制度，完善按劳分配为主体、多种分配方式并存的分配制度，建立社会主义市场经济体制，进行政治体制改革，还有大量工作要做。不改革，不进行体制创新，很多问题的解决就没有出路。二十多年的改革实践，为我们进一步深化改革创造了很好的基础。继续推进改革，难度会更大，工作会更复杂。我们必须拿出一往无前的勇气，在体制创新方面取得重大进展，绝不能有畏难情绪。任何改革都要进行利益关系的调整，不可避免地会触及一部分人的利益。一定要正确处理改革发展稳定的关系，使改革的推进既积极又稳妥。

——江泽民：《在新世纪把建设有中国特色社会主义事业继续推向前进》（2000年10月11日），《江泽民文选》第3卷，人民出版社2006年版，第120页。

当前，世情、国情、党情继续发生深刻变化，我国发展中不平衡、不协调、不可持续问题突出，制约科学发展的体制机制障碍躲不开、绕不过，必须通过深化改革加以解决。我们一定要坚定不移坚持党的十一届三中全会以来的路线方针政策，坚定信心、砥砺勇气，坚持不懈把改革创新精神贯彻到治国理政各个环节，奋力把改革开放推向前进。要坚持社会主义市场经济的改革方向，提高改革决策的科学性，增强改革措施的协调性，找准深化改革开放的突破口，明确深化改革开放的重点，不失时机地推进重要领域和关键环节改革，继续推进经济体制、政治体制、文化体制、社会体制改革创新，继续解放和发展社会生产力，继续推动我国社会主义制度自我完善和发展，坚决破除一切妨碍科学发展的思想观念和体制机制弊端，为推进中国特色社会主义事业注入强大动力。

——胡锦涛：《在庆祝中国共产党成立90周年大会上的讲话》（2011年7月1日），《人民日报》2011年7月2日。

改革开放的成功实践为全面深化改革提供了重要经验，必须长期坚持。最重要的是，坚持党的领导，贯彻党的基本路线，不走封闭僵化的老路，不走改旗易帜的邪路，坚定走中国特色社会主义道路，始终确保改革正确方向；坚持解放思想、实事求是、与时俱进、求真务实，一切从实际出发，总结国内成功做法，借鉴国外有益经验，勇于推进理论和实践创新；坚持以人为本，尊重人民主体地位，发挥群众首创精神，紧紧依靠人民推动改革，促进人的全面发展；坚持正确处理改革发展稳定关系，胆子要大、步子要稳，加强顶层设计和摸着石头过河相结合，整体推进和重点突破相促进，提高改革决策科学性，广泛凝聚共识，形成改革合力。

当前，我国发展进入新阶段，改革进入攻坚期和深水区。必须以强烈的历史使命感，最大限度集中全党全社会智慧，最大限度调动一切积极因素，敢于啃硬骨头，敢于涉险滩，以更大决心冲破思想观念的束缚、突破利益固化的藩篱，推动中国特色社会主义制度自我完善和发展。

到二〇二〇年，在重要领域和关键环节改革上取得决定性成果，完成本决定提出的改革任务，形成系统完备、科学规范、运行有效的制度体系，使各方面制度更加成熟更加定型。

——《中共中央关于全面深化改革若干重大问题的决定》(2013年11月12日)，《人民日报》2013年11月16日。

深化改革，难免触动一些人的"奶酪"，碰到各种复杂关系的羁绊，不可能皆大欢喜。突破既得利益，让改革落地，需要有勇气、有胆识、有担当。畏首畏尾，不敢出招，怕得罪人，是难以落实措施、推动工作的。全面深化改革是立足国家整体利益、根本利益、长远利益进行部署的，目的是要达到一加一大于二的效果，使整体利益产生乘数效应，避免一加一小于二的状况，防止局部利益相互掣肘、相互抵消。在地方和部门工作的同志要站在党和国家事业全局的高度思考问题、推动工作，而不是各取所需、挑三拣四，甚至借改革之名强化局部利益。要注意避免合意则取、不合意则舍的倾向，避免不得要领、违规操作的倾向，避免缺乏信心、心存观望的倾向。

……

要注意打破不合时宜的思维定势。思维定势有的是在长期工作中形成的，有的是个人立场、地位、利益决定的，有的是同现有一些工作格局、工作权限、工作机制密切相关的。事业在发展，形势在变化，过去合理的现在可能已经不适应，以前长期有效的目前可能开始失灵。正所谓"昨日是而今日非矣,今日非而后日又是矣"。面对新形势新任务,如果完全顺着既有的思维定势来行事,可能就觉得不需要改革或不积极去推动改革了,就可能误事。我们说要以更大决心冲破思想观念束缚,就是要破除妨碍改革发展的那些思维定势,顺应潮流,与时俱进。"审度时宜,虑定而动,天下无不可为之事。"要做好承受改革压力和改革代价的思想准备,对党和人民事业有利的,对最广大人民有利的,对实现党和国家兴旺发达、长治久安有利的,该改的就要坚定不移改,这才是对历史负责、对人民负责、对国家和民族负责。

——习近平:《在省部级主要领导干部学习贯彻十八届三中全会精神全面深化改革专题研讨班上的讲话》(2014年2月17日),《习近平关于全面深化改革论述摘编》,中央文献出版社2014年版,第152—153页。

第二讲　中国特色社会主义：道路、理论与制度

2012年7月，胡锦涛在省部级主要领导干部专题研讨班开班式上的讲话中指出，我们坚持和发展中国特色社会主义取得了重大理论和实践成果，最重要的就是，开辟了中国特色社会主义道路，形成了中国特色社会主义理论体系，确立了中国特色社会主义制度。这是党和人民九十多年奋斗、创造、积累的根本成就，必须倍加珍惜、始终坚持、不断发展。中共十八大报告明确而完整地提出，全党要坚定对中国特色社会主义的道路自信、理论自信、制度自信。这三个自信是夺取中国特色社会主义新胜利的重要保障，必将进一步增强全党和全国各族人民的信心，从而更好地凝聚力量、攻坚克难，夺取中国特色社会主义新胜利。

一、勇于探索增强道路自信

道路问题是关系党的事业兴衰成败第一位的问题，道路关乎国家前途、民族命运、人民幸福。在中国这样一个经济文化十分落后的国家探索民族复兴道路，是极为艰巨的任务。回首中国近代以来特别是改革开放以来波澜壮阔的历史，我们党紧紧依靠人民，把马克思主义基本原理同中国实际和时代特征结合起来，独立自主走自己的路，历经千辛万苦，取得辉煌成就，开创和发展了中国特色社会主义，从根本上改变了中国人民和中华民族的前途命运，伟大的"中国梦"展现出光明前景。

1. 道路决定前途命运

一个国家实行什么样的主义、走什么样的路，关键要看这个主义、这条道路能否解决这个国家面临的历史性课题。近代以来，中华民族内忧外患、积贫积

弱，面临亡国灭种的危险。争取民族独立、人民解放和实现国家富强、人民富裕，成为中华民族必须完成的两大历史任务。近代中国无数仁人志士踏上挽救民族危亡，寻找国家富强、人民幸福的现代化之路的漫漫征程。从太平天国运动、洋务运动到维新变法、辛亥革命，农民、封建地主阶级开明派、资产阶级改良派、民族资产阶级，纷纷抒写了近代以来中国人民刻骨铭心的磨难之后的觉醒和奋起抗争的慷慨悲壮。但因历史和阶级的局限，他们或陷入空想，或选择依附西方，或照搬西方资本主义的道路，最终都没能解决中国近代社会面临的历史性课题。直到中国共产党登上历史舞台，中国先进的知识分子掌握了马克思主义这个观察国家命运的武器，中国的现代化才有了正确的方向和可靠的组织保证。我们党紧紧依靠人民，艰辛探索、浴血奋斗，建立了新中国，完成了社会主义革命，确立了社会主义基本制度，把中国引向社会主义的发展道路，实现了中国历史上最广泛最深刻的社会变革。历史和现实告诉我们，只有社会主义，而不是什么别的主义能够救中国，这是历史的结论、人民的选择。

从"走俄国人的路"到"走自己的路"，是中国共产党经过长期艰辛探索在道路问题上的高度自觉和自信。"走自己的路"就是走中国特色社会主义的道路，这是一条加快推进中国社会主义现代化进程、实现中华民族伟大复兴的必由之路。历史已经证明，无论是封闭僵化的老路，还是改旗易帜的邪路，都是绝路、死路，都行不通。如果说只有社会主义才能救中国，那么在当代中国，只有中国特色社会主义道路而没有别的什么道路能够发展中国、富强中国。在实现"中国梦"的征程上，无论遭遇什么样的困难，面临什么样的考验，对于这条道路，我们都必须倍加珍惜、始终坚持。

九十多年来，中国共产党紧紧依靠人民，把马克思主义基本原理同中国实际和时代特征结合起来，独立自主走自己的路，历经千辛万苦，付出各种代价，取得革命建设改革伟大胜利，开创和发展了中国特色社会主义，从根本上改变了中国人民和中华民族的前途命运。中国特色社会主义道路，就是在中国共产党领导下，立足基本国情，以经济建设为中心，坚持四项基本原则，坚持改革开放，解放和发展社会生产力，建设社会主义市场经济、社会主义民主政治、社会主义先进文化、社会主义和谐社会、社会主义生态文明，促进人的全面发展，逐步实现全体人民共同富裕，建设富强民主文明和谐的社会主义现代化国家。

2. 中国道路何以自信

中国特色社会主义道路是一条符合中国国情的道路。只有准确认识国情、科学判断我国所处的发展阶段,才能为制定正确的路线、方针、政策奠定前提、依据和出发点。在长期社会主义实践过程中,我们党清醒地认识到,我国社会主义社会还处于初级阶段,这是一个至少上百年的很长的历史阶段,一切都不能离开这个实际、超越这个阶段。尽管经过三十多年的发展,我国经济社会发展取得巨大成就,时代特征、具体国情发生了很大变化,但我国仍处于并将长期处于社会主义初级阶段的基本国情没有变。牢牢把握了这一科学判断,我们沿着中国特色社会主义道路前进,才能自觉贯彻中共基本路线,坚持把以经济建设为中心同四项基本原则、改革开放这两个基本点统一于中国特色社会主义伟大实践,坚定不移,毫不动摇。

中国特色社会主义道路是一条社会主义的道路。从社会政治形态的角度看,中国现代化道路首先是一种社会主义道路,它坚持共产主义的根本宗旨和社会主义的基本制度,实行共产党的领导和马克思主义的意识形态。所以,所谓中国模式的社会属性或制度基础无疑是中国特色社会主义。一种发展模式总是与一种核心价值联系在一起的。中国现代化道路是同社会主义核心价值有着直接关系,或者说中国现代化道路的实质与社会主义价值体系的核心——中国特色社会主义共同理想——是一致的。总结改革开放以来中国发展道路的经验,其真正奥秘是中国特色社会主义。当代中国发展模式的本质是中国特色社会主义现代化道路,当代中国意识形态的核心内容是中国特色社会主义共同理想,当代中国发展目标是建设富强民主文明和谐的社会主义现代化国家。

中国特色社会主义道路是一条科学发展的道路。这条道路坚持发展是第一要务,实现全面的发展、协调的发展、可持续的发展;坚持以人为本,发展为了人民、发展依靠人民、发展成果由人民共享。这条道路,既坚持以经济建设为中心,又全面推进经济建设、政治建设、文化建设、社会建设、生态文明建设以及其他各方面建设;既坚持四项基本原则,又坚持改革开放;既不断解放和发展社会生产力,又逐步实现全体人民共同富裕、促进人的全面发展。

中国特色社会主义道路是一条前景光明的道路。建设中国特色社会主义,阶段性的目标就是到我们党成立一百年时全面建成小康社会,到新中国成立一百年时建成富强民主文明和谐的社会主义现代化国家,进而实现中华民族伟大复兴的"中国梦"。它凝聚了几代中国人的美好夙愿,体现了中华民族和中国人民的整体利益,是全体中华儿女的共同期盼。中国特色社会主义道路,就是让中国人民富裕起来、国家强盛起来、振兴伟大的中华民族的唯一现实途径。在这条道路上,我们艰苦奋斗、矢志不渝,已经书写了精彩纷呈的"中国故事",创造了震撼世界的"中国奇迹"。今后,我们仍然要坚持正确方向,沿着这条正确道路继续前进,脚踏实地、不懈奋斗,用苦干、实干实现伟大的"中国梦"。

3. 所谓"中国特色"

中国特色社会主义道路之所以是中国发展进步之路,关键在于既坚持了科学社会主义基本原则,又根据时代条件赋予其鲜明的中国特色,这就是十八大报告中所说的实践特色、理论特色、民族特色、时代特色。

中国道路具有鲜明的实践特色。中国特色社会主义是一项前无古人的伟大创造性实践,需要我们在实践中不断探索,不断发展。中国特色社会主义所面临的一系列重大问题都是历史上不曾有过的,需要我们在实践中不断加以创造性解决。中国特色社会主义是广大人民群众的基层创造和党总结这些创造之间有机结合的实践活动,也就是基层创新与顶层设计完美结合的实践活动,在这一伟大实践中,人民群众的历史创造性发挥得淋漓尽致。1978年的一个冬夜,安徽小岗村的18个农民按下手印,搞起"包产到户"。由此推动了全国性的家庭联产承包制度的建立。1980年2月,广西宜山县三岔公社合寨大队果作村村民自发投票选举产生了中国第一个村民委员会,揭开了中国农民"直接行使民主权利,依法管理自己的事情,创造自己幸福生活"的序幕。无论是联产承包责任制的实施,还是村民委员会的建立,都离不开中国农民的伟大创造。中国特色社会主义从来不固守某种理论教条或者某种模式,也从不固化某种具体制度,而是在改革开放的现实实践中不断推进理论创新、制度创新。在纪念改革开放三十周年大会上,胡锦涛指出:"实践永无止境,探索和创新也永无止境。世界上没有放之四海而皆准的发展道路和发展模式,也没有一成不变的发展道路和发展模式";他强调,"我们既不能把书本上的个别论断当作束缚自己思想和手脚的教条,也不能把实践中已见成效的东西看成完美无缺的模式"。① 这就鲜明地体现了中国特色社会主义的实践性质与实践色彩。

中国道路具有厚重的理论特色。恩格斯说过:"我们党有个很大优点,就是有一个新的科学的世界观作为理论基础。"②这恰恰是我们党的突出优点,它始

---

① 胡锦涛:《在纪念党的十一届三中全会召开30周年大会上的讲话》,《人民日报》2008年12月19日。
② 《马克思恩格斯文集》第2卷,人民出版社2009年版,第599页。

终以马克思主义的科学世界观为理论指导。我们党始终坚持解放思想、实事求是、与时俱进,坚持以我国改革开放和现代化建设的实际问题为中心,着眼于马克思主义理论的科学运用,着眼于对实际问题的理论思考,着眼于新的实践和新的发展,深入研究和回答重大理论和现实问题,不断把党带领人民创造的成功经验上升为理论,使中国特色社会主义具有厚重的理论特质。中国特色社会主义道路成功的奥秘之一就是摆脱了对传统社会主义的教条式理解,从毛泽东思想到邓小平理论、"三个代表"重要思想和科学发展观,指导中国特色社会主义道路的理论成果处于不断完善、不断发展的进程之中。我党在坚持指导思想连贯性和创新性相统一的进程中,既保持了社会主义价值取向的连贯性,又保证了中国特色社会主义道路的创新性。中国特色社会主义道路的理论特色使得中国拥有了指导中国现代化进程的价值资源和思想资源。中国特色社会主义是在不断总结历史经验的过程中推进理论创新的,在理论创新的过程中推动我们的事业不断向前发展。重视理论建设和理论创新是我们党的一个根本特点,每当事业发展的重要关头,我们党都注重首先抓好理论建设与创新。江泽民历史经验表明:"注重理论创新,是党的事业前进的重要保证。什么时候我们紧密结合实践不断推进理论创新,党的事业就充满生机和活力;什么时候理论发展落后于实践,党的事业就会受到损害,甚至发生挫折。"①

  中国道路具有独特的民族特色。中国特色社会主义道路与中华文明具有内在的契合性与一致性。任何国家的现代化道路都不能完全摆脱传统的规约,也不能以彻底否定其赖以存在的文明传统作为代价。中国特色社会主义道路所秉承的共同富裕、社会和谐就是对传统文明之积极因素的开掘和发展。我党开辟的社会主义道路以民族利益为基石,以民族复兴为依归,使民族利益和国家利益在现代化进程中得以彰显与捍卫,这是我党现代使命赖以存在的文化之根和民族之根。中国特色社会主义深深扎根于中华优秀文化的沃土之中。在我国五千多年文明发展历程中,各族人民紧密团结、自强不息,共同创造出源远流长、博大精深的中华文化,为中华民族发展壮大提供了强大精神力量,成为中国特色社会主义不断向前发展的强大动力;优秀传统文化凝聚着中华民族自强不息的精神追求和历久弥新的精神财富,是发展社会主义先进文化的深厚基础,是建设中华民族共有精神家园的重要支撑。中国优秀的历史文化传统不断融入中国特色社会主义的各项建设之中。我们党实事求是的思想路线,有着深

---

  ① 《江泽民文选》第3卷,人民出版社2006年版,第334页。

厚的民族文化根基;中华民族历史上的小康社会的理想已经转化为中国特色社会主义道路的"全面建设小康社会";"建设社会主义和谐社会"也与中国传统文化中"和"文化密切有关;我们党高度重视社会公平正义,实际上我国历史上也有公平正义的思想。

　　中国道路具有丰富的时代特色。中国特色社会主义道路不是一劳永逸的,也不是在一个封闭体系中推进的。在面对各种挑战和机遇的历史态势中,我们党与时俱进、审时度势,在一种开放性的观念体系和思维体系中,正确把握历史的基本走向,通过吸收人类文明的先进成果,在不断推进改革开放和积极参与全球化的进程中,顺应时代潮流,在一种面向全球的大格局中不断巩固和发展中国特色社会主义道路的时代特色。中国特色社会主义道路是开放发展之路。对外开放是中国特色社会主义道路重要特征。中国特色社会主义是在世界格局大变动大调整大变革中发展的,是在国际形势风云变幻中前进的。因此,我们必须实行更加积极主动的开放战略,加快实施"走出去"战略,积极参与全球经济治理和区域合作,推动国际经济体系改革,不断拓展新的开放领域和空间,以开放促发展、促改革、促创新。中国特色社会主义道路是包容发展之路。实现包容性发展,根本目的是让经济全球化和经济发展成果惠及所有国家和地区、惠及所有人群。世界上许多政治家都承认,中国是世界上最稳健的经济体,中国经济是世界经济发展的助推器;中国在经济发展过程中,把自己经济增长的成果与世界分享,中国的繁荣将使整个世界受益。中国特色社会主义道路是和平发展之路。中国特色社会主义把坚持独立自主同参与经济全球化结合起来,强调我们既高度珍惜并坚定不移地维护中国人民经过长期奋斗得来的独立自主权利,又坚持对外开放的基本国策,始终站在国际大局与国内大局相互联系的高度审视中国和世界的发展问题,思考和制定中国的发展战略,推动建设持久和平、共同繁荣的和谐世界。

延伸阅读 2.1

　　回首近代以来中国波澜壮阔的历史,展望中华民族充满希望的未来,我们得出一个坚定的结论:全面建成小康社会,加快推进社会主义现代化,实现中华民族伟大复兴,必须坚定不移走中国特色社会主义道路。

　　道路关乎党的命脉,关乎国家前途、民族命运、人民幸福。在中国这样一个经济文化十分落后的国家探索民族复兴道路,是极为艰巨的任务。九十多年来,我们党紧紧依靠人民,把马克思主义基本原理同中国实际和时代特征结合起来,独立自主走自己的路,历经千辛万苦,付出各种代价,取得革命建设改革伟大胜利,开创和发展了中国特色社会主义,从根本上改变了中国人民和中华民族的前途命运。

以毛泽东同志为核心的党的第一代中央领导集体带领全党全国各族人民完成了新民主主义革命,进行了社会主义改造,确立了社会主义基本制度,成功实现了中国历史上最深刻最伟大的社会变革,为当代中国一切发展进步奠定了根本政治前提和制度基础。在探索过程中,虽然经历了严重曲折,但党在社会主义建设中取得的独创性理论成果和巨大成就,为新的历史时期开创中国特色社会主义提供了宝贵经验、理论准备、物质基础。

以邓小平同志为核心的党的第二代中央领导集体带领全党全国各族人民深刻总结我国社会主义建设正反两方面经验,借鉴世界社会主义历史经验,作出把党和国家工作中心转移到经济建设上来、实行改革开放的历史性决策,深刻揭示社会主义本质,确立社会主义初级阶段基本路线,明确提出走自己的路、建设中国特色社会主义,科学回答了建设中国特色社会主义的一系列基本问题,成功开创了中国特色社会主义。

以江泽民同志为核心的党的第三代中央领导集体带领全党全国各族人民坚持党的基本理论、基本路线,在国内外形势十分复杂、世界社会主义出现严重曲折的严峻考验面前捍卫了中国特色社会主义,依据新的实践确立了党的基本纲领、基本经验,确立了社会主义市场经济体制的改革目标和基本框架,确立了社会主义初级阶段的基本经济制度和分配制度,开创全面改革开放新局面,推进党的建设新的伟大工程,成功把中国特色社会主义推向二十一世纪。

新世纪新阶段,党中央抓住重要战略机遇期,在全面建设小康社会进程中推进实践创新、理论创新、制度创新,强调坚持以人为本、全面协调可持续发展,提出构建社会主义和谐社会、加快生态文明建设,形成中国特色社会主义事业总体布局,着力保障和改善民生,促进社会公平正义,推动建设和谐世界,推进党的执政能力建设和先进性建设,成功在新的历史起点上坚持和发展了中国特色社会主义。

在改革开放三十多年一以贯之的接力探索中,我们坚定不移高举中国特色社会主义伟大旗帜,既不走封闭僵化的老路、也不走改旗易帜的邪路。中国特色社会主义道路,中国特色社会主义理论体系,中国特色社会主义制度,是党和人民九十多年奋斗、创造、积累的根本成就,必须倍加珍惜、始终坚持、不断发展。

中国特色社会主义道路,就是在中国共产党领导下,立足基本国情,以经济建设为中心,坚持四项基本原则,坚持改革开放,解放和发展社会生产力,建设社会主义市场经济、社会主义民主政治、社会主义先进文化、社会主义和谐社会、社会主义生态文明,促进人的全面发展,逐步实现全体人民共同富裕,建设富强民主文明和谐的社会主义现代化国家。中国特色社会主义理论体系,就是包括邓小平理论、"三个代表"重要思想、科学发展观在内的科学理论体系,是对马克思列宁主义、毛泽东思想的坚持和发展。中国特色社会主义制度,就是人民代表大会制度的根本政治制度,中国共产党领导的多党合作和政治协商制度、民族区域自治制度以及基层群众自治制度等基本政治制度,中国特色社会主义法律体系,公有制为主体、多种所有制经济共同发展的基本经济制度,以及建立在这些制度基础上的经济体制、政治体制、文化体制、社会体制等各项具体制度。中国特色社会主义道路是实现途径,中国特色社会主义理论体系是行动指南,中国特色社会主义制度是根本保障,三者统一于中国特色社会主义伟大实践,这是党领导人民在建设社会主义长期实践中形成的最鲜明特色。

建设中国特色社会主义,总依据是社会主义初级阶段,总布局是五位一体,总任务是实现社会主义现代化和中华民族伟大复兴。中国特色社会主义,既坚持了科学社会主义基本原则,又根据时代条件赋予其鲜明的中国特色,以全新的视野深化了对共产党执政规律、社会主义建设规律、人类社会发展规律的认识,从理论和实践结合上系统回答了在中国这样人口多底子薄的东方大国建设什么样的社会主义、怎样建设社会主义这个根本问题,使我们国家快速发展起来,使我国人民生活水平快速提高起来。实践充分证明,中国特色社会主义是当代中国发展进步的根本方向,只有中国特色社会主义才能发展中国。

发展中国特色社会主义是一项长期的艰巨的历史任务,必须准备进行具有许多新的历史特点的伟大斗争。我们一定要毫不动摇坚持、与时俱进

> 发展中国特色社会主义,不断丰富中国特色社会主义的实践特色、理论特色、民族特色、时代特色。
> ——胡锦涛:《坚定不移沿着中国特色社会主义道路前进 为全面建成小康社会而奋斗——在中国共产党第十八次全国代表大会上的报告》(2012年11月8日),人民出版社2012年版,第10—16页。

二、不断创新促进理论自信

中国特色社会主义道路的开创过程,其本身就是一个从理论到实践的不断创新过程。立足于实践,不断探索,不断创新,是中国特色社会主义道路开创过程中一个显著的特征。中国特色社会主义道路,是在改革开放的伟大实践中开创和发展起来的。它包含着我们党对马克思主义的科学运用,对历史经验的深刻总结,对基本国情的正确把握,对时代特征和世界趋势的准确判断,同时也融合了中华民族的价值取向,贯通着中华民族的精神追求,充分反映了我们党的创新意识和创新能力。中国道路的首要特征就与时俱进、不断创新、不断变革。实践无止境,解放思想无止境,变革创新也无止境。

1."大胆地试,大胆地闯"

一生不作诗的邓小平在1993年岁末视察上海杨浦大桥曾作诗两句:"喜看今日路,胜读百年书。"据邓小平小女儿邓榕事后回忆,当时曾好奇地问:"爸爸从来不作诗,今天怎么诗兴大发?"历经了近一个世纪人生惊涛骇浪的老人回答说:"这不是诗,是我内心的话。"诗言志,邓小平作为改革开放的总设计师,他心中的路就是中国特色社会主义道路。这条路,马克思没有说过,前人没有走过,没有任何经验可以参考。要走出中国特色社会主义道路,唯一可做的就是探索实践,探索实践就是"摸着石头过河",特别需要"闯的精神、'冒'的精神"。走中国特色社会主义道路,就是想前人没有想过的,做前人没有做过的,敢于走前人没有走过的路。这是一条创新之路,就是运用马克思主义的立场观点方法,研究出现的新形势、新情况、新问题,做出了新的概括、新的判断、新的结论。

美国《时代》周刊在1979年第一期的序言中曾这样写道:"一个崭新中国的梦想者——邓小平向世界打开了'中央之国'的大门。这是人类历史上气势恢宏、绝无仅有的一个壮举!"毫无疑问,这个"壮举"的动力来源于对社会主义的重新思考,来源于敢于解放思想的强大勇气。邓小平说:"社会主义是一个很好的名词,但是如果搞不好,不能正确理解,不能采取正确的政策,那就体现不出社会主义的本质"①;"不解放思想不行,甚至于包括什么是社会主义这个问题也要解放思想"②。建设中国特色社会主义是一项前无古人的伟大事业,马列主义的本本上找不到答案,别国模式无法照搬,只有不断解放思想,实事求是,把马克思主义基本原理同中国的实际相结合才能找到答案和出路。1984年10月,中共十二届三中全会通过的《中共中央关于经济体制改革的决定》提出,要发展社会主义商品经济,要突破把计划经济和商品经济对立起来的传统观念。邓小平说,这个决定是马克思主义的基本原理同中国社会主义实践相结合的政治经济学,就是解释了什么是社会主义,有些是我们老祖宗没有说过的话,有些新话。过去我们不可能写出这样的文件,写出来,也很不容易通过,会被看作是"异端"。

1992年春,邓小平发表了著名的南方谈话,他指出,改革开放迈不开步子,不敢闯,说来说去就是怕资本主义的东西多了,走了资本主义道路。判断的标准,应该主要看是否有利于发展社会主义的生产力,是否有利于增强社会主义国家的综合国力,是否有利于提高人民的生活水平。计划经济不等于社会主义,资本主义也有计划;市场经济不等于资本主义,社会主义也有市场。计划和市场都是经济手段。计划多一点还是市场多一点,不是社会主义与资本主义的本质区别。这些惊世骇俗的论断,没有解放思想的强大勇气,没有实事求是的马克思主义态度和精神,是断然不可做到的。以邓小平为核心的中共第二代中央领导集体,围绕"什么是社会主义,怎样建设社会主义"这个最重大的问题,形成了贫穷不是社会主义,发展太慢也不是社会主义;平均主义不是社会主义,两极分化也不是社会主义;僵化封闭不能发展社会主义,照搬外国也不能发展社会主义;没有民主就没有社会主义,没有法制也没有社会主义;不重视物质文明搞不好社会主义,不重视精神文明也搞不好社会主义等一系列新思想、新观点、新论断,第一次比较系统地初步回答了在中国这样经济文化比较落后的国家如何建设社会主义、如何巩固和发展社会主义的一系列基本问题,开启了改革开放的伟大航程。

---

① 《邓小平文选》第2卷,人民出版社1994年版,第313页。
② 《邓小平文选》第2卷,人民出版社1983年版,第364页。

2. "创新,创新,再创新"

中共第三代领导集体,受命于危难之际,在国内外政治风波、经济风险等严峻考验面前,依靠党和人民,捍卫中国特色社会主义事业,创建社会主义市场经济新体制,开创全面改革开放新局面,推进中共建设新的伟大工程。面对东欧剧变,苏联解体,世界上一些长期执政的大党老党相继垮台的现实,面对经济全球化浪潮的蔓延席卷以及党自身的巨大变化,中国共产党要想保持先进性,始终走在时代前列,就必须敢于迎接挑战、接受考验,解放思想,实事求是,与时俱进,回答时代提出的新课题。

在改革开放新的历史阶段,谱写马克思主义新的理论篇章,就是要加快经济体制改革,尽快建立社会主义的新经济体制,正确认识计划和市场问题及其相互关系。在如何看待市场经济这个问题上的确需要一次思想大解放。1992年6月,江泽民在中央党校省部级干部进修班上的讲话第一次提出了"社会主义市场经济体制"这个新概念,并在中共十四大上作了深入阐述。江泽民指出:"实践的发展和认识的深化,要求我们明确提出,我国经济体制改革的目标是建立社会主义市场经济体制,以利于进一步解放和发展生产力。"①这一论断得到了全党和全社会广泛赞同。"社会主义市场经济体制"这个新概念的提出,充分表明中国共产党人在借鉴现代社会文明成果中所展现的开放性与包容性,既体现了解放思想的理论勇气,又体现了科学性、时代性和革命性相统一的马克思主义品格。江泽民在中共十五大报告中指出,把社会主义同市场经济结合起来,是一个伟大创举。实现这个结合,需要积极探索,大胆试验,尊重群众的首创精神;需要深化改革,解决体制转变中的深层次矛盾和关键问题。其中,深化国有企业改革成为一个十分突出的问题被提到全党面前。江泽民指出:"股份制是现代企业的一种资本组织形式,有利于所有权和经营权的分离,有利于提高企业和资本的运作效率,资本主义可以用,社会主义也可以用。不能笼统地说股份制是公有还是私有,关键看控股权掌握在谁手里。"②公有制为主体,多种所有制共同发展,是我国社会主义初级阶段的基本经济制度,必须毫不动摇地巩固和发展公有制经济,毫不动摇地鼓励、支持和引导非公有制经济发展。非公有制经济是社会主义市场经济的重要组成部分。各种所有制经济完全可

---

① 《江泽民文选》第1卷,人民出版社2006年版,第163页。
② 《江泽民文选》第2卷,人民出版社2006年版,第20页。

以在市场竞争中发挥各自优势,相互促进,共同发展。这些新观点、新认识,是解放思想的必然产物。

1999年12月31日子夜,江泽民等党和国家领导人来到中华世纪坛,与首都群众一起,迎接新千年的到来。面对新的起点,中国人又将如何迈出新的步伐,开启新的航程? 2000年2月,江泽民在广州召开党建工作座谈会上指出:"我们党所以赢得人民的拥护,是因为我们党在革命、建设、改革的各个历史时期,总是代表着中国先进生产力的发展要求,代表着中国先进文化的前进方向,代表着中国最广大人民的根本利益。"①5月,江泽民在上海主持召开党建工作座谈会时作了题为"始终做到'三个代表'是我们党的立党之本、执政之基、力量之源"的讲话。我们要突破前人,后人也必然会突破我们。这是社会前进的规律。我们一定要自觉地把思想认识从那些不合时宜的观念、做法和体制的束缚中解放出来,从对马克思主义的错误的和教条式的理解中解放出来,从主观主义和形而上学的桎梏中解放出来。"三个代表"重要思想创造性地运用马克思列宁主义、毛泽东思想特别是邓小平理论,紧密结合时代发展的新形势、我国广大人民的新要求、我国改革开放和现代化建设的新实践继续进行探索,从坚持和完善社会主义公有制为主体、多种所有制经济共同发展的基本经济制度,到坚持和完善按劳分配为主体、多种分配方式并存的分配制度;从建立社会主义市场经济体制,到推进经济结构战略性调整和经济增长方式转变;从推进西部大开发、促进区域协调发展,到实施"引进来"和"走出去"相结合的开放战略;从发展社会主义民主政治,到建设社会主义法治国家;从发展社会主义先进文化,到推动社会主义物质文明、政治文明、精神文明协调发展;从促进世界多极化和国际关系民主化,到正确应对和驾驭经济全球化、促进共同发展,在长期执政、对外开放和发展社会主义市场经济条件下如何加强和改进党的建设等,形成了一系列富有独创性的理论成果,不断回答"什么是社会主义,怎样建设社会主义,建设什么样的党,怎样建设党"这一重大问题,将改革开放伟大事业成功推向21世纪。

3."创新永无止境"

2003年春,全国大多数省区市发生了非典疫情。这场突如其来的疾病灾害,给了我们一个警示,那就是在经济发展的同时,也要注重社会的发展、自然

---

① 《江泽民文选》第3卷,人民出版社2006年版,第2页。

和生态环境的保护。不惜牺牲环境、浪费资源、单纯追求GDP的增长,并不能带来社会的全面进步和人的全面发展。实现什么样的发展,怎样发展,这个尖锐的问题亟待新一届党中央领导集体做出更为科学的回答。以胡锦涛为代表的第四代中央领导集体,坚持以邓小平理论和"三个代表"重要思想为指导,顺应国内外形势发展变化,毫不动摇地贯彻党的路线方针政策,求真务实,开拓创新,推动科学发展,促进社会和谐,聚精会神搞建设,一心一意谋发展,把改革开放和现代化建设事业继续推向前进。

要使党的事业不停顿,首先要理论创新不停顿。为此,必须把马克思主义普遍原理与我国改革开放的新的实际相结合,不断推动党的理论创新和实践创新。以胡锦涛为代表的第四代中央领导集体明确提出,必须解放思想、实事求是、与时俱进,研究新情况、解决新问题,坚持以人为本,树立全面、协调、可持续的发展观,促进经济社会和人的全面发展。提出从最广大人民群众的根本利益出发谋发展、促发展,坚持发展为了人民、发展依靠人民、发展成果由人民共享,把促进经济社会发展与人的全面发展统一起来的重要思想,丰富发展了马克思主义关于以人为本的内涵;提出统筹城乡发展、统筹区域发展、统筹经济社会发展、统筹人与自然和谐发展、统筹国内发展和对外开放这五个统筹的思想,丰富了我们党关于统筹兼顾的思想,是对现代化建设规律认识的深化;提出加强党的执政能力和党的先进性建设,丰富发展了马克思主义党建理论;提出权为民所用、情为民所系、利为民所谋,以实现人的全面发展为目标,从人民群众最关心、最直接、最现实的根本利益出发,促发展谋发展,不断满足人民群众日益增长的物质文化需要,切实保障人民群众的经济、政治和文化权益,让发展的成果惠及全体人民,是我们党在执政理念上的一个飞跃;提出毫不动摇地坚持改革开放,提高改革决策的科学性、增强改革措施的协调性,是我们党对深化改革开放的新认识;提出要按照民主法治、公平正义、诚信友爱、充满活力、安定有序、人与自然和谐相处的总要求构建社会主义和谐社会,使中国特色社会主义整体布局更明确地由社会主义经济建设、政治建设、文化建设三位一体发展为社会主义经济建设、政治建设、文化建设、社会建设四位一体,丰富发展了马克思主义关于社会主义社会建设的思想;提出走新型工业化道路、建设社会主义新农村、建设创新型国家、建设资源节约型环境友好型社会,走和平发展道路,推动建设和谐世界等一系列新思想、新观点、新论断,不断深化认识社会主义建设规律、共产党执政规律和人类社会发展规律,不断丰富发展马克思主义,是在新世纪新阶段贯彻党的解放思想、实事求是、与时俱进思想路线的生动体现。

胡锦涛在中共十七大报告中指出,《共产党宣言》发表以来近160年的实践证明,马克思主义只有与本国国情相结合、与时代发展同进步、与人民群众同命运,才能焕发出强大的生命力、创造力、感召力。实践永无止境,创新永无止境。改革开放三十多年来,我们党正是始终坚持解放思想、实事求是、与时俱进,勇于变革、勇于创新,永不僵化、永不停滞,不为任何风险所惧,不被任何干扰所惑,不断回答什么是社会主义、怎样建设社会主义,建设什么样的党、怎样建设党,实现什么样的发展、怎样发展等重大理论和实践问题,不断推进马克思主义中国化,坚持并丰富党的基本理论、基本路线、基本纲领、基本经验,开辟了中国特色社会主义道路,形成了中国特色社会主义理论体系。

延伸阅读 2.2

马克思去世以后一百多年,究竟发生了什么变化,在变化的条件下,如何认识和发展马克思主义,没有搞清楚。绝不能要求马克思为解决他去世之后上百年、几百年所产生的问题提供现成答案。列宁同样也不能承担为他去世以后五十年、一百年所产生的问题提供现成答案的任务。真正的马克思列宁主义者必须根据现在的情况,认识、继承和发展马克思列宁主义。

世界形势日新月异,特别是现代科学技术发展很快。现在的一年抵得上过去古老社会几十年、上百年甚至更长的时间。不以新的思想、观点去继承、发展马克思主义,不是真正的马克思主义者。

——邓小平:《结束过去,开辟未来》(1989年5月12日),《邓小平文选》第3卷,人民出版社1993年版,第291页。

运用马克思主义的基本原理,必须随着历史条件的变化为转移,这也是马克思主义的一个基本道理。我们一定要看到《共产党宣言》发表一百五十多年来世界政治、经济、文化、科技发生的重大变化,一定要看到我国社会主义建设发生的重大变化,一定要看到广大党员、干部和人民群众工作生活条件和社会环境发生的重大变化。要充分估计这些变化带来的影响。

实践没有止境,解放思想也没有止境。我们要突破前人,后人也必然要突破我们。这是社会前进的基本规律。用发展的观点对待马克思主义,在坚持中发展,在发展中坚持,这就是按规律办事,也是对待马克思主义唯一正确的态度。

——江泽民:《科学对待马克思主义》(2001年8月31日),《江泽民文选》第3卷,人民出版社2006年版,第339页。

　　实践发展永无止境,认识真理永无止境,理论创新永无止境。党和人民的实践是不断前进的,指导这种实践的理论也要不断前进。中国特色社会主义道路必将在党和人民的创造性实践中不断拓展,中国特色社会主义制度必将在深化改革、扩大开放中不断完善。这一过程必将为理论创新开辟广阔前景。在新的历史条件下坚持马克思主义,关键是要及时回答实践提出的新课题,为实践提供科学指导。我们要准确把握世界发展大势,准确把握社会主义初级阶段基本国情,深入研究我国发展的阶段性特征,及时总结党领导人民创造的新鲜经验,重点抓住经济社会发展重大问题,作出新的理论概括,永葆科学理论的旺盛生命力。

——胡锦涛:《在庆祝中国共产党成立90周年大会上的讲话》,人民出版社2011年版,第11页。

　　马克思主义立场观点方法,贯穿于马克思列宁主义、毛泽东思想和中国特色社会主义理论体系之中,是马克思主义科学思想体系的精髓所在。党员领导干部只有努力学习和掌握马克思主义立场观点方法,才能从根本上不断提高自己的思想理论水平和辨别是非能力,增强认识世界和改造世界的能力,坚定中国特色社会主义信念和共产主义理想;才能全面、正确地理解和贯彻党的基本理论、基本路线、基本纲领、基本经验和各项方针政策,坚定不移地继续解放思想、坚持改革开放、推动科学发展、促进社会和谐,为夺取全面建设小康社会新胜利而奋斗;也才能不断改进工作作风和工作方法,增强工作的原则性、系统性、预见性、创造性,克服和避免摇摆性、片面性、盲目性,把自己的工作做得更好。因此,我们党郑重提出的党员领导干部要真学真懂真信真用中国特色社会主义理论体系的要求,既要求真学真懂真信真用这一理论体系的基本内容,又要求真学真懂真信真用贯穿其中的马克思主义立场观点方法。

　　……

邓小平同志在改革开放初期总结社会主义建设经验教训时指出：我们"主要的是要用马克思主义的立场、观点、方法来分析问题，解决问题。马克思主义的活的灵魂，就是具体地分析具体情况。马列主义、毛泽东思想如果不同实际情况相结合，就没有生命力了"。江泽民同志指出："我们学习理论，关键要学会运用马克思主义的立场、观点、方法来观察和解决问题，提高辩证思维的能力，防止形而上学和片面性。"胡锦涛同志指出："高举毛泽东思想、邓小平理论、'三个代表'重要思想的旗帜，不断开创中国特色社会主义事业新局面，不断开创马克思主义在中国发展的新境界，最重要的是始终坚持贯穿这个科学思想体系的活的灵魂，始终坚持马克思主义立场、观点和方法。"我们党的领导人之所以一以贯之地强调学习和掌握马克思主义立场观点方法，是因为这是对待马克思主义的基本态度问题。邓小平同志指出："绝不能要求马克思为解决他去世之后上百年、几百年所产生的问题提供现成答案，列宁同样也不能承担为他去世以后五十年、一百年所产生的问题提供现成答案的任务。"我们学习马克思主义，就要学习和掌握马克思主义立场观点方法，既坚决抵制马克思主义"过时论"等种种否定马克思主义的错误思想，又不要被针对具体情况、具体条件的个别词句、个别结论束缚住手脚。正因为我们党采取这种科学态度，坚持把马克思主义基本原理同中国具体实际和时代特征相结合，自觉运用马克思主义立场观点方法研究和解决中国革命、建设、改革的实际问题，不断推进马克思主义中国化，才先后形成了毛泽东思想、邓小平理论、"三个代表"重要思想以及科学发展观等重大战略思想，指引中国革命、建设、改革不断取得伟大胜利。

这里我还要特别说到，学习和掌握马克思主义立场观点方法，对于我们当前深入学习实践科学发展观、巩固扩大深入学习实践科学发展观活动成果，具有十分重要的意义。科学发展观是马克思主义中国化最新成果，是马克思主义关于发展的世界观和方法论的集中体现，它的第一要义是发展，核心是以人为本，基本要求是全面协调可持续，根本方法是统筹兼顾。这里的第一要义、核心、基本要求、根本方法，反映和体现的正是马克思主义立场观点方法。用科学发展观武装党员干部头脑、指导工作，始终抓住发展这个第一要义，始终坚持以人为本这个核心，始终遵循全面协调可持续这个基本要求，始终坚持统筹兼顾这个根本方法，从实际出发贯彻落实并富有成效地解决问题,我国经济社会就会实现又好又快发展。

——习近平:《深入学习中国特色社会主义理论体系 努力掌握马克思主义立场观点方法》,《求是》2010年第7期。

三、不断完善打造制度自信

一部人类文明史,可以看作是一部制度变迁史。对一个国家而言,道路选择和理论创新,都要靠制度来保障;道路自信和理论自信,也必然体现为制度自信。制度自信是对中国特色社会主义制度特色和优势的深刻认识和坚定信念。在全面建成小康社会的新时期,坚定制度自信对激发全党和全国各族人民建设中国特色社会主义的主动精神和责任担当意识、增强党和全国各族人民对中国特色社会主义制度的政治认同、实现中华民族伟大复兴的中国梦具有十分重要的意义。

1. 我们的制度被实践证明是符合中国国情的制度

在中国确立社会主义制度不是由哪一个政党、哪一部分人的主观愿望决定的,而是中国人民做出的正确抉择,是历史发展的必然。以毛泽东为主要代表的中国共产党人把科学社会主义基本原则与中国实际相结合,构建了我国社会主义制度的基本框架,确立了社会主义基本制度,为当代中国的一切发展和进步奠定了根本的政治前提和制度基础。中国特色社会主义制度是对我国社会主义基本制度的创新和发展。进入新世纪以来,中国共产党以高度的制度自觉和自信,破解发展难题,在经济、政治、文化、社会、生态等各个领域不断创新和完善中国特色社会主义制度。中国特色社会主义制度是一整套相互衔接、相互联系的制度体系,包括人民代表大会制度的根本政治制度,中国共产党领导的多党合作和政治协商制度、民族区域自治制度以及基层群众自治制度等构成的基本政治制度,中国特色社会主义法律体系,以公有制为主体、多种所有制经济共同发展的基本经济制度,以及建立在根本政治制度、基本政治制度、基本经济制度基础上的经济体制、政治体制、文化体制、社会体制、生态体制等各项具体制度。

中国特色社会主义制度体现了马克思主义的科学社会主义原则,符合中国社会主义初级阶段的基本国情,具有巨大的优越性和强大的生命力。由于这一制度坚持以人为本,坚持党的领导、人民当家做主、依法治国的有机统一,坚持实现好、维护好、发展好最广大人民的根本利益,因而有利于保持党和国家活力、调动广大人民群众和社会各方面的积极性、主动性、创造性;由于它创造性地把社会主义和市场经济有机结合起来,建立了充满生机和活力的社会主义市场经济体制,因而有利于解放和发展社会生产力、推动经济社会全面发展;由于它始终以维护和促进社会公平正义、实现共同富裕、让人民群众共享改革发展成果为价值取向,并围绕这一价值取向进行经济、政治、文化和社会管理体制的制度设计,因而有利于维护和促进社会公平正义、实现全体人民共同富裕;由于它坚持发挥制度的优势,因而有利于集中力量办大事、有效应对前进道路上的各种风险挑战;由于它坚持把最广大人民的根本利益作为制度设计的出发点和落脚点,统筹兼顾不同民族、不同阶层、不同群体的利益,因而有利于维护民族团结、社会稳定、国家统一。

新中国成立以来,贫穷落后的旧中国变成日益走向繁荣富强的新中国,尤其改革开放三十多年来,中国经济高速增长,综合国力显著增强,人民生活明显改善,国际影响日益扩大,中华民族伟大复兴展现出光明的前景。我国经济总量现在已居世界第 2 位,全国人民总体上达到小康生活水平,城乡基本养老保险制度全面建立,新型社会救助体系基本形成,全民医保基本实现,城乡基本医疗卫生制度初步建立。21 世纪头 10 年,中国贫困人口占农村人口的比重就从 10.2% 下降到 2.8%,基本解决了农村居民的生存、食品和穿衣问题。国际地位和国际影响力显著提升,在国际事务中的代表性和话语权进一步增强。这些历史性巨变的实践,充分证明了中国特色社会主义制度的合理性,它既遵循科学社会主义基本原则,又符合中国国情,顺应时代潮流,是切合中国实际的制度设计,从而坚定了广大人民群众对中国特色社会主义制度的价值认同。

2. 我们的制度是当代中国发展进步的根本保障

中国特色社会主义制度的建构、形成、发展和不断创新完善的过程,顺应时代潮流,符合历史发展的逻辑。历史和现实证明,中国特色社会主义制度及其优势的发挥有力地促进中国特色社会主义事业的发展,是当代中国发展和进步的根本制度保障。

一是中国特色社会主义制度有利于真正实现人民当家做主。人民代表大会制度这一根本政治制度,与我国人民民主专政的国体相适应,决定了国家的一切权利属于人民,是我国人民当家做主的重要途径和最高实现形式。中国共产党领导的多党合作和政治协商制度,贯彻长期共存、互相监督、肝胆相照、荣辱与共的基本方针,其显著特征是共产党领导、多党派合作,共产党执政、多党派参政,各民主党派不是在野党和反对党,而是同共产党密切合作的参政党。民族区域自治制度坚持国家统一与保证各少数民族享有平等权利相结合,使少数民族依法自主地管理本民族事务,保证了我国各民族不论大小都享有平等的经济、政治、文化和社会权利,共同维护国家统一和民族团结。基层群众自治制度,保障人民依法直接行使民主权利,为人民当家做主开辟了最有效、最广泛的途径。可见,中国特色社会主义的政治制度,避免了西方民主制度形式大于实质和效率低下的弊端,它与西方国家的多党竞选、三权分立、两院制有着本质区别。它不断扩大人民有序政治参与,在本质上有利于保障人民群众的根本利益和根本权利,为发展人民民主、保障人民当家做主,奠定了坚实基础。

二是中国特色社会主义制度适应了中国生产力的发展要求。我们党是以中国先进生产力的代表登上历史舞台的,党的一切奋斗,归根到底都是为了解放和发展社会生产力,不断改善人民生活。解放和发展社会生产力,必须自觉调整和改革生产关系与生产力、上层建筑与经济基础不相适应的方面和环节。我国的社会主义国家性质,人民当家做主的地位,决定了必须始终坚持公有制为主体。同时,以公有制为主体,多种所有制经济共同发展的基本经济制度,与社会主义初级阶段生产力发展水平相适应,把社会主义的本质特征和初级阶段的现实要求有机统一起来,不搞单一公有制,也不搞全盘私有化,从而能够发挥多种所有制的优势,调动各方面积极性,极大地促进了我国社会生产力的发展、激发了社会活力、提高了人民群众的生活水平。与社会主义初级阶段的经济基础相适应,我国的经济体制、政治体制、文化体制、社会体制都进行了改革与调整。把社会主义市场经济体制确立为经济体制改革的目标模式,为中国经济平稳快速发展提供了坚实制度保障。随着经济社会发展不断深化政治体制改革、深化文化体制改革,不断创新公共服务和社会管理等,有效破除了束缚生产力发展的体制机制障碍,极大地解放和发展了社会生产力。

三是中国特色社会主义制度有利于实现发展成果由人民共享。在经济发展的基础上由广大人民共享改革发展成果,是社会主义制度的特有优势。先富带后富,最终实现共同富裕,这是在中国特色社会主义制度创造和建设中始终强调、一贯遵循的基本理念之一。与西方资本主义社会强调私有制和个人利益至上不同,我们坚持和完善公有制为主体、多种所有制经济共同发展的基本经济制度和按劳分配为主体、多种分配方式并存的分配制度。这一基本经济制度和分配制度,既适应了生产力发展要求,又注重社会公平,防止两极分化,奠定了全体人民共享改革发展成果的坚实制度基础。同时,为了使改革发展成果更多、更公平地惠及全体人民,保证人民过上更好的生活,我们不断完善公共财政制度,逐步实现基本公共服务均等化;不断完善收入分配制度,通过扩大就业、建立农民增收减负长效机制、健全最低工资制度、完善工资正常增长机制等,提高低收入者收入水平;不断完善社会保障制度等以改善民生为重点的社会制度,努力使全体人民学有所教、劳有所得、病有所医、老有所养、住有所居。

四是中国特色社会主义制度有利于民主与集中相结合,能够集中力量办大事。坚持民主集中制,实行高度的人民民主和高度的集中统一有机结合,是中国特色社会主义制度的显著特点,它保证了社会主义国家能够集中力量办大事这一优越性的有效发挥。我们坚持党的领导、人民当家做主和依法治国有机统一,这既保证人民实现了内容广泛的当家做主,享有广泛权利和自由,又为国家实现集中统一提供了有力的制度保障。坚持党的领导、人民当家做主和依法治国有机统一的制度设计,能克服官僚主义,提高行政效率,克服西方民主成本高昂、效率低下的弊端,提高决策效率;能最大限度地整合资源,有利于中央政令统一、全国上下一盘棋、集中力量办大事,有效推动各项事业发展。

3. 促进中国特色社会主义制度更加成熟更加定型

恩格斯说过:"所谓'社会主义社会'不是一种一成不变的东西,而应当和任何其他社会制度一样,把它看成是经常变化和改革的社会。"①改革是社会主义制度的本质属性和内在发展的必然要求。今天摆在我们面前的一项重大历史任务,就是推动中国特色社会主义制度更加成熟更加定型。正如习近平指出的:中国特色社会主义制度是特色鲜明、富有效率的,但还不是尽善尽美、成熟定型的。中国特色社会主义事业不断发展,中国特色社会主义制度也需要不断完善。我们全面深化改革,是要使中国特色社会主义制度更好;我们说坚定制度自信,不是要故步自封,而是要不断革除体制机制弊端,让我们的制度成熟而持久。因此,当前和今后相当长一段时期的主要历史任务,就是完善和发展中国特色社会主义制度,实现制度现代化,为党和国家事业发展、为人民幸福安康、为社会和谐稳定、为国家长治久安提供一套更完备、更稳定、更管用的制度

---

① 《马克思恩格斯选集》第 4 卷,人民出版社 2012 年版,第 601 页。

体系。

第一,不断完善和发展中国特色社会主义制度,必须坚持全面的系统的改革。实现制度现代化是一个极为复杂、极为宏大的系统工程。习近平强调:必须是全面的系统的改革和改进,是各领域改革和改进的联动和集成,在国家治理体系和治理能力现代化上形成总体效应、取得总体效果。要实现改革总目标,零敲碎打调整不行,碎片化修补也不行。因而,十八届三中全会提出全面深化改革的总目标是,完善和发展中国特色社会主义制度,推进国家治理体系和治理能力现代化,并在总目标下明确了经济体制、政治体制、文化体制、社会体制、生态文明体制和党的建设制度深化改革的分目标。这是我们党对改革认识的深化和系统化,对社会主义现代化规律认识的深化和系统化。只有坚持全面的系统的改革,才能不断提高运用中国特色社会主义制度有效治理国家的能力,更好发挥中国特色社会主义制度的优越性。

第二,不断完善和发展中国特色社会主义制度,必须坚持做好"三个进一步解放"。"进一步解放思想,进一步解放和发展社会生产力,进一步解放和增强社会活力",既是改革的目的,又是改革的条件。进一步解放思想是前提,是总开关。思想不解放,就很难看清各种利益固化的症结所在,很难找准突破的方向和着力点,很难拿出有突破性的举措,因而必须继续解放思想,反对故步自封,打破不合时宜的思维定势;进一步解放和发展社会生产力是根本任务,是实现"两个一百年"目标、实现中华民族伟大复兴的根本的物质基础。制度现代化属于上层建筑方面的调整变化,必须适应经济基础的变化,必须适应生产力的发展,因而必须破除制约科学发展的体制机制障碍,促进生产力的新的解放和发展;进一步解放和增强社会活力是动力源泉,要通过深化改革让一切创造社会财富的源泉充分涌流,激发全体人民的积极性、主动性、创造性,最大限度凝聚改革共识和力量,为顺利推进改革营造良好社会环境。

第三,不断完善和发展中国特色社会主义制度,必须着眼于维护和实现广大人民群众的根本利益。马克思指出:"不是国家制度创造人民,而是人民创造国家制度";"在民主制中,国家制度本身只表现为一种规定,即人民的自我规定"。[①] 改革开放以来,我们党坚持马克思主义的群众观点和群众路线,把坚持人民主体地位作为首要的基本要求,把人民作为改革的主体,紧紧依靠群众推动改革,以促进社会公平正义、增进人民福祉作为改革的为出发点和落脚点。

---

① 《马克思恩格斯全集》第3卷,人民出版社2002年版,第39—40页。

实现制度现代化,就要认真思考广大群众期待什么样的制度,我们的制度是否成为维护和实现群众利益的坚强制度保障,制度的科学性和有效性归根到底由广大群众的实践来检验。只有这样,实现制度现代化才有了正确的方向和目的,才能真正如马克思所说,是"人民创造国家制度",我们的各项制度是"人民的自我规定"。

第四,不断完善和发展中国特色社会主义制度,必须吸收借鉴世界优秀制度文明成果。我们根据国情和自己的历史传承、文化传统和经济社会发展状况建立和完善国家制度,选择自己的国家治理体系,不照搬别国模式,但这丝毫不排斥我们积极借鉴吸收其他国家和地区的制度文明成果。习近平指出:中华民族是一个兼容并蓄、海纳百川的民族,在漫长历史进程中,不断学习他人的好东西,把他人的好东西化成我们自己的东西,这才形成我们的民族特色。因而实行制度现代化不可能脱离世界文明发展的轨道,不可能在自我封闭中独善其身。推进国家治理体系和治理能力现代化,要尊重世界各国各地区制度文明发展的多样性,虚心学习和认真借鉴各民族创造的优秀制度文明成果,以我为主,为我所用,使我们的制度现代化不仅赶上时代,而且引领时代,走在时代前列,为人类文明发展作出更大贡献。

延伸阅读2.3

我们进行社会主义现代化建设,是要在经济上赶上发达的资本主义国家,在政治上创造比资本主义国家的民主更高更切实的民主,并且造就比这些国家更多更优秀的人才。达到上述三个要求,时间有的可以短些,有的要长些,但是作为一个社会主义大国,我们能够也必须达到。所以,党和国家的各种制度究竟好不好,完善不完善,必须用是否有利于实现这三条来检验。

……

我们过去发生的各种错误,固然与某些领导人的思想、作风有关,但是组织制度、工作制度方面的问题更重要。这些方面的制度好可以使坏人无法任意横行,制度不好可以使好人无法充分做好事,甚至会走向反面。即使像毛泽东同志这样伟大的人物,也受到一些不好的制度的严重影响,以至对党对国家对他个人都造成了很大的不幸。我们今天再不健全社会主义制度,人们就会说,为什么资本主义制度所能解决的一些问题,社会主义制度反而不能解决呢?这种比较方法虽然不全面,但是我们不能因此而不加以重视。斯大林严重破坏社会主义法制,毛泽东同志就说过,这样的事件在英、法、美这样的西方国家不可能发生。他虽然认识到这一点,但是由于没有在实际上解决领导制度问题以及其他一些原因,仍然导致了"文化大革命"的十年浩劫。这个教训是极其深刻的。不是说个人没有责任,而是说领导制度、组织制度问题更带有根本性、全局性、稳定性和长期性。这种制度问题,关系到党和国家是否改变颜色,必须引起全党的高度重视。

如果不坚决改革现行制度中的弊端,过去出现过的一些严重问题今后就有可能重新出现。只有对这些弊端进行有计划、有步骤而又坚决彻底的改革,人民才会信任我们的领导,才会信任党和社会主义,我们的事业才有无限的希望。

——邓小平:《党和国家领导制度的改革》(1982年8月18日),《邓小平文选》第2卷,人民出版社1994年版,第322、333页。

中国是有五千多年历史的文明古国。但人民真正当家作主,成为国家、社会和自己命运的主人,只是在新中国成立以后才成为现实,这是中国人民政治地位的根本变化。观察当代中国的政治,首先要认清这个大前提。忽略了这一点,就不能从根本上正确认识中国政治制度是人民民主的本质。发展社会主义民主政治,是我们始终不渝的奋斗目标。我们早就提出,没有民主就没有社会主义,就没有社会主义现代化。社会主义民主政治的本质,就是人民当家作主。我们进行政治体制改革,就是要进一步发扬社会主义民主和法制,完善社会主义民主的具体制度,保证人民充分行使民主选举、民主决策、民主管理、民主监督的权利,增加党和国家的活力,充分调动基层和群众的积极性,推进决策科学化、民主化,把社会主义制度的优越性和特点进一步发挥出来。世界是丰富多彩的,各种文明和社会制度应该求同存异,取长补短。我们不能照搬照抄别国的政治制度。我们进行政治体制改革,要充分考虑我国的历史背景、经济发展水平和文化教育水平,要有利于维护国家统一、民族团结、社会稳定。

——江泽民:《在接受〈纽约时报〉董事长兼发行人、执行总编一行采访时的讲话》(2001年8月8日),《人民日报》2001年8月14日。

中国特色社会主义制度,是当代中国发展进步的根本制度保障,集中体现了中国特色社会主义的特点和优势。我们推进社会主义制度自我完善和发展,在经济、政治、文化、社会等各个领域形成一整套相互衔接、相互联系的制度体系。人民代表大会制度这一根本政治制度,中国共产党领导的多党合作和政治协商制度、民族区域自治制度以及基层群众自治制度等构成的基本政治制度,中国特色社会主义法律体系,公有制为主体、多种所有制经济共同发展的基本经济制度,以及建立在根本政治制度、基本政治制度、基本经济制度基础上的经济体制、政治体制、文化体制、社会体制等各项具体制度,符合我国国情,顺应时代潮流,有利于保持党和国家活力、调动广大人民群众和社会各方面的积极性、主动性、创造性,有利于解放和发展社会生产力、推动经济社会全面发展,有利于维护和促进社会公平正义、实现全体人民共同富裕,有利于集中力量办大事、有效应对前进道路上的各种风险挑战,有利于维护民族团结、社会稳定、国家统一。

——胡锦涛:《在庆祝中国共产党成立 90 周年大会上的讲话》,人民出版社 2011 年版,第 8 页。

党的十八届三中全会提出的全面深化改革的总目标,就是完善和发展中国特色社会主义制度、推进国家治理体系和治理能力现代化。这是坚持和发展中国特色社会主义的必然要求,也是实现社会主义现代化的应有之义。

改革开放以来,我们党开始以全新的角度思考国家治理体系问题,强调领导制度、组织制度问题更带有根本性、全局性、稳定性和长期性。今天,摆在我们面前的一项重大历史任务,就是推动中国特色社会主义制度更加成熟更加定型,为党和国家事业发展、为人民幸福安康、为社会和谐稳定、为国家长治久安提供一整套更完备、更稳定、更管用的制度体系。这项工程极为宏大,必须是全面的系统的改革和改进,是各领域改革和改进的联动和集成,在国家治理体系和治理能力现代化上形成总体效应、取得总体效果。

国家治理体系和治理能力是一个国家的制度和制度执行能力的集中体现,两者相辅相成。我们的国家治理体系和治理能力总体上是好的,是有独特优势的,是适应我国国情和发展要求的。同时,我们在国家治理体系和治理能力方面还有许多亟待改进的地方,在提高国家治理能力上需要下更大气力。只有以提高党的执政能力为重点,尽快把我们各级干部、各方面管理者的思想政治素质、科学文化素质、工作本领都提高起来,尽快把党和国家机关、企事业单位、人民团体、社会组织等的工作能力都提高起来,国家治理体系才能更加有效运转。

推进国家治理体系和治理能力现代化,必须完整理解和把握全面深化改革的总目标,这是两句话组成的一个整体,即完善和发展中国特色社会主义制度、推进国家治理体系和治理能力现代化。我们的方向就是中国特色社会主义道路。

一个国家选择什么样的治理体系,是由这个国家的历史传承、文化传统、经济社会发展水平决定的,是由这个国家的人民决定的。我国今天的国家治理体系,是在我国历史传承、文化传统、经济社会发展的基础上长期发展、渐进改进、内生性演化的结果。我国国家治理体系需要改进和完善,但怎么改、怎么完善,我们要有主张、有定力。中华民族是一个兼容并蓄、海纳百川的民族,在漫长历史进程中,不断学习他人的好东西,把他人的好东西化成我们自己的东西,这才形成我们的民族特色。没有坚定的制度自信就不可能有全面深化改革的勇气,同样,离开不断改革,制度自信也不可能彻底、不可能久远。我们全面深化改革,是要使中国特色社会主义制度更好;我们说坚定制度自信,不是要固步自封,而是要不断革除体制机制弊端,让我们的制度成熟而持久。

——习近平:《在省部级主要领导干部学习贯彻十八届三中全会精神全面深化改革专题研讨班开班式上的讲话》(2014年2月17日),《人民日报》2014年2月18日。

四、坚定走中国道路弘扬中国精神凝聚中国力量

2012年冬,习近平在参观中国国家博物馆《复兴之路》展览时提出,实现中华民族伟大复兴,就是中华民族近代以来最伟大的梦想。这个梦想凝聚了几代中国人的夙愿,体现了中华民族和中国人民的整体利益,是每一个中华儿女的共同期盼。"中国梦"的提出,深刻揭示了实现民族伟大复兴的必由之路,为全国各族人民满怀信心走好中国道路注入了强大正能量。实现中华民族伟大复兴的中国梦,必须走中国道路弘扬中国精神凝聚中国力量。

1. 中国梦：中华民族伟大复兴的愿景

一定国族的集体梦想是对其自身生存意义与生存方式的宏大叙事和构想，体现着一定时空下的文明体系或文明模式。每一个国家、每一个民族都有自己的梦想，一个没有梦想的民族是无法在世界民族之林中生存和发展的，梦想是一个国家和民族前行奋进的灯塔。中国自古以来就是一个多梦的国家。在中国传统文化中，最早的中国梦是老子的"无为梦"和孔子的"大同梦"。然而，无论是老子的"无为梦"还是孔子的"大同梦"都未能造福于现代中国，以致近代以来的中国日益贫弱。由此，它必然被另一个百余年来的"强国梦"，即现代化之梦所代替。今天，对于拥有十几亿人口，有着辽阔陆地海域，又是唯一的单一制世界性大国的中国来说，通过"两个一百年"，实现国家富强、民族复兴、人民幸福的"中国梦"，已经不是很遥远的事情了。

中国梦的独特性首先在于中国所处的独特发展阶段，是一个发展中国家的梦想。作为一个曾经落后于世界的后发国家，中国同时面对着发展产生的问题和发展不足的问题。中国在工业化和城市化等现代化目标还没有完成的时候，就已经需要去准备对现代化产生的社会问题和生态问题的解决方案。这既是中国对西方已有发展道路的借鉴，也是中国"赶超型发展"的内在要求。这意味着中国梦既是追求更富裕生活的梦想，也是追求更平衡生活的梦想。中国梦的独特性还在于它是建立在中华文明基础上的梦想，具有典型的中国风格和中国气派。西方文明主导的现代化模式是目前世界上被许多个国家广为认同并接受的现代化模式，然而这一现代化模式对中国来说其适用性则是非常有限的。建立在中国文化强大地传续性与包容性的基础上，中国梦意味着要从更深的层次上解决中西文化乃至文明冲突的问题，真正实现中华文明与现代化的结合。中国梦另外一个根本上的独特性还在于中国国家的社会主义属性。中国的现代化道路选择了中国共产党作为这一历史任务的领导者，并且将共同富裕作为中国发展道路的目标取向。虽然在改革开放以来中国在很大程度上借鉴了西方资本主义国家的发展方式，但社会主义的目标和共产主义的理想始终是中华民族复兴之梦的底色。中国梦的以上三个方面的独特性意味着，中国梦要实现的并非仅仅是一个国家现代化的完成，而是一种新的现代化文明形态的生成。

习近平关于中国梦的阐述有两句很重要的话，一句是"实现中华民族伟大复兴，就是中华民族近代以来最伟大的梦想"；另一句是"生活在我们伟大祖国和伟大时代的中国人民，共同享有人生出彩的机会，共同享有梦想成真的机会"。这表明中国梦应包括两个层次的深刻内涵：从整体上把握，中国梦是民族复兴、国家强盛之梦；从个体上把握，中国梦是生活幸福、人生出彩之梦。也可以说中国梦内涵的两层：一个是实现国家民族复兴的"强国梦"；另一个是共同实现人生理想的"大同梦"。作为"强国梦"的中国梦，一方面要实现新文明形态的生成，必然需要强大的民族国家力量作为依托；另一方面，当代中国个人"出彩机会"的实现，与国家的强大一直紧密地联系在一起。而且，中国"强国梦"的实现路径不会是掠夺式的或扩张式的，而是要走"和平崛起"的新道路。而作为"大同梦"的中国梦，一方面在于其是中国传统文化与社会主义理念的共同要求；另一方面，要真正形成新生的稳定的文明形态，必然要提供一种新生的让人向往的理想生活。这种理想生活既要尊重每个人的个人目标追求，对个人有着充分的激励，又重视每个个人的社会存在，让个人价值通过积极地社会价值发挥得到实现。

2. 实现中国梦必须走中国道路

中国道路，就是中国特色社会主义道路。毛泽东指出，社会主义如果只有一种模式，是不可想象的。中国是一个东方国家，又是大国，不同于西方资本主义社会，中国的民主革命和解放战争有自己的过程和特点，中国的社会主义建设也同样应该有自己的特点，而且在将来建成社会主义之后，中国的社会主义发展仍然有许多自己的特点。毛泽东的这一论断集中表明了在中国发展社会主义需要走符合中国国情的特殊道路，中国的社会主义在具备科学社会主义一般特点的前提下，应该根据中国的历史和实践去创造和发展自身的特点。毛泽东提出走符合中国国情的社会主义道路，体现了人类历史发展的普遍性与特殊性相结合的辩证关系，也是中国历史发展的必然要求。以毛泽东为核心的第一代党中央领导集体，对中国特色社会主义道路进行了最初的探索，取得了一定的成就，虽然之后经历了大跃进、人民公社、"文化大革命"等错误，使得中国的社会主义建设在一定程度上出现了向苏联模式的社会主义倒退的问题，但毛泽东等领导人的社会主义实践告诉我们，中国必须走符合自己国情的发展道路，照搬照抄别国的社会主义模式最终都将难以取得成功。

以邓小平为核心的第二代党中央领导集体，在吸取以往社会主义建设的经验和教训的基础上，继续对符合中国国情、具有中国特色的社会主义道路进行探索，逐步形成了中国特色社会主义理论体系。邓小平把对外开放作为中国社会主义建设的基本理论和实践问题，领导中国逐步实现对外开放，使中国逐步摆脱封闭、半封闭的状态,这同苏联时期社会主义阵营故步自封有着根本性的不同。对外开放使得中国人真正得以开眼看世界,引进了外国资本和先进科学技术,壮大了自身的综合国力。1982年9月,在中共十二大上,邓小平提出了"建设有中国特色的社会主义",把马克思主义的普遍真理同我国的具体实际结合起来,走自己的道路,建设有中国特色的社会主义,这就是我们总结长期历史经验得出的基本结论。

实现中国梦必须走中国道路。这条道路来之不易,它是在改革开放三十多年的伟大实践中走出来的,是在中华人民共和国成立六十多年的持续探索中走出来的,是在对近代以来一百七十多年中华民族发展历程的深刻总结中走出来的,是在对中华民族五千多年悠久文明的传承中走出来的,具有深厚的历史渊源和广泛的现实基础。中国的历史和实践证明,中国特色社会主义道路是党带领人民在长期的社会主义革命和建设过程中摸索出来的、不断丰富和完善的、唯一适合中国国情的社会主义现代化建设道路。在追求和实现中国梦的过程中,全国各族人民一定要增强对中国特色社会主义的理论自信、道路自信、制度自信,坚定不移地沿着正确的中国道路奋勇前进。

3. 实现中国梦必须弘扬中国精神

中国精神,就是以爱国主义为核心的民族精神,以改革创新为核心的时代精神。实现中华民族伟大复兴的中国梦,需要的是将个人命运与国家命运紧密相连的精神和不断进行社会体制的改革创新的精神,这也正是我们要大力弘扬的"中国精神"。世界上不同的民族,在其各自的发展历程中,都会形成各具特色的民族精神,民族精神使得每个民族在精神和文化层面上区别于其他的民族。中国的民族精神是中华民族几千年来各族人民共同奋斗的智慧结晶,中华民族的民族精神源远流长,博大精深。江泽民对中华民族的精神作了这样的阐述:"在五千多年的发展中,中华民族形成了以爱国主义为核心的团结统一、爱好和平、勤劳勇敢、自强不息的伟大民族精神。"[①]中华民族在爱国主义精神的指导和鼓舞之下,数千年来生生不息、开拓进取。中华民族总是热爱自己的国家,"天下兴亡,匹夫有责"。

近现代以来,中国共产党领导各族人民进行了英勇的斗争,推翻了帝国主义、封建主义和官僚资本主义在中国的统治,建立了新中国,实现了民族的独立

---

① 《江泽民文选》第3卷,人民出版社2006年版,第559页。

和解放。以爱国主义为核心的民族精神是全国各族人民团结奋斗的一面旗帜，是中华民族的强大精神支柱，指引着全国各族人民为中国特色社会主义建设事业而奋斗。以改革创新为核心的时代精神也是中国精神的有机组成部分。中国扬起了改革开放的风帆，使中国社会发生了前所未有的历史性转变。中国由过去高度集中的计划经济体制转变为充满生机活力的社会主义市场经济体制，由封闭半封闭的状态到逐步实现对外开放，转变为世界上对外交流和贸易最为活跃的国家。改革是决定当代中国命运的伟大抉择，改革要求人们根据时代的发展变化不断地对现有的事物进行变革与创新。中国通过三十多年的解放思想、改革与创新，极大地解放了生产力，解决了13亿中国人的温饱问题，正朝着全面建成小康社会的目标努力前进。

在新世纪新阶段，特别是全面建成小康社会的新时期，新的社会问题也随之出现，改革面临的问题和主要任务也发生了相应的变化。例如，如何处理好经济增长与资源环境的矛盾、社会公共需求全面增长与公共产品短缺的矛盾、东西部发展仍旧存在差异的矛盾等，都是我们当前需要去面对和解决的问题。这就需要我们不断地解放思想，在改革的过程中增强创新能力，去寻求当前社会问题的解决方法。因此，全国各族人民一定要弘扬伟大的民族精神和时代精神，不断增强团结一心的精神纽带、自强不息的精神动力，永远朝气蓬勃迈向未来。

4. 实现中国梦必须凝聚中国力量

中国力量，就是中国各族人民大团结的力量。毛泽东指出："国家的统一，人民的团结，国内各民族的团结，这是我们事业必定要胜利的基本保证。"①在全面建成小康社会、追求和实现中国梦的新时期，我们必须深刻认识到民族大团结的重要性，在任何时候和任何情况下都不能有丝毫的动摇。

民族团结是维护祖国统一和社会稳定的力量。我国是一个多民族的统一国家，在漫长的历史岁月中，无论是在历史上的繁荣时期还是抵抗侵略、争取国家独立的斗争中，各族人民荣辱与共、同甘共苦，形成了你中有我、我中有你的团结精神，构成了中华民族强大的精神力量和凝聚力。在推进改革开放和社会主义建设事业的过程当中，民族地区由于地理环境、历史发展机遇等方面的差异，使得我国的民族地区差异在短时间内还无法完全消除，需要党和政府更加

---

① 《毛泽东文集》第7卷，人民出版社1999年版，第204页。

关注少数民族自身的发展以及民族地区之间关系的处理。特别要注意防范西方敌对势力利用当前我国民族地区之间的一些差异对我国民族进行分化、分裂。少数民族的人口和民族地区的面积在我国占有相当大的比重,因此在平常的工作当中,必须尽一切努力团结和依靠广大人民群众,孤立一小撮民族分裂分子,打击民族分裂和恐怖主义活动,保证国家统一和领土完整,维护我国社会的稳定。

民族团结是我国社会主义建设事业得以顺利进行的基本保证。在中国历史长期的发展过程当中,中国各族人民之间形成了共同的利益和共同的前途与命运,从而形成了各族人民的亲密、血肉相连的关系。在新中国现代化事业取得成就和突破的各个阶段,都有着各族人民团结奋斗的身影,新中国的事业能够取得如此巨大的成就,是全国各族人民在党的领导下共同奋斗、开拓进取的结晶。在当前,实现中国梦、继续推进建设有中国特色社会主义事业是全国各族人民的共同理想、共同事业和共同追求,关系到全国各族人民的根本利益,这就要求我们必须最大限度、最充分地调动全国各族人民的积极性、主动性和创造性,依靠全体人民的力量和智慧推进社会主义现代化建设。

中国梦是民族的梦,也是每个中国人的梦。只要我们紧密团结,万众一心,为实现共同梦想而奋斗,实现梦想的力量就无比强大,我们每个人为实现自己梦想的努力就拥有更广阔的空间。生活在我们伟大祖国和伟大时代的中国人民,共同享有人生出彩的机会,共同享有梦想成真的机会,共同享有同祖国和时代一起成长与进步的机会。有梦想,有机会,有奋斗,一切美好的东西都能够创造出来。全国各族人民一定要牢记使命,心往一处想,劲往一处使,用13亿人的智慧和力量汇集起不可战胜的磅礴力量。

延伸阅读2.4

中华民族具有5 000多年连绵不断的文明历史,创造了博大精深的中华文化,为人类文明进步作出了不可磨灭的贡献。经过几千年的沧桑岁月,把我国56个民族、13亿多人紧紧凝聚在一起的,是我们共同经历的非凡奋斗,是我们共同创造的美好家园,是我们共同培育的民族精神,而贯穿其中的、更重要的是我们共同坚守的理想信念。

实现全面建成小康社会、建成富强民主文明和谐的社会主义现代化国家的奋斗目标,实现中华民族伟大复兴的中国梦,就是要实现国家富强、民族振兴、人民幸福,既深深体现了今天中国人的理想,也深深反映了我们先人们不懈追求进步的光荣传统。

面对浩浩荡荡的时代潮流,面对人民群众过上更好生活的殷切期待,我们不能有丝毫自满,不能有丝毫懈怠,必须再接再厉、一往无前,继续把中国特色社会主义事业推向前进,继续为实现中华民族伟大复兴的中国梦而努力奋斗。

——实现中国梦必须走中国道路。这就是中国特色社会主义道路。这条道路来之不易,它是在改革开放30多年的伟大实践中走出来的,是在中华人民共和国成立60多年的持续探索中走出来的,是在对近代以来170多年中华民族发展历程的深刻总结中走出来的,是在对中华民族5 000多年悠久文明的传承中走出来的,具有深厚的历史渊源和广泛的现实基础。中华民族是具有非凡创造力的民族,我们创造了伟大的中华文明,我们也能够继续拓展和走好适合中国国情的发展道路。全国各族人民一定要增强对中国特色社会主义的理论自信、道路自信、制度自信,坚定不移沿着正确的中国道路奋勇前进。

——实现中国梦必须弘扬中国精神。这就是以爱国主义为核心的民族精神,以改革创新为核心的时代精神。这种精神是凝心聚力的兴国之魂、强国之魂。爱国主义始终是把中华民族坚强团结在一起的精神力量,改革创新始终是鞭策我们在改革开放中与时俱进的精神力量。全国各族人民一定要弘扬伟大的民族精神和时代精神,不断增强团结一心的精神纽带、自强不息的精神动力,永远朝气蓬勃迈向未来。

——实现中国梦必须凝聚中国力量。这就是中国各族人民大团结的力量。中国梦是民族的梦,也是每个中国人的梦。只要我们紧密团结,万众一心,为实现共同梦想而奋斗,实现梦想的力量就无比强大,我们每个人为实现自己梦想的努力就拥有广阔的空间。生活在我们伟大祖国和伟大时代的中国人民,共同享有人生出彩的机会,共同享有梦想成真的机会,共同享有同祖国和时代一起成长与进步的机会。有梦想,有机会,有奋斗,一切美好的东西都能够创造出来。全国各族人民一定要牢记使命,心往一处想,劲往一处使,用13亿人的智慧和力量汇集起不可战胜的磅礴力量。

中国梦归根到底是人民的梦,必须紧紧依靠人民来实现,必须不断为人民造福。

我们要坚持党的领导、人民当家作主、依法治国有机统一,坚持人民主体地位,扩大人民民主,推进依法治国,坚持和完善人民代表大会制度的根本政治制度,中国共产党领导的多党合作和政治协商制度、民族区域自治制度以及基层群众自治制度等基本政治制度,建设服务政府、责任政府、法治政府、廉洁政府,充分调动人民积极性。

我们要坚持发展是硬道理的战略思想,坚持以经济建设为中心,全面推进社会主义经济建设、政治建设、文化建设、社会建设、生态文明建设,深化改革开放,推动科学发展,不断夯实实现中国梦的物质文化基础。

我们要随时随刻倾听人民呼声、回应人民期待,保证人民平等参与、平等发展权利,维护社会公平正义,在学有所教、劳有所得、病有所医、老有所养、住有所居上持续取得新进展,不断实现好、维护好、发展好最广大人民根本利益,使发展成果更多更公平惠及全体人民,在经济社会不断发展的基础上,朝着共同富裕方向稳步前进。

我们要巩固和发展最广泛的爱国统一战线,加强中国共产党同民主党派和无党派人士团结合作,巩固和发展平等团结互助和谐的社会主义民族关系,发挥宗教界人士和信教群众在促进经济社会发展中的积极作用,最大限度团结一切可以团结的力量。

"功崇惟志,业广惟勤。"我国仍处于并将长期处于社会主义初级阶段,实现中国梦,创造全体人民更加美好的生活,任重而道远,需要我们每一个人继续付出辛勤劳动和艰苦努力。

——习近平:《在第十二届全国人民代表大会第一次会议上的讲话》(2013年3月17日),《人民日报》2013年3月18日。

第三讲　总依据总布局总任务

根据中共十八大报告的概括,建设中国特色社会主义,总依据是社会主义初级阶段,总布局是五位一体,总任务是实现社会主义现代化和中华民族伟大复兴。这"三个总",是我们党不断深化对中国特色社会主义规律认识的新成果。深刻领会和把握"三个总"的内涵和精神实质,有助于我们坚持一切从实际出发,立足基本国情,坚定不移地走中国特色社会主义道路。遵循总依据,落实总布局,完成总任务,还有赖于全面深化改革,通过制度建设,推进国家治理现代化。

一、牢牢把握最大国情、最大实际

我国仍处于并将长期处于社会主义初级阶段,这是目前我国的最大国情和最大实际,也是我党从社会性质和社会发展阶段上对我国国情所作的总体性、根本性判断,建设和发展中国特色社会主义要从我国实际出发,就是要从这个最大的实际出发。

1. 关于社会主义初级阶段

社会主义初级阶段,是指我国生产力落后、商品经济不发达条件下建设社会主义必然要经历的特定阶段,包括从我国进入社会主义到基本实现社会主义现代化的整个历史阶段。

"社会主义初级阶段"这一科学论断,表明了我党对于我国基本国情的正确认识。这一论断包含两层含义:第一,从社会性质上说,我国已经是社会主义社会,这是我国历史的选择、人民的选择,是我们必须长期坚持且不能背离的正确方向;第二,从发展水平上说,我国的社会主义社会还处在初级阶段,处于不发达阶段,还是低水平的社会主义,我们进行社会主义建设必须从这个实际出发,而不能超越这个阶段。

社会主义初级阶段理论的确立,为中国特色社会主义的发展做出了基础性定位,使中国特色社会主义发展始终沿着社会主义的基本方向,又不脱离中国国情和实际。可以说,改革开放以来中国现代化建设之所以没有出现重大的失误和折腾,就是因为我们党既始终把握住发展的社会主义性质,又把握住发展的中国实际和发展的阶段性特征,这与社会主义初级阶段的准确定位与理论指导是分不开的。在改革开放过程中我们所取得当代中国马克思主义理论的发展,都是以科学把握社会主义初级阶段的内涵为前提的,这些理论发展的一个共同特点就是坚持社会主义的基本原则,又从中国国情和实际出发,赋予了理论发展的中国特色和时代特征。

社会主义初级阶段理论对中国特色社会主义建设发挥着长期的指导性作用。邓小平在 1992 年南方谈话中指出:"我们搞社会主义才几十年,还处在初级阶段。巩固和发展社会主义制度,还需要一个很长的历史阶段,需要几代人、十几代人,甚至几十代人坚持不懈地努力奋斗,决不能掉以轻心。"[1]我们不仅要在中国社会主义初级阶段坚定不移地把握社会主义初级阶段理论,而且还要把这个把握贯穿于整个中国社会主义发展过程中,也就是把坚持社会主义性质与从中国国情和实际出发有机地统一于中国特色社会主义建设的全过程。

中国特色社会主义建设三十多年来的实践证明,准确把握社会主义初级阶段这一最大国情最大实际,是我们取得举世瞩目的发展成就,取得社会主义建设成功的一个最重要经验。基于这个最大国情最大实际,中国共产党在社会主义初级阶段的基本路线就是我们党和国家的生命线,要始终坚持"一个中心、两个基本点"不动摇,既不偏离"一个中心",也不偏废"两个基本点",把践行中国特色社会主义共同理想和坚定共产主义远大理想统一起来,坚决抵制抛弃社会主义的各种错误主张,自觉纠正超越阶段的错误观念和政策措施。

社会主义初级阶段的基本国情决定了我国仍然是一个发展中国家,但是西方社会的认知有所不同。美国的皮尤研究中心通过民调发现,在 22 个国家当中,有 15 个国家的大多数答问者认为中国将取代美国成为全球超级大国。他们为什么有这样的看法,他们的依据是什么呢?

第一,经济成就。中国改革开放以来取得的巨大经济成就,是西方社会质

---

[1] 《邓小平文选》第 3 卷,人民出版社 1993 年版,第 379—380 页。

疑中国是发展中国家的主要依据。作为世界第二大经济体、全球第一大货物贸易国,中国对世界经济的影响越来越重要。在全球化体系里,中国已经成为世界经济发展的一个巨大引擎,以稳定的增长为世界经济注入动力。

第二,高端技术产品竞争力的增强。有的西方政治家认为,中国已是一个卓有成效的高科技国家,不再是发展中国家。中国载人航天飞行事业的发展,更是被解读为中国迈向超级大国的重要标志。除此之外,中国对科研领域的投资、信息和通讯技术的发展以及高新技术产品在出口中比例的提升等,都使不少人认为,中国已不再是发展中国家。

第三,国际影响力的提升。中国在国际社会的影响力越来越突出,很多国际社会热点问题的解决都离不开中国,这已成为国际社会的普遍共识,中国因此被贴上了"超级大国"的标签。越来越多的人意识到,在世界经济、气候变化以及世界贸易等问题上,中国有相当大的话语决定权。中国作为联合国安理会常任理事国,这个特殊身份也使其在国际事务中发挥着重大的影响力,而非其他发展中国家可比,凡此种种都很容易使世人对中国的影响力有过度解读,甚至否认中国的发展中国家地位。

2. 中国仍然是发展中国家

难道中国真的已成为世界超级大国了吗?美国《基督教科学箴言报》网站2011年12月14日发表文章,题为:"美国,别担心:中国正在崛起,但还没赶上来"。的确,中国还不是超级大国,它目前仍是"发展中国家"。

中国目前仍是发展中国家,仍处于并将长期处于社会主义初级阶段,理由如下:

第一,中国仍处于工业化的中期阶段。这是中国仍然是发展中国家的主要依据。中国工业发展虽然在量上突飞猛进,但在质的进步方面仍然不足。关键技术受制于人,基础技术比较薄弱,质量水平亟须提高,熟练技工人才匮乏,"中国制造"总体水平处在国际产业链低端;特别是长期延续粗放型的经济增长和工业化进程,已经使我国面临资源制约严峻、环境不堪忍受的困境,为此,能否尽快实现从高消耗、高污染的工业化向资源节约、环境友好的工业化转型,成为今后中国能否取得工业化成功的关键。

第二,城乡、区域之间发展很不平衡。从城市化发展水平来看,中国中西部地区的城市化水平远低于东部地区,而且经济发展也存在着东高西低的状况,全国贫困人口中,高达90%以上分布在中西部地区。有人把中国区域发展不平衡的这种状况形象地概括为"一个中国,四个世界"。其中"第一世界"是高收入发达地区,而"第四世界"即指中西部贫困地区,主要集中在贵州、甘肃、陕西、西藏等地。这些地方和发达的"第一世界"差距相当悬殊。

第三,人均国内生产总值(人均GDP)还很低。人均GDP一般作为衡量经济发展状况的指标,也是衡量一个国家人民生活水平的标准之一。根据国际货币基金组织官方网站公布的数据,2013年,中国人均GDP为6750美元,而美国为51248美元,德国为44010美元,日本为40442美元,中国居世界第84位。中国人均收入不仅与发达国家存在巨大差距,而且低于很多发展中国家,这是中国现在是并仍将较长时期是发展中国家的重要标志。

第四,贫富差距问题非常突出。由于各种原因,中国近年居民收入差距还在持续扩大。根据国家统计局发布的数据,2013年全国居民收入基尼系数为0.473。一般认为,基尼系数0.4是警戒线,一旦基尼系数超过0.4,表明财富已集中于少数人,该地方就处于可能发生社会动荡的"危险"状态。中国贫困人口数按照国际标准测算在世界上仍排名第二,贫富差距巨大的问题不仅仅从经济结构上扭曲了中国经济,也同样从发展动力上牵制着中国经济社会的健康发展。

第五,公共服务事业,特别是优质教育、医疗资源总量不足,分配不均。中国目前的优质教育、医疗资源状况与人们的期待还有很大差距,资源总体不足而且在城乡之间、地域之间分布也很不均,大量优质资源集中在大中城市,而偏远山区、广大农村的教育和医疗资源还是非常匮乏。除此之外,各种惠民、便民的民生项目在那些比较落后的地方也很难落实到位,公共服务事业供应不足和分布不均已严重制约全面建成小康社会的"全面性"。

由此可见,中国仍处于并将长期处于社会主义初级阶段的基本国情没有变,人民日益增长的物质文化需要同落后的社会生产之间的矛盾这一社会主要矛盾没有变,我国是世界最大发展中国家的国际地位没有变。

我国仍处于并将长期处于社会主义初级阶段。这是从社会性质和社会发展水平上对我国国情做出的总体判断。人口多、底子薄,发展不平衡,仍然是我国的基本国情和最大实际。我国发展正处于可以大有作为的重要战略机遇期,准确判断重要战略机遇期内涵和条件的变化,全面把握机遇,沉着应对挑战,赢得主动,赢得优势,赢得未来,是全面深化改革的必然;全面建成惠及十几亿人口的更高水平的小康社会,实现社会主义现代化、实现全体人民共同富裕,还有很长的路要走。

人民日益增长的物质文化需要同落后的社会生产之间的矛盾仍然是中国社会的主要矛盾。改革开放以来,我国人民生活水平显著提高,实现了由温饱到总体小康的历史性跨越。但我国生产力发展水平总体不高而且地区发展不平衡,一些民生问题还没有得到妥善解决,生产关系和上层建筑中还存在不适应生产力和经济基础的环节和方面,这些仍是我国社会主要矛盾的主要方面。要改变我国生产力发展的落后状况、巩固和完善社会主义,还需要很长的时间。

我国仍然是世界最大的发展中国家,中国在发展进程中遇到的矛盾和问题,无论是规模还是复杂性,都是世界上所罕见的。虽然我国经济总量已居世界第二位,但人均水平仍比较靠后;虽然我国提前实现了"将贫困与饥饿人口减半""普及初级教育"及"降低儿童死亡率"等联合国千年发展目标,但仍有很多人生活困难,许多地方仍然相当落后;虽然世界金融危机之后国际力量对比出现"南升北降"态势,但发达国家在国际社会的主导地位还没有改变;虽然我国国际地位和国际影响力有了很大提升,但发达国家在经济、科技上占优势的局面并没有发生根本改变。

中国仍然是发展中国家,仍处于并将长期处于社会主义初级阶段,只有正确认识和把握这一点,我们才能做到既不超越阶段、又不落后现实,才能推进中国特色社会主义事业不断再上新台阶。

3. 坚持最大国情、最大实际的意义

正确把握社会主义初级阶段的最大国情、最大实际,是建设和发展中国特色社会主义的首要问题。社会主义初级阶段,是制度性质(社会主义)及发展程度(初级阶段)两个方面的有机统一,是对我国社会所处历史方位、时代坐标的准确定位。一方面,我们要坚持社会主义方向,忘记了社会主义,就会否定四项基本原则,失去前进方向;另一方面,我们要看到"初级阶段"这一最大实际,忘记了初级阶段,就会否定改革开放,丢掉中国特色。只有把"社会主义"和"初级阶段"两者有机统一起来,才能准确理解和把握社会主义初级阶段这个最大国情最大实际,这是正确理解并始终坚持中国特色社会主义的关键所在。

正确把握社会主义初级阶段的最大国情最大实际,是完成中国特色社会主义建设总任务的基本保证。建设中国特色社会主义的总任务是实现社会主义现代化和中华民族伟大复兴。对于一个拥有十几亿人口、经济文化发展总体上仍属于发展中国家水平的大国来说,要完成这样一项"总任务"无疑是异常艰巨的,必须把握正确的指导思想、设立切实的阶段性目标、合理规划发展布局。而

正确的指导思想的确立、切实的阶段性目标的确定、合理的发展布局的谋划，都取决于能否牢牢把握我国社会主义初级阶段的基本国情、能否牢牢立足我国社会主义初级阶段的发展实际，这是完成中国特色社会主义建设总任务的基本保证。

正确把握社会主义初级阶段的最大国情、最大实际，有助于我们保持清醒头脑，坚定不移地走中国特色社会主义道路。中共十八大报告要求我们"在任何情况下都要牢牢把握社会主义初级阶段这个最大国情，推进任何方面的改革发展都要牢牢立足社会主义初级阶段这个最大实际"。我国正处于继续发展的关键期，面对已经取得的伟大成就，面临未来的艰巨任务，面对各种机遇和挑战，特别需要保持清醒的头脑。只有这样，才能坚定正确的立场和方向，真正做到既不妄自菲薄、也不妄自尊大，才能脚踏实地，大胆探索，勇于创新，扎扎实实夺取中国特色社会主义新胜利。

中共十八大再次强调我国仍处于并将长期处于社会主义初级阶段，这是建设中国特色社会主义的"总依据"，标志着我们党关于中国特色社会主义建设规律的认识有了进一步的深化，说明中国共产党面对新的形势和任务，面对新的机遇和挑战，坚定不移地把中国特色社会主义事业推向前进，比以往任何时候都更加重视社会主义初级阶段这个最大国情最大实际，只要我们坚持一切从社会主义初级阶段这个最大国情最大实际出发，胸怀理想、坚定信念，不动摇、不懈怠、不折腾，顽强奋斗、艰苦奋斗、不懈奋斗，就一定能在新的历史阶段中、在新的历史条件下使中国特色社会主义伟大事业迈上一个新台阶。

延伸阅读 3.1

搞社会主义，一定要使生产力发达，贫穷不是社会主义。我们坚持社会主义，要建设对资本主义具有优越性的社会主义，首先必须摆脱贫穷。现在虽说我们也在搞社会主义，但事实上不够格。只有到了下世纪中叶，达到了中等发达国家的水平，才能说真的搞了社会主义，才能理直气壮地说社会主义优于资本主义。现在我们正在向这个路上走。

——邓小平：《社会主义必须摆脱贫穷》(1987年4月26日)，《邓小平文选》第3卷，人民出版社1993年版，第225页。

我们党的十三大要阐述中国社会主义是处在一个什么阶段，就是处在初级阶段,是初级阶段的社会主义。社会主义本身是共产主义的初级阶段,而我们中国又处在社会主义的初级阶段,就是不发达的阶段。一切都要从这个实际出发,根据这个实际来制订规划。

——邓小平:《一切从社会主义初级阶段的实际出发》(1987年8月29日),《邓小平文选》第3卷,人民出版社1993年版,第252页。

我们搞社会主义才几十年,还处在初级阶段。巩固和发展社会主义制度,还需要一个很长的历史阶段,需要我们几代人、十几代人,甚至几十代人坚持不懈地努力奋斗,决不能掉以轻心。

——邓小平:《在武昌、深圳、珠海、上海等地的谈话要点》(1992年1月18日—2月21日),《邓小平文选》第3卷,人民出版社1993年版,第379—380页。

当今中国还处在并将长期处于社会主义初级阶段。我们党用了三十年的时间,经过正反两方面经验的比较,才开始认识了这个当今中国最大也是最重要的实际。从而也为我们正确认识什么是社会主义、怎样建设社会主义这个根本问题,深刻揭示社会主义的本质,把对社会主义的认识提高到新的科学水平,奠定了重要基础。一切从实际出发,最根本的就是一切都要从社会主义初级阶段这个最大的实际出发。我们的全部理论和实践活动只有符合这个实际,才能取得胜利。建国以后的前三十年,我们在建设社会主义的理论上和实践中发生的一些严重失误,归根到底都是由于脱离了这个实际;而十一届三中全会以来这二十年,我们在建设社会主义的理论上和实践中取得的巨大成功,归根到底都是由于符合了这个实际。解放思想、实事求是,最重要的就是要在坚持社会主义基本制度的前提下,把过去那些不符合社会主义初级阶段实际的方针政策,那些对马克思主义、社会主义原则的教条式的理解和认识,坚决纠正过来,并从这些不正确的政策和思想束缚中彻底摆脱出来,使我们的理论和路线方针政策真正符合社会主义初级阶段的发展要求,真正符合马克思主义、社会主义的基本原理。这就是十一届三中全会重新确立党的马克思主义思想路线的重大意义之所在。

——江泽民:《二十年来我们党的主要历史经验》(1998年12月18日),《江泽民文选》,人民出版社2006年版,第250—251页。

我们党作出我国仍处于并将长期处于社会主义初级阶段的科学论断,形成了党在社会主义初级阶段的基本路线,这就是:领导和团结全国各族人民,以经济建设为中心,坚持四项基本原则,坚持改革开放,自力更生,艰苦创业,为把我国建设成为富强民主文明和谐的社会主义现代化国家而奋斗。以经济建设为中心是兴国之要,是我们党、我们国家兴旺发达和长治久安的根本要求。四项基本原则是立国之本,是我们党、我们国家生存发展的政治基石;改革开放是强国之路,是我们党、我们国家发展进步的活力源泉。一个中心、两个基本点,是相互贯通、相互依存、不可分割的统一整体,须臾不可偏离、丝毫不可偏废,必须全面坚持、一以贯之。离开经济建设这个中心,社会主义社会的一切发展和进步就会失去物质基础;离开四项基本原则和改革开放,经济建设就会迷失方向和丧失动力。发展中国特色社会主义,最根本的就是一切都要从社会主义初级阶段这个最大的实际出发。在社会主义初级阶段这个不发达阶段,社会主要矛盾是人民日益增长的物质文化需要同落后的社会生产之间的矛盾。这就决定了社会主义的根本任务是解放和发展社会生产力,不断改善人民生活。中国解决所有问题的关键在于依靠自己的发展。

——胡锦涛:《在纪念党的十一届三中全会召开30周年大会上的讲话》(2008年12月18日,《人民日报》2008年12月19日。

强调总依据,是因为社会主义初级阶段是当代中国的最大国情、最大实际。我们在任何情况下都要牢牢把握这个最大国情,推进任何方面的改革发展都要牢牢立足这个最大实际。不仅在经济建设中要始终立足初级阶段,而且在政治建设、文化建设、社会建设、生态文明建设中也要始终牢记初级阶段;不仅在经济总量低时要立足初级阶段,而且在经济总量提高后仍然要牢记初级阶段;不仅在谋划长远发展时要立足初级阶段,而且在日常工作中也要牢记初级阶段。党在社会主义初级阶段的基本路线是党和国家的生命线。我们在实践中要始终坚持"一个中心、两个基本点"不动摇,既不偏离"一个中心",也不偏废"两个基本点",把践行中国特色社会主义共同理想和坚定共产主义远大理想统一起来,坚决抵制抛弃社会主义的各种错误主张,自觉纠正超越阶段的错误观念和政策措施。只有这样,才能真正做到既

> 不妄自菲薄、也不妄自尊大,扎扎实实夺取中国特色社会主义新胜利。
> ——习近平:《紧紧围绕坚持和发展中国特色社会主义 学习宣传贯彻党的十八大精神——在十八届中共中央政治局第一次集体学习时的讲话》(2012年11月17日),《人民日报》2012年11月18日。

二、社会主义是全面发展的社会主义

中共十八大报告除了部署经济建设、政治建设、文化建设、社会建设,还把生态文明建设纳入中国特色社会主义事业总体布局,即"五位一体"总布局。这一总体布局,规划了中国特色社会主义建设的新部署,确定了中国特色社会主义建设的新内容,进一步明确了我国全面发展的工作方针和努力方向。

1. 全面发展的总体布局

中国特色社会主义是全面发展的社会主义。所谓全面发展,是指经济、政治、文化、社会和生态等各个方面都得到充分的发展,物质文明、精神文明、政治文明和生态文明建设共同进步。全面发展是一项宏伟庞大和错综复杂的系统工程,它要求既重视经济领域的发展,也要注重社会其他领域的发展;既要重视当前的发展,也要注重未来的发展,要实现经济与社会各方面的协调与可持续发展。这是对社会主义建设规律在实践和认识上不断深化的重要成果。中共十八大报告提出:"必须更加自觉地把全面协调可持续作为深入贯彻落实科学发展观的基本要求,全面落实经济建设、政治建设、文化建设、社会建设、生态文明建设五位一体总布局,促进现代化建设各方面相协调,促进生产关系与生产力、上层建筑与经济基础相协调,不断开拓生产发展、生活富裕、生态良好的文明发展道路。"①全面发展的社会主义总体布局的构成,是一个相互联系、相互促进的完整建设体系。

经济建设是根本。社会主义经济建设主要体现在社会生产力的发展水平和人们的生活水平。生产力的发展水平影响和制约着国家的综合国力,是保障

---

① 胡锦涛:《坚定不移沿着中国特色社会主义道路前进 为全面建成小康社会而奋斗——在中国共产党第十八次全国代表大会上的报告》,人民出版社2012年版,第9页。

人民根本生活需求的物质基础。必须坚持以经济建设为中心,在经济不断发展的基础上,协调推进政治建设、文化建设、社会建设、生态文明建设以及其他各方面建设。始终代表中国先进生产力的发展要求,提高生产力发展水平,转变经济发展方式,正确处理好生产力与生产关系之间的矛盾,实现国民经济又好又快的发展。

政治建设是保障。我国是人民民主专政的社会主义国家,国家性质决定了我们党和国家是为人民服务的,实现最广大人民群众的根本利益是党和国家制定和执行一系列方针政策的出发点和落脚点。为了促进社会主义民主政治健康发展,必须坚持正确的政治方向,建立健全监督制度,充分发挥舆论监督与网络媒体的交互作用,使民主制度更加完善,民主形式更加丰富,为社会主义现代化建设提供坚实的政治保障。

文化建设是灵魂。社会主义先进文化是中国特色社会主义事业的重要组成部分。我们要始终把文化建设放在全局工作的重要地位,使社会主义核心价值观深入人心,公民文明素质和社会文明程度明显提高。为了推动社会主义文化大发展大繁荣,还要不断推进文化形式、文化内容、文化产业等的创新,增强文化整体实力和竞争力,发展面向现代化、面向世界、面向未来的,民族的科学的大众的社会主义文化,努力建设社会主义文化强国。

社会建设是条件。良好的社会环境为中国特色社会主义建设提供了有利的发展条件。社会主义社会是和谐发展的社会,要多谋民生之利,多解民生之忧,解决好人民最关心最直接最现实的利益问题,在学有所教、劳有所得、病有所医、老有所养、住有所居上持续取得新进展,努力让人民过上更好生活。构建社会主义和谐社会,还必须大力发展社会事业,建立健全社会体制机制,加快健全基本公共服务体系,使社会建设成果惠及广大人民群众。

生态文明建设不可或缺。建设生态文明,是关系人民福祉、关乎民族未来的长远大计;也使全面建设小康社会目标的内涵更加丰富,使中国特色社会主义事业总体布局更加完善,使生态文明建设的战略地位更加明确。面对资源约束趋紧、环境污染严重、生态系统退化的严峻形势,我们必须树立尊重自然、顺应自然、保护自然的生态文明理念,把生态文明建设放在突出地位,融入经济建设、政治建设、文化建设、社会建设各方面和全过程,努力建设美丽中国,实现中华民族永续发展。

总之,"五位一体"的总布局,是我国全面建成小康社会的内在要求,是确立科学发展观的基本内涵。经济建设、政治建设、文化建设、社会建设、生态文明建设相互联系、相互促进,共同发力,确保我国到2020年实现全面建成小康社会宏伟目标。

2. 总布局的形成与发展

全面发展的社会主义事业总体布局,是根据经济社会发展的需要,从最广大人民群众的根本利益出发,在实践中不断探索进行的,有一个不断丰富、发展和完善的过程。

早在改革开放之初,根据邓小平在建设高度物质文明的同时,也要建设高度的社会主义精神文明的意见,我们党就提出"两个文明建设","两手抓,两手都要硬"问题。这可以被认为是较早的总体布局。1986年召开的中共十二届六中全会,根据我国进入改革开放新时期后的探索和实践,又提出以经济建设为中心,坚定不移地进行经济体制改革、坚定不移地进行政治体制改革、坚定不移地加强精神文明建设,即"三位一体"总体布局。中共十五大、十六大进一步明确和重申了我国经济建设、政治建设、文化建设齐头并进的这个布局。

中共十六大以来,我们党在新的历史条件下坚持社会主义初级阶段的基本纲领,进一步充实和完善了中国特色社会主义事业的总体布局。2006年召开的中共十六届六中全会,根据中共十六大提出的"社会更加和谐"奋斗目标,作出了构建社会主义和谐社会的决策部署,这就使中国特色社会主义事业的总体布局由"三位一体"发展为经济建设、政治建设、文化建设和社会建设的"四位一体"。

中共十七大在进一步明确"四位一体"总体布局的基础上,提出了"建设生态文明",并将其确立为一项重大战略任务,作为全面建设小康社会奋斗目标的一项新要求。这是我们党长期探索人口资源环境问题、可持续发展问题、资源节约型和环境友好型社会建设问题等基础上形成的理论创新成果。"生态文明建设"的提出,体现了对全面发展的社会主义总体布局的认识不断深化。

中共十八大报告在原有经济建设、政治建设、文化建设、社会建设基础上,增加了生态文明建设,使中国特色社会主义事业的总体布局由"四位一体"拓展成为"五位一体"。这既是对党在社会主义初级阶段基本纲领的不断坚持和完善,也充分体现了我们党随着时代和实践的发展对中国共产党执政规律、社会主义建设规律、人类社会发展规律认识的日益深化。"五位一体"的总体部署是我们党在深入调查研究的基础上,着眼于解决当代中国发展面临的重大理论和实践问题提出来的,具有很强的针对性、战略性、指导性,我们一定要紧密结合实际,把这些建设的各项任务贯彻好、落实好。

3. 全面发展是社会主义的本质要求

如何理解全面发展是社会主义社会的本质要求?社会主义是全面发展的社会,这是马克思主义对资本主义社会畸形发展进行批判得出的结论。社会主义从本质上说,就是可以实现全面发展的社会主义,也只有实现了全面发展,社会主义的优越性才能充分体现出来。既要做大蛋糕,又要分好蛋糕,是中国特色社会主义的应有之义。社会主义的目的本来就是实现共同富裕,实现人民大众共享发展成果的普遍幸福。这就必须通过解放生产力、发展生产力,不断增加社会财富的总量,为实现共同富裕创造必要的物质基础;通过巩固和完善社会主义各项制度,铲除导致社会不公的根源,为实现共同富裕提供可靠的制度条件。全面建成小康社会,无论是经济持续健康发展、人民民主不断扩大、文化软实力显著增强、人民生活水平全面提高,还是资源节约型、环境友好型社会建设取得重大进展,都是中国特色社会主义的"升级版""增强版"。

多年来,我国在经济快速发展的同时,也积累了不少矛盾和问题。这些问题如果不能很好地解决,就会成为改革开放和社会主义现代化建设的阻碍。从国际情况看,有的国家经济结构失衡、社会发展滞后,导致发展的质量不高、后劲不足;有的国家出现了贫富悬殊、失业增加、社会腐败,甚至政治动荡;有的国家为解决能源资源消耗过大和生态环境严重恶化问题付出了高昂的代价。各国发展经验表明,发展不仅仅是经济增长,而应该是包括政治、文化、社会全面协调的发展,是人与自然和谐与共的可持续发展。我国同样面临着推动经济增长、扩大政治民主、鼓励文化繁荣、促进社会和谐和保护资源环境等多重发展压力,但又不能重复别国走过的弯路,这就必须走出一条中国特色的全面协调可持续发展道路。

社会主义中国,不仅要在经济建设方面继续显示强劲的后发优势,还必须在政治、文化、社会、生态等建设方面进一步展现社会主义的优越性。

全面发展的社会主义事业总体布局,是我们党在新的历史条件下,对社会主义建设的历史经验和实践探索的科学总结。总体布局的确立,是解放思想、实事求是、与时俱进、求真务实的成果体现。从"三位一体"到"四位一体"再到"五位一体",反映了我们党对中国特色社会主义建设在实践和认识上的不断深化及扩展,也是在不断探索实践基础上的理论创新;同时也对更加注重改革的系统性、整体性、协同性,加快发展社会主义市场经济、民主政治、先进文化、和谐社会、生态文明提出了更高更新的要求。

全面发展的社会主义事业总体布局充分表明了中国共产党对中国特色社会主义的道路自信、理论自信和制度自信。"五位一体"总布局的提出，意味着我们从追求单一的经济发展现代化目标，扩展到包含经济建设、政治建设、文化建设、社会建设和生态文明建设总体推进的社会主义现代化目标体系。中国社会主义现代化建设已经进入更加自觉地把推动经济社会发展作为第一要义，把以人为本作为核心立场，把全面协调可持续发展作为基本要求，把统筹兼顾作为根本方法的新阶段，奋力开拓中国特色社会主义更为广阔的发展前景。

全面发展的社会主义事业总体布局为实现全面建成小康社会目标提供了基本路径。中共全面建成小康社会宏伟目标的实施，离不开"五位一体"总布局的支撑框架和实施路径。"经济持续健康发展"目标，需要经济建设和经济体制改革的支持和物质保证；"人民民主不断扩大"目标，需要政治建设和政治体制改革的支持和制度安排；"文化软实力显著增强"目标，需要文化建设和文化体制改革的支持和精神动员；"人民生活水平全面提高"目标，需要社会建设和社会体制改革的支持和民生条件；"资源节约型、环境友好型社会建设取得重大进展"目标，需要生态文明建设和生态文明制度的支持和环境条件。因此，必须把"五位一体"总布局与全面建成小康社会宏伟目标紧密结合起来，统一于建设中国特色社会主义的伟大实践。

把握总布局，全面推进中国特色社会主义建设事业，一定要坚持以生产发展为基础，以生活富裕为目的，以生态良好为条件，努力实现经济、社会与生态系统的良性循环，社会生产力特别是先进生产力不断发展，国家的经济实力和综合国力不断增强，人民生活质量和富裕程度持续提高，民主权利和法制保障得到更充分的发展，精神文化生活更加丰富高尚，整个社会更加和谐稳定和充满活力，并保证全体人民在良好生态环境中生产生活。

延伸阅读 3.2

我们要在建设高度物质文明的同时，提高全民族的科学文化水平，发展高尚的丰富多彩的文化生活，建设高度的社会主义精神文明。

——邓小平：《在中国文学艺术工作者第四次代表大会上的祝词》（1979年10月30日），《邓小平文选》第2卷，人民出版社1994年版，第208页。

发展经济要走共同富裕的道路,始终避免两极分化。

——邓小平:《社会主义与市场经济不存在根本矛盾》(1985年10月23日),《邓小平文选》第3卷,人民出版社1993年版,第149页。

在总结经验的基础上,党的十一届三中全会提出一系列新的政策。就国内政策而言,最重大的有两条,一条是政治上发展民主,一条是经济上进行改革,同时相应地进行社会其他领域的改革。

——邓小平:《政治上发展民主,经济上实行改革》(1985年4月15日),《邓小平文选》第3卷,人民出版社1993年版,第116页。

我们提出改革时,就包括政治体制改革。现在经济体制改革每前进一步,都深深感到政治体制改革的必要性。不改革政治体制,就不能保障经济体制改革的成果,不能使经济体制改革继续前进,就会阻碍生产力的发展,阻碍四个现代化的实现。

——邓小平:《关于政治体制改革问题》(1986年9月—11月),《邓小平文选》第3卷,人民出版社1993年版,第176页。

不仅经济要上去,社会秩序、社会风气也要搞好……

——邓小平:《在武昌、深圳、珠海、上海等地的谈话要点》(1992年1月18日—2月21日),《邓小平文选》第3卷,人民出版社1993年版,第378页。

我们要积极推进经济体制和经济增长方式的根本转变,努力实现"九五"计划和二〇一〇年远景目标,为下世纪中叶基本实现现代化打下坚实基础。在这个时期,建立比较完善的社会主义市场经济体制,保持国民经济持续快速健康发展,是必须解决好的两大课题。要坚持社会主义市场经济的改革方向,使改革在一些重大方面取得新的突破,并在优化经济结构、发展科学技术和提高对外开放水平等方面取得重大进展,真正走出一条速度较快、效益较好、整体素质不断提高的经济协调发展的路子。

——江泽民:《高举邓小平理论伟大旗帜,把建设有中国特色社会主义事业全面推向二十一世纪》(1997年9月12日),《江泽民文选》第2卷,人民出版社2006年版,第18—19页。

坚持稳定压倒一切的方针，正确处理改革发展稳定的关系。稳定是改革和发展的前提。要把改革的力度、发展的速度和社会可承受的程度统一起来，把不断改善人民生活作为处理改革发展稳定关系的重要结合点，在社会稳定中推进改革发展，通过改革发展促进社会稳定。

——江泽民：《全面建设小康社会，开创中国特色社会主义事业新局面》(2002年11月8日)，《江泽民文选》第3卷，人民出版社2006年版，第534—535页。

要按照中国特色社会主义事业总体布局，全面推进经济建设、政治建设、文化建设、社会建设，促进现代化建设各个环节、各个方面相协调，促进生产关系与生产力、上层建筑与经济基础相协调。坚持生产发展、生活富裕、生态良好的文明发展道路，建设资源节约型、环境友好型社会，实现速度和结构质量效益相统一、经济发展与人口资源环境相协调，使人民在良好生态环境中生产生活，实现经济社会永续发展。

——胡锦涛：《高举中国特色社会主义伟大旗帜，为夺取全面建设小康社会新胜利而奋斗——在中国共产党第十七次全国代表大会上的报告》(2007年10月15日)，《人民日报》2007年10月16日。

必须更加自觉地把以人为本作为深入贯彻落实科学发展观的核心立场，始终把实现好、维护好、发展好最广大人民根本利益作为党和国家一切工作的出发点和落脚点，尊重人民首创精神，保障人民各项权益，不断在实现发展成果由人民共享、促进人的全面发展上取得新成效。必须更加自觉地把全面协调可持续作为深入贯彻落实科学发展观的基本要求，全面落实经济建设、政治建设、文化建设、社会建设、生态文明建设五位一体总体布局，促进现代化建设各方面相协调，促进生产关系与生产力、上层建筑与经济基础相协调，不断开拓生产发展、生活富裕、生态良好的文明发展道路。

——胡锦涛：《坚定不移沿着中国特色社会主义道路前进 为全面建成小康社会而奋斗——在中国共产党第十八次全国代表大会上的报告》(2012年11月8日)，《人民日报》2012年11月18日。

强调总布局，是因为中国特色社会主义是全面发展的社会主义。我们要牢牢抓好党执政兴国的第一要务，始终代表中国先进生产力的发展要求，坚持以经济建设为中心，在经济不断发展的基础上，协调推进政治建设、文化建设、社会建设、生态文明建设以及其他各方面建设。随着我国经济社会发展不断深入，生态文明建设地位和作用日益凸显。党的十八大把生态文明建设纳入中国特色社会主义事业总体布局，使生态文明建设的战略地位更加明确，有利于把生态文明建设融入经济建设、政治建设、文化建设、社会建设各方面和全过程。这是我们党对社会主义建设规律在实践和认识上不断深化的重要成果。我们要按照这个总布局，促进现代化建设各方面相协调，促进生产关系与生产力、上层建筑与经济基础相协调。

——习近平：《紧紧围绕坚持和发展中国特色社会主义 学习宣传贯彻党的十八大精神——在十八届中共中央政治局第一次集体学习时的讲话》（2012年11月17日），《人民日报》2012年11月18日。

全面深化改革需要加强顶层设计和整体谋划，加强各项改革的关联性、系统性、可行性研究。我们讲胆子要大、步子要稳，其中步子要稳就是要统筹考虑、全面论证、科学决策。经济、政治、文化、社会、生态文明各领域改革和党的建设改革紧密联系、相互交融，任何一个领域的改革都会牵动其他领域，同时也需要其他领域改革密切配合。如果各领域改革不配套，各方面改革措施相互牵扯，全面深化改革就很难推进下去，即使勉强推进，效果也会大打折扣。

——习近平：《关于〈中共中央关于全面深化改革若干重大问题的决定〉的说明》（2013年11月9日），《人民日报》2013年11月16日。

三、实现中华民族伟大复兴

中共十八大报告指出，建设中国特色社会主义的总任务是实现社会主义现代化和中华民族伟大复兴，并提出了"两个一百年"的奋斗目标，即：在中国共产党成立一百周年时全面建成小康社会，在新中国成立一百周年时建成富强民主文明和谐的社会主义现代化国家。"实现中华民族伟大复兴"总任务的提出，为我们提供了中国特色社会主义的前进方向和宏伟蓝图，展现了中国共产党领导全国各族人民建设社会主义现代化的光明前景。

1. "实现中华民族伟大复兴"的内涵

"实现中华民族伟大复兴"既是一个历史概念,又是一个现实概念。

从历史角度看,中华民族伟大复兴,是相对于"过去"而言的。在五千多年的文明发展史中,伟大的中华民族曾经为人类文明进步作出过杰出的贡献。据相关史料记载,在公元前 11 世纪至公元前 8 世纪,中华文明已经遥遥领先、独领风骚于世界文明;到 17、18 世纪,中国的经济还一直处于世界前列,甚至到了 19 世纪 40 年代,中国在与西方的对外贸易中仍属于顺差。然而,随着 18 世纪欧洲资本主义工业革命的兴起,中国却逐步落后,尤其是 1840 年鸦片战争以来,中国不断遭受西方帝国主义殖民主义的侵略,沦为半殖民地半封建社会。自那时起,几代人梦寐以求的就是振兴中华,实现中华民族的复兴。

从现实角度看,中华民族伟大复兴又包含着非常具体的现实内容,即国家富强、民族振兴、人民幸福。国家富强是实现中华民族伟大复兴的物质基础和根本保障,民族振兴是实现中华民族伟大复兴的核心内容,人民幸福是实现中华民族伟大复兴的出发点和落脚点。

实现中华民族伟大复兴是中国共产党的历史使命和几代中国人的梦想。中国共产党从成立时起到现在的一切工作,归根到底就是带领中国人民为实现这个历史任务和美好梦想而努力奋斗。这一奋斗,经过新中国成立以来六十多年特别是改革开放以来三十多年的发展历程,已经使中国的面貌发生翻天覆地的历史性变化,从新中国"站起来",到改革开放"富起来",再到新世纪"强起来",创造了令世人瞩目惊叹的"中国奇迹",中华民族伟大复兴展现出前所未有的灿烂图景。

提出"实现中华民族伟大复兴"的梦想是现阶段我国社会经济发展状况的必然要求。20 世纪结束的时候,中国实现了现代化阶段性目标,人民生活总体上达到小康水平,在中华民族复兴的道路上树起了一座里程碑。2002 年,中共十六大报告把未来 50 年的现代化进程划分为两个发展阶段,第一阶段是前 20 年,为全面建设小康社会的阶段,建成惠及十几亿人口的更高水平的小康社会,实现国内生产总值到 2020 年力争比 2000 年翻两番;第二阶段是后 30 年,人均国内生产总值达到中等发达国家的水平,基本实现现代化,建成富强民主文明的社会主义国家。这就为中国在新世纪前半叶从小康走向现代化提供了宏伟蓝图和行动纲领。2007 年,中共十七大报告把中共十六大提出的第一阶段目标提高为实现人均国内生产总值到2020年比2000年翻两番,并且从经济、政治、文化、社会、生态五个方面,对全面建设小康社会目标作了进一步充实和完善,提出了新的更高要求。我们党带领人民为实现现代化不断探索不懈奋斗的历史过程和在这个过程中所创造的辉煌成就,越来越证明这样一个结论:中国共产党始终把现代化和民族复兴作为历史和时代赋予的庄严使命。中共十八大报告把实现社会主义现代化和中华民族伟大复兴确定为建设中国特色社会主义的总任务既是历史的必然,也是现阶段我国经济社会发展状况的必然要求。我们必须倍加珍惜、始终坚持、不断发展中国特色社会主义道路、理论体系和制度。为了实现这个总任务,我们对党和人民创造的历史伟业倍加自豪,对党和人民确立的理想信念倍加坚定,对党肩负的历史责任倍加清醒。

中国共产党从成立之时起,就肩负着实现中华民族伟大复兴的历史使命。党领导人民进行革命、建设和改革,就是要让中国人民富裕起来,国家强盛起来,振兴伟大的中华民族。按照现代化建设"三步走"的战略部署,建设富强民主文明和谐的社会主义现代化国家,是我们党和国家在整个社会主义初级阶段的奋斗目标。我们党的庄严使命、改革开放的根本目的、我们国家的奋斗目标,都聚焦于这个总任务、归结于这个总任务。

实现中华民族伟大复兴,必须坚持走自己的路。无论搞革命、建设,还是改革开放,道路问题都是最根本的问题。中国人民在三十多年探索和实践中,找到了、坚持了、拓展了中国特色社会主义道路,现在最关键的仍然是坚定不移走这条道路、与时俱进拓展这条道路,使中国特色社会主义道路越走越宽广。

实现中华民族伟大复兴,必须顺应世界大势。中国共产党的诞生,社会主义中国的成立,改革开放的实行,都是顺应世界发展大势的结果。在当今世界深刻复杂变化、中国同世界的联系和互动空前紧密的条件下,更要密切关注国际形势发展变化,统筹好国内国际两个大局,在时代前进潮流中把握主动、赢得发展。

实现中华民族伟大复兴,必须代表最广大人民根本利益。我们党之所以得到人民拥护和支持,从根本上说,就是因为能始终代表中国最广大人民根本利益,最广泛动员和组织人民投身到党领导的伟大事业中来。在前进征途上,只要我们党始终坚持人民利益高于一切,紧紧依靠人民,就能永远立于不败之地。

实现中华民族伟大复兴,必须加强党的自身建设。要不断提高党的领导水平和执政水平、提高拒腐防变和抵御风险能力,使我们党在世界形势深刻变化的历史进程中始终走在时代前列,在应对国内外各种风险和考验的历史进程中始终成为全国人民的主心骨,在坚持和发展中国特色社会主义的历史进程中始终成为坚强领导核心。

实现中华民族伟大复兴,必须坚定中国特色社会主义自信。我们对中国特色社会主义的自信,来源于实践、来源于人民、来源于真理。要在深入把握中国特色社会主义科学性真理性的基础上,坚定道路自信、理论自信、制度自信,不断开创中国特色社会主义事业新局面,不断交出坚持和发展中国特色社会主义的合格答卷。

2. 实现中华民族伟大复兴的条件

"实现社会主义现代化和中华民族伟大复兴"这一总任务的提出,有着充分的实践基础和现实条件。

我国现代化取得的巨大成就是实现中华民族伟大复兴的物质基础。中国共产党带领人民不断改革开放,勇于创新,创造了一个又一个令世界惊叹的辉煌成就。进入新世纪,我国经济总量从世界第六位跃升到第二位,国家的社会生产力、经济实力、科技实力、人民生活水平、居民收入水平、社会保障水平等都迈上了一个新台阶,中国面貌发生新的历史性变化。这些巨大成就和变化,为如期全面建成小康社会,进而在21世纪中叶实现现代化和民族复兴奠定了坚实的物质基础。

中国共产党是实现中华民族伟大复兴的坚强领导核心。实现中华民族伟大复兴的中国梦是中华民族的共同事业,需要团结和凝聚各族人民的力量,而中国共产党就是凝聚中国力量的领导核心。一方面,中国共产党领导人民经过新民主主义革命、社会主义革命,实现了中国历史上最深刻的社会变革,开启了社会主义道路,为实现民族复兴提供了宝贵经验和物质基础。另一方面,中国共产党的先进性和代表性,决定了党能够成为凝聚中国力量的领导核心。中国共产党始终代表"中国最广大人民的根本利益",践行"全心全意为人民服务"的宗旨,使中国共产党在不同历史时期都体现出强大的感召力和凝聚力。只有坚持中国共产党的领导,才能组织和团结全国各族人民为实现中华民族伟大复兴汇聚不竭的动力。

贯彻落实科学发展观为实现中华民族伟大复兴提供了根本途径。科学发展观的根本方法是统筹兼顾。在实现中华民族伟大复兴的征程中同样需要运用统筹兼顾的方法正确认识和妥善处理各种矛盾。中共十八大报告提出,必须更加自觉地把统筹兼顾作为深入贯彻落实科学发展观的根本方法,做到"统筹改革发展稳定、内政外交国防、治党治国治军各方面工作,统筹城乡发展、区域发展、经济社会发展、人与自然和谐发展、国内发展和对外开放,统筹各方面利益关系"。这些"统筹"既囊括了中国特色社会主义事业的许多重大关系,也囊括了全面建成小康社会、建成富强民主文明和谐的社会主义现代化国家的主要矛盾。只有坚持从党和国家全局出发,正确处理好这些关系解决好这些矛盾,才能实现"两个一百年"的奋斗目标,实现中华民族伟大复兴的中国梦。

改革开放为实现中华民族伟大复兴营造了良好的国际环境。改革开放,既为我国经济社会发展提供强大动力和有利条件,又使我国在国际竞争中赢得了越来越明显的比较优势,充分体现了中国特色社会主义的优越性,为实现中国现代化和中华民族复兴争取了最广泛的国际认同和支持。中共十八届三中全会对全面深化改革进行了系统部署,锐意推进经济、政治、文化、社会及生态文明体制及党的建设制度的改革,推进国家治理体系和治理能力现代化,掀开了中国改革的"第二季"和"升级版"。通过全面深化改革,摒弃旧观念的束缚,冲破旧体制的约束,化解各种发展难题,并充分吸收和借鉴世界各国优秀的发展成果和经验,使中国现代化和中华民族复兴的历程与世界发展的大势所趋接上了轨。通过坚持对外开放,树立全球"命运共同体"的意识,实现多边合作、互通有无、优势互补、包容互鉴、互利共赢,促进中国、亚洲以及世界共同发展。因此,中国致力于改革开放,统筹国内国际两个大局,积极应对全球化发展新挑战,紧紧抓住全球化发展新机遇,既通过争取和平的国际环境来发展自己,又以自身的发展去促进世界和平与发展,成为全球化中一股谁也不可小觑的重要力量,这些都为实现中华民族伟大复兴营造了良好的国际环境。

正如中共十八大报告所提出的:"只要我们胸怀理想、坚定信念,不动摇、不懈怠、不折腾,顽强奋斗、艰苦奋斗、不懈奋斗,就一定能在中国共产党成立一百年时全面建成小康社会,就一定能在新中国成立一百年时建成富强民主文明和谐的社会主义现代化国家。全党要坚定这样的道路自信、理论自信、制度自信!"[①]我们相信,社会主义现代化和中华民族伟大复兴这一美好梦想在未来几十年内一定会在中国变成活生生的现实。

[①] 胡锦涛:《坚定不移沿着中国特色社会主义道路前进 为全面建成小康社会而奋斗——在中国共产党第十八次全国代表大会上的报告》,人民出版社 2012 年版,第 16 页。

3. 聚焦总任务努力奋斗

"实现中华民族伟大复兴"的总任务,指明了中国特色社会主义的奋斗目标,坚定了我们关于社会主义和共产主义的理想信念,明确了我们努力的方向和承担的历史责任,是激励我们为中国特色社会主义伟大事业不懈奋斗的力量源泉。

"实现中华民族伟大复兴"总任务的提出,体现了中华民族和中国人民的整体利益和中华儿女的共同期盼。在中国特色社会主义建设进程中,尽管我们已经取得了值得骄傲的巨大成就,中国的现代化已经达到了三十多年前想也不敢想的高度,但是要把实现中华民族伟大复兴梦想变为现实,还有很长的路要走,这项光荣而艰巨的任务,仍然需要一代一代人为之努力奋斗。这个伟大的梦想是中国人现在共同的梦想,这个伟大梦想把每个中国人的前途命运同国家和民族的前途命运紧紧连在了一起,有利于使每个人都自觉地把个人理想追求融入推进国家和社会发展进步的事业当中,为实现中华民族伟大复兴的中国梦贡献每个人自己的力量。

"实现中华民族伟大复兴"总任务的提出,充分体现了中国共产党人的使命意识和高度自觉。我们党在 20 世纪 60 年代就提出了实现"四个现代化"(工业、农业、科学技术和国防的现代化)的目标,在长期的社会主义探索和实践中,特别是在中国特色社会主义的伟大实践中,根据不断出现的新情况新问题,不断调整和完善现代化目标,直至明确到 21 世纪中叶基本实现现代化的宏伟目标。中共十八大报告在继续确认这个目标的同时,把中华民族伟大复兴一同作为总任务和奋斗目标提了出来,这在党的历史上是第一次。这是我们党在正确判断和把握现实情况的基础上,本着对国家前途、民族利益、人民幸福高度负责的态度及时提出来的,是中国共产党对中国人民作出的新的庄严承诺,也是我们党自觉履行民族复兴历史使命的再次诠释。提出这个总任务,既进一步提升了实现现代化的伟大意义,又顺应了人民的共同愿望和新期待,让我们真切感受到实现中华民族伟大复兴的"中国梦"不再遥远,是一个看得见摸得着,与每个人息息相关,经过几十年奋斗就将实现的实实在在的目标。中国共产党以实现社会主义现代化和中华民族伟大复兴为己任的使命意识和高度自觉,必将产生极大的感召力和凝聚力,极大地振奋和鼓舞人心,调动和凝聚起全党和全国人民的智慧和力量,为了实现中华民族的伟大梦想,继续沿着中国特色社会主义道路奋勇前进。

延伸阅读3.3

现在人们说中国发生了明显的变化。我对一些外宾说,这只是小变化。翻两番,达到小康水平,可以说是中变化。到下世纪中叶,能够接近世界发达国家的水平,那才是大变化,到那时,社会主义中国的分量和作用就不同了,我们就可以对人类有较大的贡献。

——邓小平:《在中国共产党全国代表会议上的讲话》(1985年9月23日),《邓小平文选》第3卷,人民出版社1993年版,第143页。

我国经济发展分三步走,本世纪走两步,达到温饱和小康,下个世纪用三十年到五十年时间再走一步,达到中等发达国家的水平。这就是我们的战略目标,这就是我们的雄心壮志。要实现我们的雄心壮志,不改革不行,不开放不行。我们要走的路还很长,任务还很艰巨。

——邓小平:《一切从社会主义初级阶段的实际出发》(1987年8月29日),《邓小平文选》第3卷,人民出版社1993年版,第251页。

改革和开放是手段,目标是分三步走发展我们的经济。第一步是达到温饱水平,已经提前实现了。第二步是在本世纪末达到小康水平,还有十二年时间,看来可以实现。第二步是下个世纪再花五十年时间,达到中等发达国家水平,这是很不容易的。关键是本世纪内的最后十年,要为下个世纪前五十年的发展打下基础,创造比较好的条件和环境。

——邓小平:《要吸收国际的经验》(1988年6月3日),《邓小平文选》第3卷,人民出版社1993年版,第266—267页。

展望下世纪,我们的目标是,第一个十年实现国民生产总值比二〇〇〇年翻一番,使人民的小康生活更加宽裕,形成比较完善的社会主义市场经济体制;再经过十年的努力,到建党一百年时,使国民经济更加发展,各项制度更加完善;到世纪中叶建国一百年时,基本实现现代化,建成富强民主文明的社会主义国家。正如邓小平所说:"现在,我们国内条件具备,国际环境有利,再加上发挥社会主义制度能够集中力量办大事的优势,在今后的现代化建设长过程中,出现若干个发展速度比较快、效益比较好的阶段,是必要的,也是能够办到的。我们就是要有这个雄心壮志!"

——江泽民:《高举邓小平理论伟大旗帜,把建设有中国特色社会主义事业全面推向二十一世纪》(1997年9月12日),《江泽民文选》第2卷,人民出版社2006年版,第4页。

当人类社会跨入二十一世纪的时候,我国进入全面建设小康社会、加快推进社会主义现代化的新的发展阶段。国际局势正在发生深刻变化。世界多极化和经济全球化的趋势在曲折中发展,科技进步日新月异,综合国力竞争日趋激烈。形势逼人,不进则退。我们党必须坚定地站在时代潮流的前头,团结和带领全国各族人民,实现推进现代化建设、完成祖国统一、维护世界和平与促进共同发展这三大历史任务,在中国特色社会主义道路上实现中华民族的伟大复兴。这是历史和时代赋予我们党的庄严使命。

——江泽民:《全面建设小康社会,开创中国特色社会主义事业新局面》(2002年11月8日),《江泽民文选》第2卷,人民出版社2006年版,第528—529页。

全党同志必须清醒认识到,实现全面建设小康社会的目标还需要继续奋斗十几年,基本实现现代化还需要继续奋斗几十年,巩固和发展社会主义制度则需要几代人、十几代人甚至几十代人坚持不懈地努力奋斗。要奋斗就会有困难有风险。我们一定要居安思危、增强忧患意识,始终保持对马克思主义、对中国特色社会主义、对实现中华民族伟大复兴的坚定信念;一定要戒骄戒躁、艰苦奋斗,牢记社会主义初级阶段基本国情,为党和人民事业不懈努力;一定要刻苦学习、埋头苦干,不断创造经得起实践、人民、历史检验的业绩;一定要加强团结、顾全大局,自觉维护全党的团结统一,保持党同人民群众的血肉联系,巩固全国各族人民的大团结,加强海内外中华儿女的大团结,促进中国人民同世界各国人民的大团结,为战胜一切艰难险阻、推动党和人民事业取得新的更大胜利提供强大力量。

——胡锦涛:《高举中国特色社会主义伟大旗帜 为夺取全面建设小康社会新胜利而奋斗——在中国共产党第十七次全国代表大会上的报告》(2007年10月15日),《人民日报》2007年10月16日。

在中国特色社会主义道路上实现中华民族伟大复兴,寄托着无数仁人志士、革命先烈的理想和夙愿。在长期艰苦卓绝的奋斗中,我们党紧紧依靠人民,付出了最大牺牲,书写了感天动地的壮丽史诗,不可逆转地结束了近代以后中国内忧外患、积贫积弱的悲惨命运,不可逆转地开启了中华民族不断发展壮大、走向伟大复兴的历史进军,使具有五千多年文明历史的中华民族以崭新的姿态屹立于世界民族之林。在新的征程上,我们的责任更大、担子更重,必须以更加坚定的信念、更加顽强的努力,继续实现推进现代化建设、完成祖国统一、维护世界和平与促进共同发展这三大历史任务。

——胡锦涛:《坚定不移沿着中国特色社会主义道路前进 为全面建成小康社会而奋斗》(2012年11月8日),《人民日报》2012年11月9日。

强调总任务,是因为我们党从成立那天起,就肩负着实现中华民族伟大复兴的历史使命。我们党领导人民进行革命建设改革,就是要让中国人民富裕起来,国家强盛起来,振兴伟大的中华民族。按照现代化建设"三步走"的战略部署,建设富强民主文明和谐的社会主义现代化国家,是我们党和国家在整个社会主义初级阶段的奋斗目标。我们党的庄严使命、改革开放的根本目的、我们国家的奋斗目标,都聚焦于这个总任务、归结于这个总任务。我们要紧紧扭住这个总任务,一代一代锲而不舍干下去。

我们党在不同历史时期,总是根据人民意愿和事业发展需要,提出富有感召力的奋斗目标,团结带领人民为之奋斗。党的十八大根据国内外形势新变化,顺应我国经济社会新发展和广大人民群众新期待,对全面建设小康社会目标进行了充实和完善,提出了更具明确政策导向、更加针对发展难题、更好顺应人民意愿的新要求。这些目标要求,与党的十六大提出的全面建设小康社会奋斗目标和党的十七大提出的实现全面建设小康社会奋斗目标新要求相衔接,也与中国特色社会主义事业总体布局相一致。全党全国要同心同德、埋头苦干、锐意创新、开拓进取,共同为实现党的十八大提出的全面建成小康社会和全面深化改革开放的目标而奋斗。

——习近平:《紧紧围绕坚持和发展中国特色社会主义 学习宣传贯彻党的十八大精神——在十八届中共中央政治局第一次集体学习时的讲话》(2012年11月17日),《人民日报》2012年11月18日。

新中国成立60多年来特别是改革开放三十多年来,中国走出了一条成

> 功的发展道路,取得了举世瞩目的发展成就。中国对未来发展作出了战略部署,明确了奋斗目标,即到 2020 年实现国内生产总值和城乡居民人均收入比 2010 年翻一番,全面建成小康社会;到本世纪中叶建成富强民主文明和谐的社会主义现代化国家,实现中华民族伟大复兴。这是中华民族和中国人民的百年夙愿,也是中国为人类作出更大贡献的必要条件。
> ——习近平:《携手建设中国—东盟命运共同体——在印度尼西亚国会的演讲》(2013 年 10 月 3 日),《人民日报》2013 年 10 月 4 日。

四、把握新机遇推进国家治理现代化

中共十八大报告指出:"发展中国特色社会主义是一项长期的艰巨的历史任务,必须准备进行具有许多新的历史特点的伟大斗争。"要取得这场伟大斗争的新胜利,就必须通过全面深化改革,推进国家治理体系和治理能力的现代化。治理体系和治理能力是一个政党和国家制度建设和制度执行力的集中体现,推进国家治理体系和治理能力现代化,这是我们党根据新的历史特点,面对新形势新任务提出的新的奋斗目标,对于促进中国特色社会主义制度更加成熟更加定型更加完善,彰显中国特色社会主义制度优势,具有重大而深远的意义。

1. 新的历史特点新的时代要求

"新的历史特点"是个动态概念,它不仅是指改革开放前后对比的变化,更是指全国建成小康社会新阶段面临的新问题、新挑战和新要求。

当前的世情、国情、党情,与我们党过去领导开展伟大斗争的时代背景相比,已经发生了深刻变化,有新的历史特点,也提出了新的时代要求。

从国内情况看,经过三十多年的改革开放,中国特色的社会主义现代化进入了一个新的发展阶段。不同的利益群体诉求多样化,各种利益冲突日益明显,社会不公平现象突出,生态环境继续恶化,影响社会和谐的不稳定因素增加,而维稳的代价不堪重负,一些公共部门的公信力严重流失,现存不少体制机制毛病严重妨碍全面建成小康社会的步伐,凡此种种都意味着我们在国家治理体制和能力方面,正面临诸多新的严峻挑战。中共十八届三中全会提出全面深化改革的内容均聚焦于"完善和发展中国特色社会主义制度,推进国家治理体系和治理能力的现代化"这个总目标。"这是坚持和发展中国特色社会主义的必然要求,也是实现社会主义现代化的应有之义","推进国家治理体系和治理能力现代化,必须完整理解和把握全面深化改革的总目标,这是两句话组成的一个整体,即完善和发展中国特色社会主义制度、推进国家治理体系和治理能力现代化"。① 这个完整的表述,是对我国改革开放以来社会变化和人民期盼的积极回应。推进国家治理体系和治理能力现代化的前提是完善和发展中国特色社会主义制度,即推进国家治理现代化,必须在中国特色社会主义制度这个前提下进行;而完善和发展中国特色社会主义制度,是为了更好地推进国家治理的现代化。

从国际环境来看,世界格局进入深度调整期,世界多极化、经济全球化趋势深入发展,科技进步日新月异,综合国力的竞争也日益激烈,我国将长期面临着发达国家在经济和科技领域占优势的强大压力。同时,新旧矛盾相互叠加,新旧力量相互博弈,传统安全威胁和非传统安全威胁相互交织,世界政治、经济、社会等领域不稳定不确定因素明显增多,这些都使我国面临着前所未有的机遇和挑战。随着全球化不断深入,协调国家与国内社会、国际社会的关系成为世界各国共同面临的艰巨任务,如何完善国家治理体系,提升国家治理能力也成为世界各国共同面临的重要课题。

改革开放只有进行时没有完成时。"在整个社会主义现代化进程中,我们都要高举改革开放的旗帜,决不能有丝毫动摇。"②我们要坚定改革信心,以更大的政治勇气和智慧、更有力的措施和办法不失时机地推进改革。这是顺应当今世界发展大势的必然选择。世界各国现在都在加快推进变革,新一轮科技革命和产业变革正在孕育兴起。要全面建成小康社会、实现中华民族伟大复兴的中国梦,必须认清形势、居安思危、奋起直追。任何停顿和倒退都必将被时代所淘汰。这是适应我国发展新要求和人民新期待的必然选择。我国发展面临一系列突出矛盾和挑战,前进道路上还有不少困难和问题,特别是发展中不平衡、不协调、不可持续问题依然突出。要破解这些发展中面临的难题、化解来自各方面的风险挑战,推动经济社会持续健康发展,除了深化改革,别无他途。这是

---

① 习近平:《完善和发展中国特色社会主义制度 推进国家治理体系和治理能力现代化》,《人民日报》2014年2月17日。
② 《习近平关于全面深化改革论述摘编》,中央文献出版社2014年版,第10页。

抓住机遇、抢占未来发展制高点的必然选择。现在,我国国际环境总体稳定,国际地位和国际影响力大幅提高;我们在改革开放中积累了丰富实践经验和理论成果,实现中国梦精气神高涨。这个历史性机遇,抓住就能赢得战略主动,否则就有可能陷于被动。

我们必须增强机遇意识,全面深化改革,进一步扩大开放,充分发挥我们的独特优势,激发党和国家活力。面对国内外的复杂形势和诸多问题与挑战,我们必须在坚持人民主体地位、坚持解放和发展社会生产力、坚持推进改革开放、坚持维护社会公平正义、坚持走共同富裕道路、坚持促进社会和谐、坚持和平发展、坚持党的领导的基础上,推进国家治理体系和治理能力的现代化,为坚持和发展中国特色社会主义提供有力制度支撑,为具有新的历史特点的中国改革开放和社会主义现代化建设注入强大动力。

2. 国家治理体系与治理能力

一个国家选择什么样的治理体系,是由这个国家的历史传承、文化传统、经济社会发展水平决定的,是由这个国家的人民决定的。我们的方向就是中国特色社会主义道路。我国今天的国家治理体系,是在我国历史传承、文化传统、经济社会发展的基础上长期发展、渐进改进、内生性演化的结果。正因为没有挂着别人的拐棍,坚持独立自主选择自己的道路,我们才能始终站稳脚跟,走出一条不同于西方国家的成功发展道路,形成一套不同于西方国家的成功制度体系。没有坚定的制度自信就不可能有全面深化改革的勇气,同样,离开不断改革,制度自信也不可能彻底、不可能久远。我们全面深化改革,是要使中国特色社会主义制度更好;我们说坚定制度自信,不是要故步自封,而是要不断革除体制机制弊端,让我们的制度成熟而持久。

国家治理现代化既包括国家治理体系的现代化,也包括国家治理能力的现代化。习近平指出:"国家治理体系是在党领导下管理国家的制度体系,包括经济、政治、文化、社会、生态文明和党的建设等各领域体制机制、法律法规安排,也就是一整套紧密相连、相互协调的国家制度;国家治理能力则是运用国家制度管理社会各方面事务的能力,包括改革发展稳定、内政外交国防、治党治国治军等各个方面。"[①]所谓国家治理体系,就是保证党领导人民有效治理国家的制度体系。它包括人民代表大会制度这一保证人民当家做主的根本政治制度,中

---

① 习近平:《切实把思想统一到党的十八届三中全会精神上来》,《求是》2014 年第 1 期。

国共产党领导的政治协商制度、民族区域自治制度、基层群众自治制度等基本政治制度,中国特色社会主义法律体系,公有制为主体、多种所有制经济共同发展的基本经济制度,以及经济、政治、文化、社会、生态文明和党的建设等各领域的体制机制、法律法规。这些构成了一整套紧密相连、相互协调的国家制度,是中国共产党领导人民治理国家的基本依托。所谓国家治理能力,就是运用国家制度管理国家事务和社会事务、管理经济和文化事业的能力,也就是制度执行力。这种能力体现在改革发展稳定、内政外交国防、治党治国治军等各个方面。治理能力的关键是人的素质,特别是干部素质。提高治理能力关键是全面提高人民思想道德素质和科学文化素质,特别是建设适应现代化要求的高素质干部队伍。国家治理体系和治理能力的现代化,就是使国家治理体系制度化、科学化、规范化、程序化,使国家治理者善于运用法治思维和法律制度治理国家,从而把中国特色社会主义各方面的制度优势转化为治理国家的效能。国家治理体系和治理能力是一个整体,两者相辅相成。有了良好的国家治理体系,才能提高国家的治理能力;反之,只有提高国家治理能力,才能充分发挥国家治理体系的效能。

3. 推进国家治理现代化的要领

国家治理体系和治理能力是一个国家制度和制度执行能力的集中体现。在新的时代条件下,完善和发展中国特色社会主义制度,推进治理体系和治理能力现代化,就是要适应时代发展要求,既改革不适应实践要求的制度,又不断构建新的制度,就是要使各方面制度更加科学、更加完善,实现执政党、国家、社会各项事务治理制度化、规范化、程序化,善于运用制度和法律治理国家,提高中国共产党科学执政、民主执政、依法执政水平。

推进国家治理体系和治理能力的现代化,首先还是要解放思想,转变观念。国家治理现代化是我们党在新的历史条件下提出的新的执政理念,这种理念引导着国家治理现代化的方向。所有的治理改革从根本上来说都是在新的思想理念的指导下进行的,推进国家治理现代化,必须打破传统的旧观念的束缚,解放思想、转变观念始终是全面深化改革的首要任务。我们的国家治理现代化,一定要有中国特色、体现中国面貌、凝聚中国精神。在全球化条件下,任何一个国家的政治发展都与国际环境密切相关。我们既要认清经济全球化、世界民主化潮流对中国发展的影响,也要认真汲取各国发展的经验教训,避免出现严重失误和挫折。"中国不能全盘照搬别国的政治制度和发展模式,否则的话不仅会水土不服,而且会带来灾难性后果。"①世界各国均积累了丰富的治政理国经验,都可以为我们在推进国家治理现代化中提供比对、分析和吸收借鉴。我们"总结国内成功做法,借鉴国外有益经验"时还要看到,中国和发达国家处于不同发展阶段,我们既要借鉴人家有关治理理论与实践的有益成分,也必须结合中国发展的现实,形成和完善中国特色的国家治理理论和做法。中华民族在漫长历史进程中,"不断学习他人的好东西,把他人的好东西化成我们自己的东西,这才形成我们的民族特色"②。

推进国家治理体系和治理能力的现代化,要大力加强现代国家制度体系建设。国家治理体系现代化必须依靠制度推动。按照中共十八届三中全会的部署,加强现代制度体系建设的主要内容包括:(1)深化经济体制改革,加快转变经济发展方式,坚持和完善以社会主义市场体系、宏观调控体系、开放型经济体系为核心构成要素的现代经济制度体系。(2)深化行政体制改革,创新行政管理方式,优化政府组织结构,提高科学管理水平,增强政府公信力和执行力,建设法治政府和服务型政府。(3)深化财税体制改革,改进预算管理制度,完善税收制度,建立事权和支出责任相适应的制度,建立现代财政制度。(4)改革和完善政绩考核制度,纠正单纯以经济增长速度评定政绩的偏向,加大资源消耗、环境损害、生态效益、产能过剩、科技创新、安全生产、新增债务等指标的权重,更加重视劳动就业、居民收入、社会保障、人民健康状况。(5)深化政治体制改革,加快推进社会主义民主政治制度化、规范化、程序化,把推进协商民主广泛多层制度化发展作为政治体制改革的重要内容,对于经济社会发展重大问题和涉及群众切身利益的实际问题,要在全社会开展广泛协商,坚持协商于决策之前和决策实施之中。(6)深化司法体制改革,深化行政执法体制改革,确保依法独立公正行使审判权检察权,健全司法权力运行机制,完善人权司法保障制度,加快建设公正高效权威的社会主义司法制度。(7)建立系统完整的生态文明制度体系,健全自然资源资产产权制度和用途管制制度,实行资源有偿使用制度和生态补偿制度,改革生态环境保护管理体制,完善环境治理和生态修复制度,实行生态环境最严格的源头保护、损害赔偿和责任追究制度。(8)深化党的建设制度改革。建设学习型、服务型、创新型的马克思主义执政党,提高党的领导水平

---

① 《习近平在比利时欧洲学院演讲》,《人民日报》2014 年 4 月 2 日。
② 习近平:《完善和发展中国特色社会主义制度 推进国家治理体系和治理能力现代化》,《人民日报》2014 年 2 月 17 日。

和执政能力,为确保人民当家做主权利提供坚实的政治保证,为真正落实全面深化改革重大决策部署提供坚强有力的组织领导保证。

推进国家治理体系和治理能力的现代化,必须有效提高各项制度的执行力。长期以来,我们通过不懈努力不断完善各方面的制度和体制机制,但在如何发挥好制度效能方面重视不够。全面深化改革,必须大力推进贯彻落实工作,制定并严格执行具体可行、管用有效的政策措施,真正把各方面制度和体制机制的优势转化为管理经济社会事务的实际效能。还要处理好以下几个方面的关系:第一,党和政府的关系。在国家治理体系中,党发挥着总揽全局、协调各方的领导核心作用。党制定好重大方针政策,政府就要通过相应的组织体系把党确立的方针政策具体化。两者相互支撑,政府既要按照自身运行的规律去做好各项具体工作,又要接受党组织从宏观上、从政治上的监督。第二,政府和市场的关系。处理好政府与市场的关系不仅是经济体制改革的核心问题,也是国家治理的重要问题,也就是把建设统一开放、竞争有序的市场体系与科学的宏观调控、有效的政府治理结合起来。科学的宏观调控,有效的政府治理,是发挥社会主义市场经济体制优势的内在要求。这两者的结合对于推动国家治理体系的现代化十分重要。第三,政府和社会的关系。推进国家治理体系和治理能力现代化,就是要实现"社会各项事务治理制度化、规范化、程序化",就要求正确处理政府与社会的关系。加快实施政社分开,推进社会组织明确职责、依法自治、发挥作用,使社会组织成为凝结公民的纽带,使社会组织成为充分发挥政府职能、切实维护公民权利的重要保障。第四,中央与地方的关系。首先要明确中央政府和地方政府的事权内容及各自的责任。比如国防、外交、国家安全、关系全国统一市场规则和管理等是中央事务,是中央政府的权力。地方事权主要就是区域性公共服务,这些公共服务要直接惠及广大百姓。而部分社会保障事项、跨区域重大项目建设维护等是中央和地方的共同事权。只有理顺两者的事权关系,才能使央地之间彼此协调、相互支持。

社会主义制度的完善和发展是一个长期的历史过程,实现国家治理现代化同样需要付出艰苦的努力。我们坚信,中国共产党带领中国人民锐意进取,攻坚克难,一定能谱写改革开放伟大事业历史新篇章,为全面建成小康社会、不断夺取中国特色社会主义新胜利、实现中华民族伟大复兴的中国梦努力奋斗。

延伸阅读 3.4

发展中国特色社会主义是一项长期的艰巨的历史任务,必须准备进行具有许多新的历史特点的伟大斗争。我们一定要毫不动摇坚持、与时俱进发展中国特色社会主义,不断丰富中国特色社会主义的实践特色、理论特色、民族特色、时代特色。

在新的历史条件下夺取中国特色社会主义新胜利,必须牢牢把握以下基本要求,并使之成为全党全国各族人民的共同信念。

——必须坚持人民主体地位。中国特色社会主义是亿万人民自己的事业。要发挥人民主人翁精神,坚持依法治国这个党领导人民治理国家的基本方略,最广泛地动员和组织人民依法管理国家事务和社会事务、管理经济和文化事业、积极投身社会主义现代化建设,更好保障人民权益,更好保证人民当家作主。

——必须坚持解放和发展社会生产力。解放和发展社会生产力是中国特色社会主义的根本任务。要坚持以经济建设为中心,以科学发展为主题,全面推进经济建设、政治建设、文化建设、社会建设、生态文明建设,实现以人为本、全面协调可持续的科学发展。

——必须坚持推进改革开放。改革开放是坚持和发展中国特色社会主义的必由之路。要始终把改革创新精神贯彻到治国理政各个环节,坚持社会主义市场经济的改革方向,坚持对外开放的基本国策,不断推进理论创新、制度创新、科技创新、文化创新以及其他各方面创新,不断推进我国社会主义制度自我完善和发展。

——必须坚持维护社会公平正义。公平正义是中国特色社会主义的内在要求。要在全体人民共同奋斗、经济社会发展的基础上,加紧建设对保障社会公平正义具有重大作用的制度,逐步建立以权利公平、机会公平、规则公平为主要内容的社会公平保障体系,努力营造公平的社会环境,保证人民平等参与、平等发展权利。

——必须坚持走共同富裕道路。共同富裕是中国特色社会主义的根本原则。要坚持社会主义基本经济制度和分配制度,调整国民收入分配格局,加大再分配调节力度,着力解决收入分配差距较大问题,使发展成果更多更公平惠及全体人民,朝着共同富裕方向稳步前进。

——必须坚持促进社会和谐。社会和谐是中国特色社会主义的本质属性。要把保障和改善民生放在更加突出的位置，加强和创新社会管理，正确处理改革发展稳定关系，团结一切可以团结的力量，最大限度增加和谐因素，增强社会创造活力，确保人民安居乐业、社会安定有序、国家长治久安。

　　——必须坚持和平发展。和平发展是中国特色社会主义的必然选择。要坚持开放的发展、合作的发展、共赢的发展，通过争取和平国际环境发展自己，又以自身发展维护和促进世界和平，扩大同各方利益汇合点，推动建设持久和平、共同繁荣的和谐世界。

　　——必须坚持党的领导。中国共产党是中国特色社会主义事业的领导核心。要坚持立党为公、执政为民，加强和改善党的领导，坚持党总揽全局、协调各方的领导核心作用，保持党的先进性和纯洁性，增强党的创造力、凝聚力、战斗力，提高党科学执政、民主执政、依法执政水平。

　　我们必须清醒认识到，我国仍处于并将长期处于社会主义初级阶段的基本国情没有变，人民日益增长的物质文化需要同落后的社会生产之间的矛盾这一社会主要矛盾没有变，我国是世界最大发展中国家的国际地位没有变。在任何情况下都要牢牢把握社会主义初级阶段这个最大国情，推进任何方面的改革发展都要牢牢立足社会主义初级阶段这个最大实际。党的基本路线是党和国家的生命线，必须坚持把以经济建设为中心同四项基本原则、改革开放这两个基本点统一于中国特色社会主义伟大实践，既不妄自菲薄，也不妄自尊大，扎扎实实夺取中国特色社会主义新胜利。

　　只要我们胸怀理想、坚定信念，不动摇、不懈怠、不折腾，顽强奋斗、艰苦奋斗、不懈奋斗，就一定能在中国共产党成立一百年时全面建成小康社会，就一定能在新中国成立一百年时建成富强民主文明和谐的社会主义现代化国家。全党要坚定这样的道路自信、理论自信、制度自信！

　　——胡锦涛：《坚定不移沿着中国特色社会主义道路前进　为全面建成小康社会而奋斗——在中国共产党第十八次全国代表大会上的报告》（2012年11月8日），《人民日报》2012年11月18日。

　　坚持把完善和发展中国特色社会主义制度，推进国家治理体系和治理能力现代化作为全面深化改革的总目标。邓小平同志在1992年提出，再有30年的时间，我们才会在各方面形成一整套更加成熟更加定型的制度。这次全会在邓小平同志战略思想的基础上,提出要推进国家治理体系和治理能力现代化。这是完善和发展中国特色社会主义制度的必然要求,是实现社会主义现代化的应有之义。我们之所以决定这次三中全会研究全面深化改革问题,不是推进一个领域改革,也不是推进几个领域改革,而是推进所有领域改革,就是从国家治理体系和治理能力的总体角度考虑的。

国家治理体系和治理能力是一个国家制度和制度执行能力的集中体现。国家治理体系是在党领导下管理国家的制度体系,包括经济、政治、文化、社会、生态文明和党的建设等各领域体制机制、法律法规安排,也就是一整套紧密相连、相互协调的国家制度;国家治理能力则是运用国家制度管理社会各方面事务的能力,包括改革发展稳定、内政外交国防、治党治国治军等各个方面。国家治理体系和治理能力是一个有机整体,相辅相成,有了好的国家治理体系才能提高治理能力,提高国家治理能力才能充分发挥国家治理体系的效能。

实际上,怎样治理社会主义社会这样全新的社会,在以往的世界社会主义中没有解决得很好。马克思、恩格斯没有遇到全面治理一个社会主义国家的实践,他们关于未来社会的原理很多是预测性的;列宁在俄国十月革命后不久就过世了,没来得及深入探索这个问题;苏联在这个问题上进行了探索,取得了一些实践经验,但也犯下了严重错误,没有解决这个问题。我们党在全国执政以后,不断探索这个问题,虽然也发生了严重曲折,但在国家治理体系和治理能力上积累了丰富经验、取得了重大成果,改革开放以来的进展尤为显著。我国政治稳定、经济发展、社会和谐、民族团结,同世界上一些地区和国家不断出现乱局形成了鲜明对照。这说明,我们的国家治理体系和治理能力总体上是好的,是适应我国国情和发展要求的。

同时,我们也要看到,相比我国经济社会发展要求,相比人民群众期待,相比当今世界日趋激烈的国际竞争,相比实现国家长治久安,我们在国家治理体系和治理能力方面还有许多不足,有许多亟待改进的地方。真正实现社会和谐稳定、国家长治久安,还是要靠制度,靠我们在国家治理上的高超能力,靠高素质干部队伍。我们要更好发挥中国特色社会主义制度的优越性,必须从各个领域推进国家治理体系和治理能力现代化。

推进国家治理体系和治理能力现代化,就是要适应时代变化,既改革不适应实践发展要求的体制机制、法律法规,又不断构建新的体制机制、法律法规,使各方面制度更加科学、更加完善,实现党、国家、社会各项事务治理制度化、规范化、程序化。要更加注重治理能力建设,增强按制度办事、依法办事意识,善于运用制度和法律治理国家,把各方面制度优势转化为管理国家的效能,提高党科学执政、民主执政、依法执政水平。

——习近平:《切实把思想统一到党的十八届三中全会精神上来》,《求是》2014年第1期。

第四讲　创新驱动转型发展

2010年,中国经济总量和对外贸易总额位居世界第二,但与此同时中国经济发展也面临着越来越复杂的外部环境,经济社会和生态多重矛盾越来越突出。当今世界,在新的科技革命和经济全球化大潮中,为了在竞争中抢占先机,全球知识创造和技术创新不断加速,新技术突破带动的产业结构变革态势日益明显,经济社会发展形态因此正在发生深刻的变化。走创新型国家发展之路,依靠科技创新不断提升综合国力和核心竞争力,是我们实现发展转型的必然选择。

一、发展转型时不我待

从1979年至2012年,我国国内生产总值年均增长9.8%,而同期世界经济年均增速只有2.8%。我国经济总量占世界的比重也由1978年的不到2%提高到现在的12%。改革开放以来,人民生活水平普遍提高,是世界千年计划中减少贫困人口最成功的国家。但是,我国总体上仍然"大"而不"强"。中国在创造了三十多年经济连续增长奇迹的同时,也积累了大量社会问题、生态问题,而进一步保持这样的增长态势难度越来越大。寻找新的发展动力、转变发展方式是摆在我们面前非常迫切的任务。

1. 粗放型增长方式不可持续

中共十七大报告总结新世纪新阶段,我国发展呈现一系列新的阶段性特征。第一条就是"经济实力显著增强,同时生产力水平总体上还不高,自主创新能力还不强,长期形成的结构性矛盾和粗放型增长方式尚未根本改变"。要努力实现经济"又好又快"发展,转变发展方式取得重大进展,就必须在优化结构、提高效益、降低消耗、保护环境上做文章。多年以来,我国的经济增长主要依靠生产要素的驱动,简而言之,就是依靠"高投入、高消耗、高排放、拼资源、拼体力",经济增长方式基本属于粗放型低效益模式。这来源于两方面的"优势":一方面,中国的"人口红利"不仅为经济增长提供了充足的劳动力供给,也为高积累率和巨大的资本投入创造了条件。① 另一方面,我国资源价格低廉,加上有关资源和环境的法制相对滞后,导致开发资源的总成本很低,资本边际收益率远高于发达国家。然而,这种优势现在已转变为进一步发展的"瓶颈"。近年我国发展中不平衡不协调不可持续的问题更加突出:第一,经济结构失衡,十多年来我们不断加大淘汰落后产能的力度,但是却陷入了"产能越去越多"的怪圈。许多产业产能过剩,经济发展失衡导致资源配置效率低下,不仅影响发展的均衡性和有效性,而且也越来越影响发展的可持续性。如果我们能够在创新领域有所突破,就能缓解一般产业的产能过剩,并在激烈竞争的全球市场中占据有利位置。第二,我国劳动力成本处于持续上升的过程中,收入差距呈现不断扩大趋势。原来廉价的劳动力红利对经济增长的贡献逐步减弱,无法继续保持以往那样规模的劳动力密集型产业,以美元计的中国工资预计每年将增长 15%—20%,超过了中国的生产率增速。② 劳动力低廉的竞争优势已不复存在。事实上,简单劳动将逐渐被技术劳动所取代,或转移到工资更低的国家,因此,产业升级是劳动成本上升后的必然趋势,这对于我国产业的科技含金量提出了急迫的要求。第三,生态资源环境恶化,特别是近年不断出现多个城市地区大面积的雾霾天气,这绝不仅仅是偶发的环境灾害,而是对我国现行高能耗高污染生产方式的严重警告,生态环境破坏引发一些地方环境群体性事件频发。随着我国经济总量的扩大,资源和环境方面的硬约束也越来越大。我国几乎所有的资源价格都处于快速上涨状态,工业用地的代价早就今非昔比;我国二氧化碳排放量几年前就超过美国居世界第一,无论国内节能减排还是国际气候谈判都面临不断增加的压力。由此可见,我国多年来建立在廉价劳动力红利、土地红利和生态资源环境红利基础上的增长方式,已经到了必须转型的重大关口。

我们一个重要的战略考虑,就是要紧紧把握世界科技革命和产业革命的大趋势,紧紧抓住这个历史性机遇,努力实现跨越式发展,缩小与发达国家在经济

---

① "人口红利"是梅森·安德鲁在 20 世纪末提出的人口经济学概念,意指人口结构对发展的贡献,如果形成了有利于发展的"中间大、两头小"人口年龄结构,劳动力比重较大,人口负担较轻,是谓"红利"。
② 张茉楠:《当"中国制造"遭遇全球产业嬗变》,《发展研究》2013 年第 2 期。

和科技等方面的差距。一是大力发展战略性新兴产业。要把新能源、新材料、节能环保、生物医药、高性能宽带信息网等作为重点,选择其中若干重点领域作为突破口,使战略性新兴产业尽快成为国民经济的先导产业和支柱产业。二是运用高新技术加快改造传统产业,大幅度提高传统产业的科技含量,提高传统产业的质量效益和竞争力。三是大力推动自主创新。自主创新是经济结构调整和经济发展方式转变的中心环节,特别要提高原始创新能力和关键核心技术创新能力。四是加强知识产权的创造、运用和保护。保护知识产权就是保护创新的原动力。五是加快建立以企业为主体、市场为导向、产学研相结合的技术创新体系,支持创新要素向企业集聚,促进科技成果向现实生产力转化,有效解决科技与经济脱节问题。努力提高全社会研发投入占国内生产总值的比重,进一步加强财政对基础研究和社会公益性研究的投入,建立健全经费保障机制。① 只有这样,我国的发展质量才能有明显的提升。

2. "中等收入陷阱"挑战及其应对

"中等收入陷阱"(middle income trap)是 2007 年世界银行在《东亚经济发展报告》中提出的概念,指低收入发展中国家进入中等收入阶段后,既不能重复又难以摆脱以往由低收入进入中等收入的发展模式,很容易出现经济增长的停滞和徘徊,人均 GDP 难以突破 1 万美元。这主要是原有的发展模式难以应对经济快速增长所积累的矛盾。"二战"后只有少数中等收入经济体和韩国、我国台湾地区进入高收入经济体的行列,大多数国家都陷入了长期停滞之中。历史经验表明,后发国家通过引进技术和借鉴发达国家某些机制,可以在发展初期有很快的速度,但进入中等收入阶段后,既丧失了原来的低成本优势,无法与低收入国家竞争,又无法克服创新瓶颈进入发达国家行列,陷入上下挤压的困境。

一个国家在低收入阶段和中低收入阶段,经济增长的动力主要来自人力资本、固定资本形成率和对外开放度,这些因素也是推动我国改革开放以来经济高速增长的重要因素。1998 年我国进入中低收入阶段,2011 年我国人均国内生产总值突破 6 000 美元,已临近中高收入阶段门槛,但与此同时我们也日益面临劳动力价格上升、资源环境约束凸显、资产泡沫化、投资效率低下和出口受阻等情况。能否避免被锁定在中等收入阶段,就要在经济增长动力上寻找突破,从依靠要素驱动、投资驱动转向依靠创新驱动。问题是我国发展的短板恰恰就

---

① 温家宝:《关于发展社会事业与改善民生的几个问题》,《求是》2010 年第 7 期。

在于创新不足。首先是制度创新不足。当不充分的市场竞争与不规范的政府干预结合在一起,必然固化了某些利益格局,阻碍制度创新。其次是技术创新不足。长期以来我国采取了"以市场换技术"的办法,取得了明显的效果,但也造成了跟踪仿制多、自主创新少的局面。我们过度依赖外国技术,陷入了引进、模仿、再引进、再模仿的怪圈,核心技术严重受制于人,缺乏自主创新。一方面,我国的经济增长只能在更大程度上依赖要素投入的扩张,导致资源、环境方面的约束越来越紧张;另一方面,我们又难以创造新的投资领域和开发新型产品,只能在有限领域重复投资导致产能越来越过剩。科技创新能力上不去,一味依靠引进技术加以模仿,虽然能收一时之效,却永远摆脱不了落后的局面。毫无疑问,"从长远来看,创新才是促进生产率提高的唯一不竭源泉"①。要后来居上,唯有通过自主创新,实现跨越式发展。

早在1981年,我国就提出"把经济发展转移到提高经济效益的轨迹上去"。1995年中共十四届五中全会上,又提出了积极推动国民经济从粗放型向集约型增长转变的战略思路。20世纪90年代中期开始实施科教兴国战略,科技事业在组织、内容、技术和效益上都取得了可观进步,科技人力资源、研发水平、产业规模均为提高我国自主创新能力提供了基础条件。中共十六大提出要大力实施科教兴国战略和可持续发展战略,"走出一条科技含量高、经济效益好、资源消耗低、环境污染少、人力资源优势得到充分发挥的新型工业化路子"。2005年,中共十六届五中全会通过关于"十一五"规划的建议,要求把增强自主创新能力作为科学技术发展的战略基点和调整产业结构、转变经济增长方式的中心环节,大力提高原始创新能力、集成创新能力和引进消化吸收再创新能力。2006年,胡锦涛在全国科学技术大会上,明确提出"走中国特色自主创新道路,为建设创新型国家而奋斗"的重大战略任务。同年,《国家中长期科学和技术发展规划纲要(2006—2020年)》颁行,提出我们比以往任何时候都更加需要紧紧依靠科技进步和创新,带动生产力质的飞跃,推动经济社会的全面、协调、可持续发展。必须把提高自主创新能力作为调整经济结构、转变增长方式、提高国家竞争力的中心环节,把建设创新型国家作为面向未来的重大战略选择。中共十七大报告进一步指出,提高自主创新能力,建设创新型国家,"这是国家发展战略的核心,是提高综合国力的关键"。2010年,中共十七届五中全会通过关于

---

① [美]戴安娜·法雷尔主编:《提高生产率:全球经济增长的原动力》,朱静译,商务印书馆2010年版,第48页。

"十二五"规划的建议,提出坚持把经济结构战略性调整作为加快转变经济发展方式的主攻方向,坚持把科技进步和创新作为加快转变经济发展方式的重要支撑,坚持把保障和改善民生作为加快转变经济发展方式的根本出发点和落脚点,坚持把建设资源节约型、环境友好型社会作为加快转变经济发展方式的重要着力点,坚持把改革开放作为加快转变经济发展方式的强大动力,提高发展的全面性、协调性、可持续性,实现经济社会又好又快发展。

2012年7月,中共中央、国务院印发《关于深化科技体制改革加快国家创新体系建设的意见》,对有关事项进一步做出具体部署。中共十八大提出实施创新驱动发展战略,坚持走中国特色自主创新道路,实现"科技进步对经济增长的贡献率大幅上升,进入创新型国家行列"的目标;强调科技创新是提高社会生产力和综合国力的战略支撑,必须摆在国家发展全局的核心位置。2013年9月,习近平在中央政治局第九次集体学习时强调,实施创新驱动发展战略决定着中华民族的前途命运,要充分认识到科技创新的巨大作用,敏锐把握好世界科技创新发展的新趋势,紧紧抓住和用好新一轮科技革命和产业变革的机遇,把创新驱动发展作为面向未来的一项重大战略实施好。① 我国经济发展正在进入换挡期,经济增速回落已然显现"新常态"。经济增长的动力结构也发生了很大变化。创新驱动是形势所迫、大势所趋。无论对转变经济发展方式,建设资源节约型、环境友好型社会,还是提高我国国际竞争力和抗风险能力,增强自主创新能力都是一个战略性的选择。中国要创造新的发展动力和增长点,把推动发展的立足点转到提高质量和效益上来,就必须大幅提升科技进步对经济增长的贡献,依靠创新驱动实现经济社会又好又快发展。

3. 不能老停留于"中国制造"的"世界工厂"

我国已经由一个落后的农业国成长为世界制造业大国,工业化水平明显提高,重要工业产品产量迅猛增长。根据世界银行数据,2010年我国制造业增加值占世界的比重为17.6%。在国际标准工业分类的22个大类中,我国在7个大类中名列第一,钢铁、水泥和汽车等220多种工业品的产量居世界第一。我国在普通商品的制造上已经达到了世界市场可以接受的水平,特别是加入世界贸易组织后,许多商品涌入世界市场。我国初级产品的出口比重由1980年的50.3%下降到2012年的4.9%,工业制成品出口比重由49.7%上升到95.1%,

---

① 习近平:《在中共中央政治局第九次集体学习时的讲话》,《人民日报》2013年10月1日。

出口附加值大幅度提高。但是，中国制造业处于世界制造业产业链的中下游，产品大多数是技术含量较低、单价较低、附加值较低的"三低"产品；与此同时，我国仍需大量进口高技术含量、高附加值和高价格的"三高"产品。

基于"中国制造"的产品一方面利用的是廉价的劳动力，另一方面还严重透支和污染了我国的生态资源环境。这就招致了许多有关"中国制造"靠的是人口红利、浪费资源和牺牲环境的批评。近年我国已经到了人口红利的转折点，加速步入人口老龄化阶段；而生态资源环境也不可能允许我们继续按照原来的粗放方式进行生产。

改革开放以来，我国科技也取得了很大进步，"神舟"和"天宫"交汇，"蛟龙"再次下水探海，实现了"可上九天揽月、可下五洋捉鳖"；"深空、深蓝、深海"连带的高技术开始走近国人，服务于人们对美好生活的追求。2008年，我国全面启动了国家科技重大专项，加速推进了一些重大创新成果的成功应用和产业化。到2013年，民口累计申请专利4万多项，制定标准几千项。我国在制造业方面也取得了可喜的进步，例如重大专项成果"8万吨模锻压力机"打造世界"重装之王"，突破了中国大型机械的发展瓶颈；世界领先的粉末冶金技术，全面提升航空等领域的制造水平；自主开发磁流变和离子束超精抛光设备，成为美、德之后第三个掌握高精度光学零件加工技术的国家……然而，这一切都不能掩饰"中国制造"原创技术和原创产品的稀缺，这既与我国科技长期落后的基础有关，也和改革开放以来几成积习的生产方式有关，即制造业往往只是为外国公司从事贴牌生产，这样虽然免除了创新的艰难和风险，但却越来越将我国变成了世界工厂或世界车间。

众所周知，一种产品往往需要创意、设计、融资、制造、分销、物流以及售后服务等环节，我国企业缺乏核心技术，只是进行加工制造，所得的利润微薄，而利润的大头属于由外国公司进行的各个环节。不仅如此，由于用进废退，在接单"贴牌生产"制造中我国企业的创意和设计等功能得不到发展，将自己锁定于只会按单生产的加工企业。虽然近年"转变经济发展方式""扩大内需"以及"刺激消费"等口号不断升温，但中国经济主要还要靠政府主导的高投资，企业创造功能低下，一直位于价值创造的边缘。然而，在制造业的产业链上，中国制造不能永远停留在低端水平上。

中国制造具有巨大的提升和创新空间。我们不能总是停留于模仿，而必须在模仿基础上有所创新。凭借低廉的价格、花哨的功能、酷似名牌的外表来吸引消费者的"山寨货"，只能被看作培养自我创新能力道路上的必经阶段。一些山寨厂家在经历了模仿阶段之后注重提升自己的能力,有可能转变为自主创新型,例如比亚迪引领中国电池和电动汽车行业,它的发展为这个转型提供了一个样板。可惜的是此类转型企业在我国还是极少数。

"中国制造"的问题还不仅仅是长期逗留于制造业的低端,更在于制造的质量。质量是企业的生命线,但是,急功近利的企业大都不将质量放在眼中,得过且过。根据欧盟的一项调查,2011年欧盟各成员国海关查获价值13亿欧元的假冒商品,其中73%来自中国。许多企业不是将精力放在提高产品质量上,而是热衷于价格竞争,还对所谓"做大"情有独钟,致使那些不具备技术和资金优势的小企业靠偷工减料,甚至违法使用危及人的健康安全的原材料和生产工艺。这种恶性竞争其实只能把企业引向绝路。近年大量食品安全事件曝光,一些"中国制造"不仅是低端、便宜、质量差的代名词,甚至成了健康杀手。无良企业弄巧成拙,不但断送了本土市场,还伤及整个产业。① 2014年习近平在河南考察时提出,要推动中国制造向中国创造转变,中国速度向中国质量转变,中国产品向中国品牌转变。一些地方已经行动起来努力打造质量高地,提升"中国制造"的质量,既需要坚决打击假冒伪劣,但更需要良性竞争的市场经济和自主创新的科技能力。

延伸阅读4.1

我们不能走世界各国技术发展的老路,跟在别人后面一步一步地爬行。我们必须打破常规,尽量采用先进技术,在一个不太长的历史时期内,把我国建设成为一个社会主义的现代化的强国。

——毛泽东:《把我国建设成为社会主义的现代化强国》(1964年12月13日),《毛泽东文集》第8卷,人民出版社1999年版,第341页。

现在要进一步解决科技和经济结合的问题。所谓进一步,就是说,在方针问题、认识问题解决之后,还要解决体制问题。……经济体制,科技体制,

---

① 自2008年至2012年,我国的进口奶粉从14万吨增加到80万吨,市场占有率由20%上升至80%。2012年,四大洋品牌奶粉在中国婴幼儿奶粉市场的销售额占了一半,而进口奶粉的价格从2008年至2012年平均涨幅超过了50%,涨价频率为半年一涨,甚至是一季一涨。见孙广远、陈亦琳:《打赢"国产奶粉保卫战"》,《红旗文稿》2013年第14期。

这两方面的改革都是为了解放生产力。新的经济体制,应该是有利于技术进步的体制。新的科技体制,应该是有利于经济发展的体制。双管齐下,长期存在的科技与经济脱节的问题,有可能得到比较好的解决。

——邓小平:《改革科技体制是为了解放生产力》(1985年3月7日),《邓小平文选》第3卷,人民出版社1993年版,第108页。

面对世界经济、科技发展的新形势,我们必须在全国兴起一个科技进步和创新的高潮。我们要抓紧实施科教兴国战略和可持续发展战略,抓紧国家创新体系建设,抓紧推进科技创新和知识创新,在加强基础科学研究的同时,特别要加快高新技术的发展和产业化,积极推进科技体制改革,加速科技成果向现实生产力转化,以利大力促进我国的经济建设,提高各行各业的科学技术现代化水平。

……

创新是一个民族进步的灵魂,是一个国家兴旺发达的不竭动力。科学的本质就是创新,要不断有所发现、有所发明。面对世界科技进步日新月异的挑战,面对我国现代化建设提出的巨大科技需求,我们必须开阔眼界,紧跟世界潮流,抓住那些对我国经济、科技、国防、社会发展具有战略性、基础性、关键性作用的重大科技课题,抓紧攻关,自主创新。历史反复证明,推进科技发展,关键是要敢于和善于创新。有没有创新能力,能不能进行创新,是当今世界范围内经济、科技竞争的决定性因素。

——江泽民:《在全党全社会大力弘扬科学精神和创新精神》(2000年6月5日),《江泽民文选》第3卷,人民出版社2006年版,第34—36页。

当今时代,人类社会步入了一个科技创新不断涌现的重要时期,也步入了一个经济结构加快调整的重要时期。发轫于上个世纪中叶的新科技革命及其带来的科学技术的重大发现发明和广泛应用,推动世界范围内生产力、生产方式、生活方式和经济社会发展观发生了前所未有的深刻变革,也引起全球生产要素流动和产业转移加快,经济格局、利益格局和安全格局发生了前所未有的重大变化。进入21世纪,世界新科技革命发展的势头更加迅猛,正孕育着新的重大突破。信息科技将进一步成为推动经济增长和知识传播应用进程的重要引擎,生命科学和生物技术将进一步对改善和提高人类生活质量发挥关键作用,能源科技将进一步为化解世界性能源和环境问题开辟途径,纳米科技将进一步带来深刻的技术变革,空间科技将进一步促进人类对太空资源的开发和利用,基础研究的重大突破将进一步为人类认知客观规律、推动技术和经济发展展现新的前景。

在世界新科技革命推动下,知识在经济社会发展中的作用日益突出,国民财富的增长和人类生活的改善越来越有赖于知识的积累和创新。科技竞争成为国际综合国力竞争的焦点。当今时代,谁在知识和科技创新方面占据优势,谁就能够在发展上掌握主动。世界各国尤其是发达国家纷纷把推动科技进步和创新作为国家战略,大幅度提高科技投入,加快科技事业发展,重视基础研究,重点发展战略高技术及其产业,加快科技成果向现实生产力转化,以利于为经济社会发展提供持久动力,在国际经济、科技竞争中争取主动权。

面对世界科技发展的大势,面对日趋激烈的国际竞争,我们只有把科学技术真正置于优先发展的战略地位,真抓实干,急起直追,才能把握先机,赢得发展的主动权。

大量国际经验表明,一个国家的现代化,关键是科学技术的现代化。党和国家历来高度重视科学技术发展。新中国成立以来特别是改革开放以来,党和国家采取了一系列加快我国科技事业发展的重大战略举措,经过广大科技人员顽强拼搏,我们取得了一批以"两弹一星"、载人航天、杂交水稻、陆相成油理论和应用、高性能计算机、人工合成牛胰岛素、基因组研究等为标志的重大科技成就,拥有了一批在农业、工业领域具有重要作用的自主知识产权,促进了一批高新技术产业群的迅速崛起,造就了一批拥有自主知名品牌的优秀企业,全社会科技水平显著提高。这些科技成就,为推动经济社会发展和改善人民生活提供了有力的支撑,显著增强了我国的综合国力和国际竞争力。

同时,我们也必须清醒地看到,我国正处于社会主义初级阶段,经济社会发展水平不高,人均资源相对不足,进一步发展还面临着一些突出的问题和矛盾。从我国发展的战略全局看,走新型工业化道路,调整经济结构,转变经济增长方式,缓解能源资源和环境的瓶颈制约,加快产业优化升级,促进人口健康和保障公共安全,维护国家安全和战略利益,我们比以往任何时候都更加迫切地需要坚实的科学基础和有力的技术支撑。

目前，我国科技的总体水平同世界先进水平相比仍有较大差距，同我国经济社会发展的要求还有许多不相适应的地方，主要是：关键技术自给率低，自主创新能力不强，特别是企业核心竞争力不强；农业和农村经济的科技水平还比较低，高新技术产业在整个经济中所占的比例还不高，产业技术的一些关键领域存在着较大的对外技术依赖，不少高技术含量和高附加值产品主要依赖进口；科学研究实力不强，优秀拔尖人才比较匮乏；科技投入不足，体制机制还存在不少弊端。总之，我国科技事业发展的状况，与完成调整经济结构、转变经济增长方式的迫切要求还不相适应，与把经济社会发展切实转入以人为本、全面协调可持续的轨道的迫切要求还不相适应，与实现全面建设小康社会、不断提高人民生活水平的迫切要求还不相适应。我们必须下更大的气力、做更大的努力，进一步深化科技改革，大力推进科技进步和创新，带动生产力质的飞跃，推动我国经济增长从资源依赖型转向创新驱动型，推动经济社会发展切实转入科学发展的轨道。这是摆在我们面前的一项刻不容缓的重大使命。

——胡锦涛：《走中国特色自主创新道路 为建设创新型国家而奋斗——在全国科学技术大会上的讲话》(2006年1月9日)，《人民日报》2006年1月10日。

二、从"中国制造"到"中国创造"

1. "中国制造"正面临全球产业革命新变局

20世纪80年代以来，发达国家"去工业化"趋势日渐明显，美国制造业增加值占世界的比重从1980年的21%降为2011年的17%，其他发达国家纷纷跟随。有人认为，当今世界制造业正在经历着翻天覆地的变化，或处于"第三次工业革命"的前夜。[①] "在新时代，最重要的事情就是准确识别已有的生产制造模式将会如何变化，掌握如何从这些变化中获取最大的利益。对于最有才能、最富想象力和最具技术资质的人来说，新工业革命所带来的巨大机遇将毫不逊色

---

① 譬如里夫金称之为"第三次工业革命"，彼得·马什称之为"新工业革命"，GE称之为"互联网制造"，德国工业界称之为"工业4.0"。

于 18 世纪末发生的那场曾改变世界的最早的工业革命。"①对于这场革命的内容，美国趋势经济学家杰里米·里夫金（Jeremy Rifkin）认为第三次工业革命就是能源互联网与可再生能源结合推动社会经济的变革。通过大力发展可再生能源，就地收集并贮存，同时利用互联网技术将各大洲的电力网转化为能源共享的智能电网。国际能源署预测，该技术每年节约的能源相当于世界原油年产量的一成；英国《经济学人》编辑保罗·麦基里（Paul Markillie）认为第三次工业革命主要是数字化革命，3D 打印技术等将带来生产方式变革，即大批量个性化的生产方式时代的到来。美国 IBM 公司 2008 年提出"智慧地球"概念，其核心思想是把新一代 IT 技术运用到各行各业，将信息技术、网络技术和智能技术应用于工业，扩大延伸和部分替代脑力劳动，实现知识密集型生产和决策自动化。随着网络应用的完善，制造业的"外包"和"互联"将更为普遍；生态资源环境问题将强化可持续制造理念，制造业将被改造为环境友好型的产业。由此可见，世界经济正进入深刻调整期，新一轮科技革命和产业革命悄然兴起。在成本控制范围内和允许客户施加更大影响的情况下，提供多样化产品将成为越来越明显的特征。智能制造、互联制造、定制制造和绿色制造将是未来几十年世界产业革命的趋势，能否成功实现生产方式转型将决定谁来占领未来制造业的制高点。

经历了金融危机，美国加速推进"再工业化"，以"制造业回归"改变全球制造业格局。奥巴马总统提出由美国制造、本土能源、劳工技术训练与美国价值等四大支柱。欧盟提出"再工业化"战略，决心逆转欧盟工业比重下降的趋势，重启工业投资并使之与产业结构升级相结合，到 2020 年将工业占欧盟 GDP 的比重由不到 16% 提高到 20%，并设计了一套包括"四大支柱"和"六大优先领域"的转型框架。② 欧盟还批准 2014 年开始实施的"地平线 2020"科研规划，该规划旨在整合欧盟各国创新资源，提高创新效率，推动经济增长和扩大就业，要求用 7 年时间建设欧盟创新与技术研究学院（EIT）。早些时候，欧盟就启动了 EIT 和"知识与创新共同体"（KICs，研发创新价值链、产学研用紧密结合的实体），以往 EIT 和 KICs 资助的研究领域主要是气候变化、通信技术和新能源技

---

① [英] 彼得·马什：《新工业革命》，赛迪研究院专家组译，中信出版社 2013 年版，第 291 页。
② "四大支柱"是鼓励新技术研发与创新、改善市场条件、增加融资机会、培育人力资本与技能转型。六大优先发展领域，即旨在清洁生产的先进制造技术、关键使能技术、生态型产品、可持续的建筑材料、清洁运输工具、智能电网。所谓"使能技术"（enabling technology），是指一项或一系列具有多学科特性的关键技术，可广泛运用于各个产业。欧盟将纳米技术、微纳米与纳米电子技术（包括半导体）、光子技术、先进材料、生物技术等列为关键使能技术。

术,现在越来越关注积极与健康的老龄化社会、原材料及有效利用、未来食品与安全、先进制造业和城市智能交通等新领域的研发。

特别值得一提的是,2012年年初,德国提出"工业4.0"计划,这是一个信息网络世界与物理世界的结合计划(cyperphysical system,CPS),推进以网络智能技术创新为核心的产业集成,主要包括智能化生产系统和整个企业的生产物流管理、人机互动以及3D打印技术在工业生产中的应用。在该系统中,从工件、机器到运输系统的所有成分都会通过网络互连,实现彼此之间的自动通讯。这场革命将致力于解决诸如资源效率、城镇化和人口结构变动等,并设计更能调动劳动者创造力的生产方式。德国希望成为全球第一个"绿色巨人",继2000年颁布第一部《可再生能源法》,2006年通过《高技术战略2020》(重点即"工业4.0"计划)。2013年对清洁能源的财政补贴高达180亿欧元,从2010年到2013年为高技术战略投入270亿欧元。2014年德国三大工业协会共同建立"'工业4.0'平台",强力推动实施高科技战略未来项目。预计到2020年新兴能源产业对德国经济的贡献将超过汽车产业和机械制造业,成为第一大产业。

要之,发达国家纷纷改变危机前过分依赖服务业特别是金融业的做法,将注意力重新投向"再工业化",发展新型具有竞争力的制造业。数字制造技术、网络技术和可再生能源技术的创新和融合将导致工业生产方式发生重大变革,催生一批新兴产业,并进一步导致整个社会生产方式、制造模式以及产业组织方式的变革,推动生态经济与可持续发展。

在这个形势下,中国原有生产要素优势已经丧失,"中国制造"的价格优势也失去了竞争力。因此,必须把提升"中国制造"作为战略性任务,加快实施创新驱动的发展战略,彻底转变靠低价竞争的惯性思维,破解创新能力和竞争力不足的老大难问题,致力于转向质优、高效、创新的产品设计和品牌形象,从依靠低待遇低环境门槛的"价格销售"转向有竞争力的"价值销售",转向资源节约、环境友好的"可持续制造业"。中国必须走出一条科技含量高、经济效益好、资源消耗低、环境污染少、人力资源优势得到充分发挥的新型工业化道路。制造业只有练好内功,在"创新"上做好文章,才能应对全球制造业的重新洗牌。

2. "中国创造"就是要成为创新型国家

创新(Innovation),是指创造、传播和应用知识并获取新的经济和社会收益的过程。创新不是简单地创造新的东西。"创新既包含新想法的产生,也包含经由某一组织对想法进行补充、传播和采用。通常情况下,最初的顿悟将显著地发生改变,甚至会被彻底重新发明。对这个过程的解释需要跨学科的取向,它不仅要关注提出想法的个体,还要关注整个组织系统,以及促使想法得到补充、传播和采用的复杂的社会交互过程"①。创新还有别于"创造"(Creation)和"发明"(Invention),"发明是指首次提出一种新产品或新工艺的想法;而创新则是首次尝试将这个想法付诸实施"②。2000年联合国经济合作与发展组织的报告指出,只有将发明创造引入经济领域,才能成为创新。创新是实现创造和发明的经济和社会价值的过程,是推动经济增长的根本动力。创新亦可定义为个体、企业乃至国家不断创造他们所希望的未来的能力。创新依靠从不同学科获取知识,涉及科学、技术、设计、社会科学与艺术的融合再创造。创新不仅体现于产品上,还体现于服务、经验和过程中。所有能产生新的商业模式、发现新机遇并能从社会中发掘出创新的意向都是创新产生的原因。创新不仅是观念的突破,也是看待事物和采取的新方法。③ 通过创新可生产出品质更高服务更好的产品来创造需求,节约成本、提高经济效益,促进社会财富的良性循环。特别是在资源有限和资本报酬递减的情况下,只有依靠创新驱动才能保持经济增长的可持续性。从这个意义上说,创新驱动就是为经济增长提供的新源泉、新动力。所谓"创新型国家"是指,这类国家具有显著增强的科技促进经济社会发展和保障国家安全的能力以及基础科学和前沿技术研究的综合实力,并取得一批在世界上具有重大影响的科学技术成果。在微观层面上,企业是否具有消化吸收和改造创新先进技术的能力,构成了一个国家的产业能否达到创新驱动阶段的关键环节。

　　科技创新及其扩散效应正在成为新时期全球化的突出特点,创新要素的流向决定了新产业和经济业态的制高点,它在全球的流动和重组也在不断加速。历史经验表明,谁主导了科技革命,它的科技、军事和经济实力就会趁势崛起,进而引起世界格局的某些变化。对这场全方位、立体式的较量,各大国都不敢掉以轻心。新的全球发展态势迫使我们必须加强科技研究与开发,敏锐把握世界科技的发展方向,勇敢地迈出从"中国制造"到"中国智造"、从要素驱动、投

---

① [美] R. Keith Sawyer:《创造性:人类创新的科学》,师保国等译,华东师范大学出版社2014年版,第289页。
② [挪] 詹·法格博格、[美] 戴维·莫利、[美] 理查德·纳尔逊主编:《牛津创新手册》,柳卸林等译,知识产权出版社2009年版,第5页。
③ [美] 约翰·高:《美国还是创新国家吗?》,弋悦、沈晓莉、郭丽花译,当代中国出版社2009年版,第4—5页。

资驱动转向创新驱动的一大步。全球科技发展已经呈现三个特点：一是科技全球化特别是研发全球化迅速发展，跨国公司将研发中心转移到母国之外；二是科技研发已成为独立产业，大量科技公司正在兴起；三是科技研发产业成为劳动力密集型产业，研发活动片段化和模块化需要大量科技劳动力。① 这三个特点向我国展示了新的机遇。创新驱动发展转型是一项系统工程。我们要加快从产业链低端向产业链高端延伸，实现从制造大国向拥有核心技术的制造强国转变。

中共十六大提出的"新型工业化"概念，就是工业化模式的创新。走新型工业化道路，是在新的时代背景下，转变经济发展方式，提升产业层次，实现信息化、绿色化、集群化和智能化，从根本上扭转重点产业核心技术严重依赖人家的局面。今天，我国面临的机遇已不再是简单加入全球分工体系、扩大出口、加快投资的传统机遇，而是"倒逼"我们必须提高创新能力和加快经济发展方式转变。习近平在中共中央政治局第九次集体学习时指出，当前，从全球范围看，科学技术越来越成为推动经济社会发展的主要力量，创新驱动是大势所趋。新一轮科技革命和产业变革正在孕育兴起，一些重要科学问题和关键核心技术已经呈现出革命性突破的先兆，带动了关键技术交叉融合、群体跃进，变革突破的能量正在不断积累。即将出现的新一轮科技革命和产业变革与我国加快转变经济发展方式形成历史性交汇，为我们实施创新驱动发展战略提供了难得的重大机遇。机会稍纵即逝，抓住了就是机遇，抓不住就是挑战。我们必须增强忧患意识，紧紧抓住和用好新一轮科技革命和产业变革的机遇，不能等待、不能观望、不能懈怠。因此，一是要着力推动科技创新与经济社会发展紧密结合，二是要着力增强自主创新能力，三是要着力完善人才发展机制，四是要着力营造良好政策环境，五是要着力扩大科技开放合作。②

3. 创新驱动绝非一日之功

纵观科学技术和产业发展的结合史，从早先独立发明家，经历了工业实验室模式，再到以创新企业家为主体、吸引风险投资，发展到全球扩散的创新商业模式，历历在目。我国要认真吸取别人的经验和教训，后来居上首先还是要增加科技研发投入。

近年来，我国全社会研发投入快速增长，2012年超过了1万亿，研发经费结

---

① 杜德斌：《建全球创新中心：上海当顺势而为》，《文汇报》2014年10月8日。
② 习近平：《在中共中央政治局第九次集体学习时的讲话》，《人民日报》2013年10月1日。

构也发生了重大变化,企业提供的研发经费和支出均已占 3/4 左右。全国技术交易合同年均增加超过 20%;全国高新技术产业产值已经达到 10 万亿元。①据《2014 年中国科技论文统计结果》,2004 年至 2014 年 9 月,我国发表的国际论文篇数居世界第二位,论文引用排在世界第四位,其中化学、计算机科学、工程技术、材料科学、数学 5 个领域论文的被引用次数排名世界第二位,农业科学和物理学排在第三位。中国在多个知识产权密集型研发领域的国际排名也在迅速提升,中国市场不断成熟促使跨国公司增加在华设立研发基地。2011 年中国专利申请量首次超过美国……但是,我国科技创新能力总体上还是较弱,在 49 个主要国家中仅居第 24 位,特别是基础研究更弱。

2012 年我国基础研究经费占中央财政科技总支出的比例约为 15%,而经合组织国家是 30%—50%;基础研究投入在地方财政科技支出的比例仅为 1.5%。我国与发达国家科技创新能力的差距主要是关键技术自给率低,对外技术依存度高。美、德等国创新对 GDP 的贡献率高达 80%,我国只有 40% 左右,关键还是基础薄弱。不重视基础研究、只想走跟踪模仿的"捷径",是我国创新能力不强的"命门"。②

从几个方面来看,我国的创新驱动转型还需要坚持不懈的努力:一是虽然我国政府加大了基础研究投入,但是从国家发展整体要求看还远远不够,我们也还没有对一个创新项目持续十年以上的支持;而基础研究、前沿探索往往"十年磨一剑",这就要求对基础性前沿性领域有稳定的支持。二是人才总体规模很大,我国高等教育规模和博士培养人数都达到了世界第一,但是高层次人才培养方式及博士的质量堪忧,社会也普遍轻视实用技能教育,这又导致了高层次人才和专业技能人才的短缺。而有利于创新人才培养的教育改革也需要有长期持续的投入。三是功利化、工具化的科技观仍有不小市场,深层原因是我国缺乏创新文化。我国传统文化提倡大一统与中庸之道,严重制约了想象力和创造力。传统文化非常抗拒改变,往往将创新视为异端邪说。由于创新的过程难免伴随着失败,我们的文化推崇胜者为王,对失败者则冷落有之嘲笑有之。而创新文化的营造是不可能一蹴而就的。四是社会体制诱致企业创新乏力,地

---

① 国务院新闻办公室新闻发布会上科技部部长万钢介绍落实创新驱动发展战略,http://www.china.com.cn/zhibo/2013-10/11/content_30240668.htm。
② 20 世纪 60 年代创新能力并不怎么样的韩国,后来采取了超常规发展基础研究的创新战略,将基础研究占研发总投入的比例提高到 18% 以上,创新能力和产业竞争力得以明显提升,出现了"现代""三星"等一批国际名牌。

方政府往往倾向于依靠控制资源来获得利益,政府和企业都充满了急功近利的动机,不愿意做比较费力而且有风险事情。多年来我们习惯了以市场换技术,养成了引进、模仿、再引进、再模仿的行为方式,重引进、轻创新的问题一直没有明显改观。很多企业宁愿花力气去"寻租",也不肯投资于自主创新。更有甚者,假冒知名品牌侵犯知识产权的情况屡有发生,部分行业竟然出现了企业集体性假冒伪劣。因为惩罚不力,管制失效,又形成了负向激励机制,结果反而是不这样做的企业被挤出市场。这种群体败德现象对创新能力的危害可想而知。

毫无疑问,有创新,就有风险。产生风险的主要原因:一是科研活动本身存在不确定性,即使获得了成功,也可能在市场化方面受挫,而且国内外市场条件变化莫测,创新产业的生存环境充满了变数。二是创新不仅仅在理念上要有所突破,还必须付诸实践。新技术新产品的开发,只有进入产业化阶段,建立有效的产业循环,才能实现批量生产;只有批量生产,才能降低成本,为创新提供有竞争力的证明。三是当今世界"炒作"多多,一些创新也会产生泡沫。典型的如上世纪末互联网泡沫的破灭,2008 年金融危机就是炒作金融创新衍生品的风险爆发。四是创新运用的高昂成本导致新技术未必能够实现运用,因此也就难以体现经济效益和社会效益。德国开发的磁悬浮技术,就因为成本原因在其故乡被束之高阁。五是创新可能带来安全隐患,如果某项创新存在不安全因素,在推广和应用上就得慎重。人们对转基因技术的态度就是一个典型的事例,很少有人会反对转基因研究,但对转基因技术用于食品就是另外一个问题。

经过几代人的努力,我国已形成了比较完整的科学技术布局,具备了一定的自主创新能力,某些领域的研发能力已跻身于世界先进列。建设中国特色的创新型国家,需要通过改革,建立更加有利于创新创业的经济社会体制,中国企业必须掌握"核心技术"的自主知识产权,在"中国制造"前面还必须加上"中国设计""中国创造";要在我国培养先进创新文化、良好创新创业社会氛围和充满生机活力的创新体系,到 2020 年,经济增长的科技进步贡献率提高到 60% 以上,全社会研发投入占 GDP 的比重提高到 2.5%,仍然是一项非常艰巨的任务。

延伸阅读 4.2

一、序　言

新中国成立特别是改革开放以来,我国社会主义现代化建设取得了举世瞩目的伟大成就。同时,必须清醒地看到,我国正处于并将长期处于社会主义初级阶段。全面建设小康社会,既面临难得的历史机遇,又面临一系列严峻的挑战。经济增长过度依赖能源资源消耗,环境污染严重;经济结构不合理,农业基础薄弱,高技术产业和现代服务业发展滞后;自主创新能力较弱,企业核心竞争力不强,经济效益有待提高。在扩大劳动就业、理顺分配关系、提供健康保障和确保国家安全等方面,有诸多困难和问题亟待解决。从国际上看,我国也将长期面临发达国家在经济、科技等方面占有优势的巨大压力。为了抓住机遇、迎接挑战,我们需要进行多方面的努力,包括统筹全局发展,深化体制改革,健全民主法制,加强社会管理等。与此同时,我们比以往任何时候都更加需要紧紧依靠科技进步和创新,带动生产力质的飞跃,推动经济社会的全面、协调、可持续发展。

科学技术是第一生产力,是先进生产力的集中体现和主要标志。进入21世纪,新科技革命迅猛发展,正孕育着新的重大突破,将深刻地改变经济和社会的面貌。信息科学和技术发展方兴未艾,依然是经济持续增长的主导力量;生命科学和生物技术迅猛发展,将为改善和提高人类生活质量发挥关键作用;能源科学和技术重新升温,为解决世界性的能源与环境问题开辟新的途径;纳米科学和技术新突破接踵而至,将带来深刻的技术革命。基础研究的重大突破,为技术和经济发展展现了新的前景。科学技术应用转化的速度不断加快,造就新的追赶和跨越机会。因此,我们要站在时代的前列,以世界眼光,迎接新科技革命带来的机遇和挑战。纵观全球,许多国家都把强化科技创新作为国家战略,把科技投资作为战略性投资,大幅度增加科技投入,并超前部署和发展前沿技术及战略产业,实施重大科技计划,着力增强国家创新能力和国际竞争力。面对国际新形势,我们必须增强责任感和紧迫感,更加自觉、更加坚定地把科技进步作为经济社会发展的首要推动力量,把提高自主创新能力作为调整经济结构、转变增长方式、提高国家竞争力的中心环节,把建设创新型国家作为面向未来的重大战略选择。

新中国成立50多年来,经过几代人艰苦卓绝的持续奋斗,我国科技事业取得了令人鼓舞的巨大成就。以"两弹一星"、载人航天、杂交水稻、陆相成油理论与应用、高性能计算机等为标志的一大批重大科技成就,极大地增强了我国的综合国力,提高了我国的国际地位,振奋了我们的民族精神。同时,还必须认识到,同发达国家相比,我国科学技术总体水平还有较大差距,主要表现为：关键技术自给率低，发明专利数量少；在一些地区特别是中西部农村，技术水平仍比较落后，科学研究质量不够高，优秀拔尖人才比较匮乏；同时，科技投入不足，体制机制还存在不少弊端。目前，我国虽然是一个经济大国，但还不是一个经济强国，一个根本原因就在于创新能力薄弱。

进入21世纪，我国作为一个发展中大国，加快科学技术发展、缩小与发达国家的差距，还需要较长时期的艰苦努力，同时也有着诸多有利条件。一是我国经济持续快速增长和社会进步，对科技发展提出巨大需求，也为科技发展奠定了坚实基础。二是我国已经建立起比较完备的学科体系，拥有丰富的人才资源，部分重要领域的研究开发能力已跻身世界先进行列，具备科学技术大发展的基础和能力。三是坚持对外开放，日趋活跃的国际科技交流与合作，使我们能分享新科技革命成果。四是坚持社会主义制度，能够把集中力量办大事的政治优势和发挥市场机制有效配置资源的基础性作用结合起来，为科技事业的繁荣发展提供重要的制度保证。五是中华民族拥有5 000年的文明史，中华文化博大精深、兼容并蓄，更有利于形成独特的创新文化。只要我们增强民族自信心，贯彻落实科学发展观，深入实施科教兴国战略和人才强国战略，奋起直追、迎头赶上，经过15年乃至更长时间坚韧不拔的艰苦奋斗，就一定能够创造出无愧于时代的辉煌科技成就。

二、指导方针、发展目标和总体部署

1. 指导方针

本世纪头20年，是我国经济社会发展的重要战略机遇期，也是科学技术发展的重要战略机遇期。要以邓小平理论、"三个代表"重要思想为指导，贯彻落实科学发展观，全面实施科教兴国战略和人才强国战略，立足国情，以人为本，深化改革，扩大开放，推动我国科技事业的蓬勃发展，为实现全面建设小康社会目标、构建社会主义和谐社会提供强有力的科技支撑。

今后15年，科技工作的指导方针是：自主创新，重点跨越，支撑发展，引领未来。自主创新，就是从增强国家创新能力出发，加强原始创新、集成创新和引进消化吸收再创新。重点跨越，就是坚持有所为、有所不为，选择具有一定基础和优势、关系国计民生和国家安全的关键领域，集中力量、重点突破，实现跨越式发展。支撑发展，就是从现实的紧迫需求出发，着力突破重大关键、共性技术，支撑经济社会的持续协调发展。引领未来，就是着眼长远,超前部署前沿技术和基础研究,创造新的市场需求,培育新兴产业,引领未来经济社会的发展。这一方针是我国半个多世纪科技发展实践经验的概括总结,是面向未来、实现中华民族伟大复兴的重要抉择。

要把提高自主创新能力摆在全部科技工作的突出位置。党和政府历来重视和倡导自主创新。在对外开放条件下推进社会主义现代化建设,必须认真学习和充分借鉴人类一切优秀文明成果。改革开放20多年来,我国引进了大量技术和装备,对提高产业技术水平、促进经济发展起到了重要作用。但是,必须清醒地看到,只引进而不注重技术的消化吸收和再创新,势必削弱自主研究开发的能力,拉大与世界先进水平的差距。事实告诉我们,在关系国民经济命脉和国家安全的关键领域,真正的核心技术是买不来的。我国要在激烈的国际竞争中掌握主动权,就必须提高自主创新能力,在若干重要领域掌握一批核心技术,拥有一批自主知识产权,造就一批具有国际竞争力的企业。总之,必须把提高自主创新能力作为国家战略,贯彻到现代化建设的各个方面,贯彻到各个产业、行业和地区,大幅度提高国家竞争力。

科技人才是提高自主创新能力的关键所在。要把创造良好环境和条件,培养和凝聚各类科技人才特别是优秀拔尖人才,充分调动广大科技人员的积极性和创造性,作为科技工作的首要任务,努力开创人才辈出、人尽其才、才尽其用的良好局面,努力建设一支与经济社会发展和国防建设相适应的规模宏大、结构合理的高素质科技人才队伍,为我国科学技术发展提供充分的人才支撑和智力保证。

2. 发展目标

到2020年,我国科学技术发展的总体目标是:自主创新能力显著增强,科技促进经济社会发展和保障国家安全的能力显著增强,为全面建设小康社会提供强有力的支撑;基础科学和前沿技术研究综合实力显著增强,取得一批在世界具有重大影响的科学技术成果,进入创新型国家行列,为在本世纪中叶成为世界科技强国奠定基础。

经过15年的努力,在我国科学技术的若干重要方面实现以下目标:一是掌握一批事关国家竞争力的装备制造业和信息产业核心技术,制造业和信息产业技术水平进入世界先进行列。二是农业科技整体实力进入世界前列,促进农业综合生产能力的提高,有效保障国家食物安全。三是能源开发、节能技术和清洁能源技术取得突破,促进能源结构优化,主要工业产品单位能耗指标达到或接近世界先进水平。四是在重点行业和重点城市建立循环经济的技术发展模式，为建设资源节约型和环境友好型社会提供科技支持。五是重大疾病防治水平显著提高，艾滋病、肝炎等重大疾病得到遏制，新药创制和关键医疗器械研制取得突破，具备产业发展的技术能力。六是国防科技基本满足现代武器装备自主研制和信息化建设的需要，为维护国家安全提供保障。七是涌现出一批具有世界水平的科学家和研究团队，在科学发展的主流方向上取得一批具有重大影响的创新成果，信息、生物、材料和航天等领域的前沿技术达到世界先进水平。八是建成若干世界一流的科研院所和大学以及具有国际竞争力的企业研究开发机构，形成比较完善的中国特色国家创新体系。

到2020年，全社会研究开发投入占国内生产总值的比重提高到2.5%以上，力争科技进步贡献率达到60%以上，对外技术依存度降低到30%以下，本国人发明专利年度授权量和国际科学论文被引用数均进入世界前5位。

3. 总体部署

未来15年，我国科学技术发展的总体部署：一是立足于我国国情和需求，确定若干重点领域，突破一批重大关键技术，全面提升科技支撑能力。本纲要确定11个国民经济和社会发展的重点领域，并从中选择任务明确、有可能在近期获得技术突破的68项优先主题进行重点安排。二是瞄准国家目标，实施若干重大专项，实现跨越式发展，填补空白。本纲要共安排16个重大专项。三是应对未来挑战，超前部署前沿技术和基础研究，提高持续创新能力，引领经济社会发展。本纲要重点安排8个技术领域的27项前沿技术，18个基础科学问题，并提出实施4个重大科学研究计划。四是深化体制改革，完善政策措施，增加科技投入，加强人才队伍建设，推进国家创新体系建设，为我国进入创新型国家行列提供可靠保障。

根据全面建设小康社会的紧迫需求、世界科技发展趋势和我国国力，必须把握科技发展的战略重点。一是把发展能源、水资源和环境保护技术放在优先位置，下决心解决制约经济社会发展的重大瓶颈问题。二是抓住未来若干年内信息技术更新换代和新材料技术迅猛发展的难得机遇，把获取装备制造业和信息产业核心技术的自主知识产权，作为提高我国产业竞争力的突破口。三是把生物技术作为未来高技术产业迎头赶上的重点，加强

> 生物技术在农业、工业、人口与健康等领域的应用。四是加快发展空天和海洋技术。五是加强基础科学和前沿技术研究,特别是交叉学科的研究。
> ——《国家中长期科学和技术发展规划纲要(2006—2020年)》

三、重要的是能力与体制建设

从"向科学进军"到"科学技术是第一生产力",从"科教兴国"到提出"建设创新型国家,推动社会、经济发展"的目标,把创新列入"十一五"规划。特别是"十二五"期间是我国从中等收入阶段向高收入阶段迈进,为2020年全面建成小康社会打下具有决定性基础的关键时期,要实现既定发展目标,就必须大力提升我们的创新能力。

1. 创新需要合适的社会生态系统

创新驱动是国家竞争优势的重要体现。加快建设创新型国家,核心是把创新驱动发展提升到国家战略的高度,将经济社会发展的动力从要素驱动、投资驱动转到更多依靠创新驱动上来。当前我国科技体制改革正进入整体设计、系统推进国家创新体系建设的新阶段,以增强自主创新能力为目标,建立一个既能够发挥市场作用又能够根据国家战略有效组织创新资源,既能够激发创新行为主体活力又能够实现创新要素有效整合的国家创新体系。

科技体制改革的方向要引导全社会崇尚创新、鼓励创新。美国学者提出地方创造力的重要指标:一是当地就业人口中"创造阶层"的比例,所谓创造阶层指的是以创造为生计的阶层,包括科学家、工程师、艺术家、企业家、教师等;二是作为创新指数的人均专利数;三是高科技企业比重;四是人群多样性(社会宽容度)。① 在宏观层面,经济体制、民主形式、法治有效性和公民社会都会对一个国家的创新能力产生重要影响。在微观层面,企业、学校和科研机构的内部结构、管理方式和文化氛围也会影响个人的创新积极性。我们要在全社会激励创新,培育崇尚创新的风气,就要在体制上削弱官本位。如果一个国家的制度

---

① [美] R. Keith Sawyer:《创造性:人类创新的科学》,师保国等译,华东师范大学出版社2014年版,总序。

安排促使许多年轻人都想着进入政府机构,这个国家就很难成为创新型国家。如果在制度上有许多设租权力,例如各类审批制,获得了审批就可以生财,那么,人们就会热衷于"寻租"获利,而不会进行创新。硅谷等创新园区的成功就得益于其创新的生态系统,包括教育、文化、政策、资金、领导力这些大环境和研发应用的周期性。中国企业要做强,只有意识到唯有创新、没有其他捷径可走。如果存在不利于创新的制度障碍,就必须进行改革,必须有促进技术创新、产业创新的制度创新。它们的高度协同是经济持续增长、跨越中等收入陷阱的重要条件。我们要让国家科技宏观决策和统筹协调的体制机制更加健全,科技资源配置方式更加合理、共享程度大幅提升;同时培育先进创新文化、良好创新创业的社会氛围,拥有一流创新平台、充满生机活力的创新生态系统。

创新的前提是自由,如果设立了很多条条框框,思想和行动被束缚起来,就难以展开想象的翅膀。任何新观念、新事物刚刚冒出来之时,往往不被人们所接收。长期以来我们的体制和文化都不大喜欢新的东西,不会以赞赏的眼光看待新事物,而是担心它们是否会毒化人们的头脑,或者成为打破禁锢的工具。因此,我们既要明确政府在创新体系中的作用,改革阻碍创新的体制障碍,又要完善公平竞争的市场环境,形成市场倒逼创新的机制,还要大力营造鼓励创新的社会风气。当然,各种利益(名和利)驱使下创造的新事物也可能具有各种风险,甚至放出妖魔鬼怪,这就需要加强监管。所有监管都是事后根据经验教训得出的制度设计,它的主要功能是防范风险而不是限制创新。

2. 政府和市场在创新驱动发展战略中的作用

自从改革开放以来,我国产业界从国外引进技术,产业装备水平有了很大的提高,但产业界创新不足,而科技界也存在缺乏原创、科研成果转化率低的问题。科技界和产业界在体制上都存在不利于创新的因素,需要进一步深化体制改革。以实现习近平在中国科学院考察时所要求的,坚决扫除影响科技创新能力提高的体制障碍,有力打通科技和经济转移转化的通道,优化科技政策供给,完善科技评价体系。

创新在很大程度上是自发的,而且爆发于一些不经意的活动中,而不是规划出来的。但是创新总是需要投资。根据发达国家的经验,科技创新从实验室的突破到商业市场的成功,是一个漫长的过程,其间充满着不确定性。"不能指望今天那些着眼最终产品的公司来为这个过程买单。大企业逐渐退出研究资助领域已成大势,无论是美国还是其他地方都是这样,但是,我们必须找到新方式来资助这一过程。"①那些艰难、花钱、又不确定的创新过程需要国家和地方政府的支持，主要包括：一是设立专项计划的方式，例如美国小企业创新研究计划（SBIR）、加拿大产业研究支持计划（IRAP）、加拿大技术伙伴计划（TPC）、英国小企业研究和技术奖励计划（SMART）、芬兰国家研发基金（SITRA）等；二是成立专门基金，例如英国 RVCF 基金、新加坡技术开发基金、澳大利亚创新投资基金、瑞典 ALMI 基金等；三是通过国有金融机构或国有控股公司提供投资或信贷，支持企业技术创新。政府也要大力支持企业开展高技术研发及技术成果产业化，并且给予消费者补贴以支持购买高新技术产品，在 WTO 框架下支持企业研发和创新已成为各国政府的普遍做法。我国目前的科研投资比重还比较小，主要包括财政直接投入、企业自有资金、风险投资、银行贷款、资本市场融资和科技保险。但如果仅仅依靠银行贷款，企业就不会进行高质量的科技研发。由于科研活动的外部性很强，不能完全依靠市场来配置资源，特别是在基础研究领域。因此，政府的财政投入要重点支持基础研究、前沿领域的探索、社会公益研究；加强科技基础设施、信息基础设施和公共服务平台的建设；大力支持中小企业创新和创业，鼓励风险投资，扩大对中小企业的融资渠道；还要鼓励发展风险投资和多层次的资本市场。

实现创新驱动的战略转型，政策是关键。许多国家出台鼓励创新和适宜创新的政策，强调人在创新中的作用。创新涵盖了研发活动、成果产业化直至开拓市场，政府需要制定和执行综合性创新政策。自主创新的成功涉及一系列环节，还取决于经济政策和科技政策的协调统一。政府引导创新主要是营造有利于创新的体制机制和政策环境，只有公平、公正、透明的市场竞争环境才能调动全社会创新的积极性和提高全社会的创新能力，这就需要包括科技政策、财政金融政策、贸易政策、教育政策和社会保障政策的"合力"。"政府要大力减少和纠正用行政手段包揽、直接接入或干预科技创新活动的做法，把主要精力放在完善创新激励政策、营造公平公正的竞争环境上来，发挥好'推手'作用，为科技创新之树'施肥增养'。"②一些地方正在进行的创新型城市试点和创新试验区的经验应当及时总结，加以推广。进一步加强中央与地方、部门之间的协调和衔接，以形成政策合力，使国家科技宏观决策和统筹协调的体制机制更加健全，科技资源配置方式更加合理、共享程度大幅提升；使我国具有先进创新文化、良

---

① ［美］戴维·J·卡波斯：《成果转化：创新链条上的裂缝》，《光明日报》2013 年 11 月 23 日。
② 李克强：《在国家科学技术奖励大会上的讲话》，《人民日报》2014 年 1 月 11 日。

好创新创业的社会氛围,拥有一流创新平台、充满生机活力的创新生态系统。

政府还要改进科技资源的配置方式,提高公共资源的利用效率;要增加成果环节和产业示范项目的支持力度,及时吸取近年高新技术产业政策实施中的经验和教训;还要支持市场机制不能解决的基础研究、公益性研究和使能技术研究,而在竞争性领域则要充分放手。改进高校和科研机构的无形资产管理办法,改进科技项目评价体系,不仅仅要看其经济效益,还要看其社会效益和环境效益,以及改革科研项目的立项和经费使用审核的标准。

中共十八届三中全会的《关于全面深化改革若干重大问题的决定》强调经济体制改革的核心问题是处理好政府与市场的关系。在深化科技体制改革方面,要求建立健全鼓励原始创新、集成创新、引进消化吸收再创新的体制机制,健全技术创新市场导向机制,发挥市场对技术研发方向、路线选择、要素价格、各类创新要素配置的导向作用。建立产学研协同创新机制,强化企业在技术创新中的主体地位,发挥大型企业创新骨干作用,激发中小企业创新活力,推进应用型技术研发机构市场化、企业化改革,建设国家创新体系。① 各地纷纷通过简化手续,下放行政审批权,以政策创新、规划引领、优化资源配置来配合创新和创业。

一是要建立公平的市场准入规则,为各种所有制企业提供公平竞争、平等获得创新资源的市场环境,特别是要为中小企业创造合适的市场环境。在"负面清单"管理模式下,各类市场主体可依法平等进入清单之外的领域,"推进工商注册制度便利化,削减资质认定项目",通过公平竞争,发挥市场机制的优胜劣汰的作用。

二是加快资源价格和税收改革。提高资源的利用效益,转向低碳经济和循环经济,是世界经济的共同选择。"凡是能由市场成价格的都交给市场,政府不进行不当干预。"我国需要建立合理的资源价格体系,通过征收资源税和环境税实现生态经济导向,推动节约资源和保护环境的创新研发和利用。

三是加强知识产权保护,保护创新者的利益和积极性。如果创新成果得不到有效的保护,就容易形成"劣币驱逐良币"效应,愿意创新的人就会越来越少。我国需要完善专利制度和相应配套制度,对那些抄袭、仿造、模仿技术路线、盗用发明专利的人和企业坚决依法打击,充分运用现代检索系统,严格审核专利和实用型技术,尽量减少侵权逃逸给创新者造成的损失。全社会都要抵制假冒

---

① 《中共中央关于全面深化改革若干重大问题的决定》,《人民日报》2013 年 11 月 16 日。

伪劣,尊重创新和创新者。

四是创新和转化互利共生,要大力发挥市场机制促进科技成果的转化。我国目前科技成果转化率仅为10%左右,远低于发达国家40%的水平。20世纪60年代我国率先实现了人工合成胰岛素,但一直没有实现产业转化,致使现在我国每年超过250亿元的胰岛素市场95%以上被外企垄断。邓小平早就指出:"经济体制,科技体制,这两方面的改革都是为了解放生产力。新的经济体制,应该是有利于技术进步的体制。新的科技体制,应该是有利于经济发展的体制。双管齐下,长期存在的科技与经济脱节的问题,有可能得到比较好的解决。"①2014年科技部和财政部启动国家科技成果转化引导基金,充分发挥财政资金"四两拨千斤"的杠杆作用。除此之外,还要以市场机制推动军用技术和民用技术的转化与共享。从当今世界科学技术发展趋势看,军用技术与民用技术日趋融合,高新技术两用化的特征越来越明显。有关统计资料表明,国外军事装备技术中85%采用的是民用技术,纯军事技术只占15%。建立军民结合、寓军于民的创新体制,已经成为世界上主要国家共同的政策取向。② 由于我国长期形成的军民分割的格局还未得到根本解决,军民之间相互结合的研究开发体系尚未形成,造成了不必要的重复和浪费。

3. 加强创新驱动能力建设

决定一个国家创新能力的因素包括日益增加的人力资本投资和创新经费投资、不断发展的创新促进政策和创新基础设施。人力资源是创新的第一资源。国家创新能力的竞争实际上是人力资源开发的竞争。战后联邦德国、日本之所以能迅速成为世界经济强国,最主要的原因就是它们重视教育,始终把开发和利用人力资源放在首位。美国还利用其独特的优势不断吸引来自世界各地的优秀人才,从而奠定了它在科技和经济领域始终处于世界领先地位。中国人才的长期发展也必须有强有力的政策作保证,需要通过政府行为,尤其是金融部门和教育资源的支持,让更多的学生拥有创新能力与创新精神,并帮助这些人才发现和释放其创新能力。

《国家中长期人才发展规划纲要(2010—2020年)》在这些方面作了政策规定。我们希望创新创业人才辈出,就要改善创新人才培养、使用、流动、管理的

---

① 《邓小平文选》第3卷,人民出版社1993年版,第108页。
② 徐冠华:《建设创新驱动型国家几个重要问题》,《科技日报》2013年10月28日。

体制与机制,防止平庸之辈"武大郎开店"阻碍人才流动,排除牵扯浪费科研人员精力的各种繁琐事务、填不完的表格和表面文章。只有具备人们心情舒畅的简单环境,才有利于创新型人才不断涌现,不断开辟新领域,创造新产业。要最大限度调动科技人才创新积极性,尊重科技人才创新自主权,大力营造勇于创新、鼓励成功、宽容失败的社会氛围。要克服浮躁、营造一个诚信合作、求真务实、和谐奋进的学术生态和组织文化。努力营造和谐奋进的创新氛围,倡导严肃认真的学术批评,鼓励协作创新的团队精神,树立竞争向上的发展理念。要在全社会大力弘扬科学精神,大力提倡敢于创新、敢为人先、敢冒风险的精神。

中国的未来必须依靠本土创新,这需要两个前提:产权保护和企业家精神。企业是我国参与全球竞争的代表。企业强则国家强。创新是技术、管理、金融、市场等各方面创新的有机结合。企业应当成为技术创新的主体,通过自主研发和生产高新技术产品,创立自主品牌,提高企业的竞争力。这就要求企业不仅要有创新的动力,也要具备创新的能力。在市场竞争中,企业只有通过不断创新才能获得超额利润,以补偿企业创新的成本,并使企业获得创新的回报;企业熟悉市场需求,有实现技术成果产业化的基础条件,可以为持续的技术创新提供必要的资金保证,形成创新与产业化的良性循环。企业家不可替代的能力是其对创新和商业体系的组织能力,包括对创新团队和商业开发团队的管理组织能力,以及对人力、资金、技术、社会政府关系等资源的整合能力,还包括为了创新和产业而承担的资金、时间和声誉等风险。① 竞争压力和市场需求共同推动着企业不断创新。

我国企业创新能力比较薄弱,某些体制障碍仍然存在,企业尚未真正成为技术创新决策、研发投入、科研组织和成果应用的主体。我国仍有许多企业不愿或不能自主创新。目前全国规模以上企业开展科技活动的仅占1/4,研发支出占企业销售收入的比重仅占0.56%,大中型企业仅为0.71%;只有万分之三的企业拥有自主知识产权。② 进入21世纪,这种情况有明显改变。2012年,在全社会研发经费投入中,企业提供的经费已占74%。在研发经费支出中,企业研发支出额占比上升至76%。中国企业研发经费支出已占全球企业研发经费总量的13%。2012年,全国规模以上工业企业发明专利申请量达到17.6万件,平均每万名就业人员拥有发明专利29.2件,分别是2000年的22倍和10倍。

---

① 埃德蒙·费尔普斯:《企业家是创新主体》,《北大商业评论》2013年第7期。
② 徐冠华:《建设创新驱动型国家几个重要问题》,《科技日报》2013年10月28日。

但是,2012年,全国规模以上工业企业研发经费占主营业务收入的比重仅为0.77%,比2000年只提高0.2个百分点;新产品销售收入占主营业务收入比重为11.9%,比2000年只提高0.8个百分点。① 可见中国企业创新提升仍有相当大的空间。

根据国际经验,中小企业发明新技术、新产品的效率远高于大企业。我国65%的国内发明专利是由中小企业获得,80%的新产品由中小企业创造。② 在互联网时代,大公司不一定能够打败小公司,但是,快的一定会打败慢的。快就快在创新有招,慢就慢在创新乏术。无论哪个国家,最能满足民生需要的中小企业的技术创新能力极为重要。许多国际知名企业都是从中小企业发展起来的,我国的一些著名企业也是坚持创新、从小到大走过来的。创新型企业可以引领整个产业发生变革,例如苹果推动了数字化终端革命,特斯拉(TESLA MOTORS)凭借IT和传统工业产品设计的完美结合,以销售业绩和股价双重优势成功"逆袭"电动车市场。可是,我国对中小企业创新不够重视,在一些政府机构的眼中,似乎只有大学、科研院所和大型企业才具备创新的能力。这种观念和状况必须得到根本性的改变。

我国企业的创新和制造能力还存在着一个重要隐患,即年轻人不愿当技术工人,大学毕业生不愿长期担任工程师,都想当白领、做管理,"学而优则仕、技而优则管"的思想盛行。成功的创新既需要想象力,也需要实干精神。有了奇思妙想,还要有能工巧匠将它变成现实。我们要通过制度设计,提高技术工人和工程师的收入水平,增强他们的荣誉感,促进创新要素向企业集聚,建立企业主导产业技术研发创新的体制机制;深化产学研合作,将创新链与产业链相衔接,建立大中小企业的协同创新机制。政府在负责搭建企业技术创新服务平台的同时,要落实激励企业创新的财税政策,为创新营造良好的政策环境。2013年国务院下发的《关于强化企业技术创新主体地位 全面提升企业创新能力的意见》,提出以深入实施国家技术创新工程为重要抓手推进企业技术创新的12项重点任务及相应的政策措施。随后科技部、发改委、财政部等建立了跨部门的联合推进机制,重点落实五大工作,即"以建立创新型企业为重点,大力提升企业创新能力","以产业技术创新战略联盟为重点,促进产学研用紧密结合",

---

① 《解读〈国家创新指数报告 2013〉》,http://scitech.people.com.cn/GB/1059/383163/index.html? ADPUBNO=26327。
② 徐冠华:《建设创新驱动型国家几个重要问题》,《科技日报》2013年10月28日。

"推进科技资源开放共享,引导创新资源向企业集聚","营造企业技术创新的良好环境","加大政府对企业研发投入的引导力度"等。

大学和科研机构是科技创新的重要源泉,特别是原始性创新的重要源泉。当代科技已经把基础研究和高技术前沿探索融合在一起,我们要在观念上、体制上、机制上逐步适应这个变化,把过去那种基础研究、应用研究和高技术发展分割开的研究方式和体制机制,逐步转变成为相互之间更加紧密联系、融合的状态,不同学科之间也要加强跨学科合作研究,真正形成一个产学研紧密结合、技术创新以企业为主体、以市场为导向的创新价值链,使得科技投资能够转化成新的知识、新的前沿技术,而且新的知识和新的前沿技术又能很快转变成新的生产力,创造出新的财富,确保科技投资形成良性循环;同时也要防止急功近利,允许科技人员自由探索,允许失败,如果仅仅以经济产出为标准来衡量创新,就很可能导致科研的短期行为。

中国作为发展中大国,也有自身的独特优势:一是"国际共创"模式。中国科技人员越来越积极参与国际研发合作。中国自 1996 年到 2010 年的研发资金投入增长了 26.2%,同期美国专利局为中国发明颁发的专利也增长了 4.6%。这些专利主要授予了跨国公司。在研发领域,新兴经济体的工程师正在与跨国公司的专业技术知识合二为一,总体上呈现着共赢的局面。①

二是在消化吸收基础上的再创新。中国被称作"吸收型国家",愈发熟练地从全球知识、网络以及本国研发环境中获益。② 中国特色的自主创新往往表现为一个吸收再创新的复杂过程。2013 年天河二号计算机一举夺得世界超级计算机 TOP500 头把交椅,表明超级计算机已经成为中国吸收、改进外国技术的优先领域之一。

重要的是,自主创新有赖于一个有利于创新的市场环境与社会环境,完善鼓励和保障创新创业的法律法规、投融资环境、采购政策和中介服务体系;以及对知识产权的切实保护,改革完善科学合理的创新资源配置机制和评价奖励制度,形成创新、创造得到充分、公平回报的市场机制和社会机制。近年一些地方借鉴国外经验,创新社会治理体制,如广州市提出"非禁即入"的"准入"制度,上海自由贸易试验区采用"负面清单"管理模式等,均提供了很好的范例。

---

① 李·布兰斯泰特、李光伟、弗朗西斯科·维勒索:《〈中国创造〉在崛起》,《光明日报》2013 年 11 月 23 日第 5 版。
② [英]詹姆斯·威尔斯顿等:《从超级计算机看中国"吸收能力"》,http://military.china.com.cn/2013-10/09/content_30234420.htm。

鼓励创新与鼓励创业相辅相成。我国现有的优惠政策、创业园区和市场服务关注的大都是成功的创业者，但其实更需要关注的是那些有创业梦想的人，组建发现和培养创意创新创业人才的教育平台。① 只有当国家拥有宏大的创新创业队伍，具有较强的竞争实力和持续创新能力之时，才能建设成为一个创新型国家。

延伸阅读 4.3

大力实施科教兴国战略和人才强国战略，坚持自主创新、重点跨越、支撑发展、引领未来的指导方针，全面落实国家中长期科学和技术发展规划纲要，以提高自主创新能力为核心，以促进科技与经济社会发展紧密结合为重点，进一步深化科技体制改革，着力解决制约科技创新的突出问题，充分发挥科技在转变经济发展方式和调整经济结构中的支撑引领作用，加快建设国家创新体系，为全面建成小康社会进而建设世界科技强国奠定坚实基础。

科技是人类智慧的伟大结晶，创新是文明进步的不竭动力。当今世界，科技创新更加广泛地影响着经济社会发展和人民生活，科技发展水平更加深刻地反映出一个国家的综合国力和核心竞争力。我们要推进改革开放和社会主义现代化，实现全面建成小康社会目标，不断提高人民生活水平，实现中华民族伟大复兴，必须从国家发展全局的高度，集中力量推进科技创新。

我国已经构建了比较完整的学科体系，拥有丰富的科技人力资源，科技发展具有良好基础，完全有条件发挥自身特色和优势，跟上世界新的科技革命和产业变革步伐。同时，我们也要清醒地看到，面对新形势新要求，我国自主创新能力还不够强，科技体制机制与经济社会发展和国际竞争的要求还不相适应。我们必须增强机遇意识、忧患意识、责任意识，牢牢把握新的科技革命和产业变革的机遇、世界科技创新格局调整的机遇、经济发展水平不断提高和市场不断扩大的机遇，坚定立足自主创新，深化科技体制改革，为加快建设创新型国家提供体制机制保障，争取在不太长的时间内确保国家创新能力得到大幅提升。

---

① 譬如"清华 x 空间"又名"清华 x-lab 平台"，"x"寓意探索未知、学科交叉，"lab"体现体验式学习、团队合作。这个平台为富有创意思维、创新精神的年轻人而搭建，以帮助他们迈出创业的第一步。

到 2020 年,我们要达到的目标是:基本建成适应社会主义市场经济体制、符合科技发展规律的中国特色国家创新体系,原始创新能力明显提高,集成创新、引进消化吸收再创新能力大幅增强,关键领域科学研究实现原创性重大突破,战略性高技术领域技术研发实现跨越式发展,若干领域创新成果进入世界前列;创新环境更加优化,创新效益大幅提高,创新人才竞相涌现,全民科学素质普遍提高,科技支撑引领经济社会发展能力大幅提升,进入创新型国家行列。

从现在起,到实现进入创新型国家行列的目标,只有不到 10 年的时间,形势非常紧迫,任务十分艰巨。当务之急,就是要进一步解放思想、深化改革,破除一切束缚创新的思想观念桎梏和体制机制障碍,最大限度解放和发展科技第一生产力。胡锦涛就深化科技体制改革、加快创新型国家建设提出 6 点意见。第一,进一步推动发展更多依靠创新驱动,坚持把科技摆在优先发展的战略位置,把科技创新作为经济发展的内生动力,激发全社会创造活力,推动科技实力、经济实力、综合国力实现新的重大跨越。第二,进一步提高自主创新能力,大力培育和发展战略性新兴产业,运用高新技术加快改造提升传统产业,加快农业科技创新,发展关系民生和社会管理创新的科学技术,推进基础前沿研究。第三,进一步深化科技体制改革,着力强化企业技术创新主体地位,提高科研院所和高等学校服务经济社会发展能力,推动创新体系协调发展,强化科技资源开放共享,深化科技管理体制改革。第四,进一步完善人才发展机制,坚持尊重劳动、尊重知识、尊重人才、尊重创造的重大方针,统筹各类人才发展,建设一支规模宏大、结构合理、素质优良的创新人才队伍。第五,进一步优化创新环境,完善和落实促进科技成果转化应用的政策措施,促进科技和金融结合,加强知识产权创造、运用、保护、管理,在全社会进一步形成讲科学、爱科学、学科学、用科学的浓厚氛围和良好风尚。第六,进一步扩大科技开放合作,提高我国科技发展国际化水平,在更高起点上推进自主创新。

——胡锦涛:《在全国科技创新大会上的讲话》(2012 年 7 月 7 日),《人民日报》2012 年 7 月 8 日。

进入 21 世纪以来,新一轮科技革命和产业变革正在孕育兴起,全球科技创新呈现出新的发展态势和特征。学科交叉融合加速,新兴学科不断涌现,前沿领域不断延伸,物质结构、宇宙演化、生命起源、意识本质等基础科学领域正在或有望取得重大突破性进展。信息技术、生物技术、新材料技术、新能源技术广泛渗透,带动几乎所有领域发生了以绿色、智能、泛在为特征的群体性技术革命。传统意义上的基础研究、应用研究、技术开发和产业化的边界日趋模糊,科技创新链条更加灵巧,技术更新和成果转化更加快捷,产业更新换代不断加快。科技创新活动不断突破地域、组织、技术的界限,演化为创新体系的竞争,创新战略竞争在综合国力竞争中的地位日益重要。科技创新,就像撬动地球的杠杆,总能创造令人意想不到的奇迹。当代科技发展历程充分证明了这个过程。

面对科技创新发展新趋势,世界主要国家都在寻找科技创新的突破口,抢占未来经济科技发展的先机。我们不能在这场科技创新的大赛场上落伍,必须迎头赶上、奋起直追、力争超越。

改革开放以来,我国经济社会发展取得了举世瞩目的成就,经济总量跃居世界第二,众多主要经济指标名列世界前列。同时,必须清醒地看到,我国经济规模很大、但依然大而不强,我国经济增速很快、但依然快而不优。主要依靠资源等要素投入推动经济增长和规模扩张的粗放型发展方式是不可持续的。现在,世界发达水平人口全部加起来是10亿人左右,而我国有13亿多人,全部进入现代化,那就意味着世界发达水平人口要翻一番多。不能想象我们能够以现有发达水平人口消耗资源的方式来生产生活,那全球现有资源都给我们也不够用!老路走不通,新路在哪里?就在科技创新上,就在加快从要素驱动、投资规模驱动发展为主向以创新驱动发展为主的转变上。

……

实施创新驱动发展战略,最根本的是要增强自主创新能力,最紧迫的是要破除体制机制障碍,最大限度解放和激发科技作为第一生产力所蕴藏的巨大潜能。面向未来,增强自主创新能力,最重要的就是要坚定不移走中国特色自主创新道路,坚持自主创新、重点跨越、支撑发展、引领未来的方针,加快创新型国家建设步伐。

经过多年努力,我国科技整体水平大幅提升,一些重要领域跻身世界先进行列,某些领域正由"跟跑者"向"并行者"、"领跑者"转变。我国进入了新型工业化、信息化、城镇化、农业现代化同步发展、并联发展、叠加发展的关键时期,给自主创新带来了广阔发展空间、提供了前所未有的强劲动力。

我多次讲过,中华民族伟大复兴绝不是轻轻松松就能实现的,我国越发展壮大,遇到的阻力和压力就会越大。从这个经验看,关键是时机和决断。历史的机遇往往稍纵即逝,我们正面对着推进科技创新的重要历史机遇,机不可失,时不再来,必须紧紧抓住。

我们有改革开放30多年来积累的坚实物质基础,有持续创新形成的系列成果,实施创新驱动发展战略具备良好条件。因此,要下好先手棋,打好主动仗,对国家和民族具有重大战略意义的科技决策,想好了、想定了就要决断,不然就可能与历史机遇失之交臂,甚至可能付出更大代价。

……

实践告诉我们,自力更生是中华民族自立于世界民族之林的奋斗基点,自主创新是我们攀登世界科技高峰的必由之路。问题看到了,就要以时不我待的精神,快马加鞭改变这个局面。不能说了很多年,最后老是没有根本改变。当然,自主创新不是闭门造车,不是单打独斗,不是排斥学习先进,不是把自己封闭于世界之外。我们要更加积极地开展国际科技交流合作,用好国际国内两种科技资源。

科学技术是世界性的、时代性的,发展科学技术必须具有全球视野。当前,科技创新的重大突破和加快应用极有可能重塑全球经济结构,使产业和经济竞争的赛场发生转换。在传统国际发展赛场上,规则别人都制定好了,我们可以加入,但必须按照已经设定的规则来赛,没有更多主动权。抓住新一轮科技革命和产业变革的重大机遇,就是要在新赛场建设之初就加入其中,甚至主导一些赛场建设,从而使我们成为新的竞赛规则的重要制定者、新的竞赛场地的重要主导者。如果我们没有一招鲜、几招鲜,没有参与或主导新赛场建设的能力,那我们就缺少了机会。机会总是留给有准备的人的,也总是留给有思路、有志向、有韧劲的人们的。我国能否在未来发展中后来居上、弯道超车,主要就看我们能否在创新驱动发展上迈出实实在在的步伐。

……我国科技发展的方向就是创新、创新、再创新。要高度重视原始性专业基础理论突破,加强科学基础设施建设,保证基础性、系统性、前沿性技术研究和技术研发持续推进,强化自主创新成果的源头供给。要积极主动整合和利用好全球创新资源,从我国现实需求、发展需求出发,有选择、有重点地参加国际大科学装置和科研基地及其中心建设和利用。要准确把握重点领域科技发展的战略机遇，选准关系全局和长远发展的战略必争领域和优先方向，通过高效合理配置，深入推进协同创新和开放创新，构建高效强大的共性关键技术供给体系，努力实现关键技术重大突破，把关键技术掌握在自己手里。

——习近平：《在中国科学院第十七次院士大会、中国工程院第十二次院士大会上的讲话》（2014年6月9日），《人民日报》2014年6月10日。

改革开放30多年来，我国实现了科技水平整体跃升，已经成为具有重要影响力的科技大国，科技创新对经济社会发展的支撑和引领作用日益增强。当前，新一轮科技革命和产业变革正在孕育兴起，全球科技创新呈现出新的发展态势和特征，新技术替代旧技术、智能型技术替代劳动密集型技术趋势明显。我国依靠要素成本优势所驱动、大量投入资源和消耗环境的经济发展方式已经难以为继。我们必须增强紧迫感，紧紧抓住机遇，及时确立发展战略，全面增强自主创新能力，掌握新一轮全球科技竞争的战略主动。

我们必须认识到，从发展上看，主导国家发展命运的决定性因素是社会生产力发展和劳动生产率提高，只有不断推进科技创新，不断解放和发展社会生产力，不断提高劳动生产率，才能实现经济社会持续健康发展。

实施创新驱动发展战略的基本要求，一是紧扣发展，牢牢把握正确方向。要跟踪全球科技发展方向，努力赶超，力争缩小关键领域差距，形成比较优势。要坚持问题导向，从国情出发确定跟进和突破策略，按照主动跟进、精心选择、有所为有所不为的方针，明确我国科技创新主攻方向和突破口。对看准的方向，要超前规划布局，加大投入力度，着力攻克一批关键核心技术，加速赶超甚至引领步伐。二是强化激励，大力集聚创新人才。创新驱动实质上是人才驱动。为了加快形成一支规模宏大、富有创新精神、敢于承担风险的创新型人才队伍，要重点在用好、吸引、培养上下功夫。要用好科学家、科技人员、企业家，激发他们的创新激情。要学会招商引资、招人聚才并举，择天下英才而用之，广泛吸引各类创新人才特别是最缺的人才。三是深化改革，建立健全体制机制。要面向世界科技前沿、面向国家重大需求、面向国民经济主战场，精心设计和大力推进改革，让机构、人才、装置、资金、项目都充分活跃起来，形成推进科技创新发展的强大合力。要围绕使企业成为创新主体、加快推进产学研深度融合来谋划和推进。要按照遵循规律、强化激励、合理分工、分类改革要求,继续深化科研院所改革。要以转变职能为目标,推进政府科技管理体制改革。四是扩大开放,全方位加强国际合作。要坚持"引进来"和"走出去"相结合,积极融入全球创新网络,全面提高我国科技创新的国际合作水平。

要抓紧出台实施创新驱动发展的政策和部署,抓紧实施国家重大科技专项,再选择一批体现国家战略意图的重大科技项目和重大工程,集中力量、协同攻关。要加快研究提出创新驱动发展顶层设计方案,研究提出中央财政科技资金管理改革方案。要抓紧修改完善相关法律法规,实施更加积极的创新人才引进政策。要研究在一些省区市系统推进全面创新改革试验,形成几个具有创新示范和带动作用的区域性创新平台。

——习近平:《主持召开中央财经领导小组第七次会议的讲话》(2014年8月18日),《人民日报》2014年8月19日。

第五讲 科学技术与社会进步

科学技术不单纯是一种心智上的探索未知和创造发明的活动,也是一种社会性的历史过程。在今天,科学技术已成为社会的一项极其重要的事业,其社会运行具有自己的特点与机制。无论是科学共同体还是技术共同体,都具有特殊的精神气质,遵循特定的行为规范和价值标准。科学技术的发生和发展离不开社会这个大背景,任何一种科学和技术都与特定社会的经济、政治、历史与文化等因素相互联系、交互作用、互为因果。科学技术的发展和变革只有从社会的经济生活、政治制度、意识形态、教育条件和文化传统等方面进行多维度的解读才能得到合理的说明。科学的价值是随着近代科学革命对人类社会生活广泛而深刻的影响和变革中凸显出来的。科学及以其为基础的技术,在不断揭示客观世界和人类自身规律的同时,极大地提高了社会生产力,改变了人类的生产和生活方式,同时也发掘了人类的理性力量,带来了认识论和方法论的变革,形成了科学世界观,创造了科学精神、科学道德与科学伦理等丰富的先进文化,不断升华人类的精神境界。

一、科学共同体与科学规范

近代以来,科学与技术的关系越来越密切,并呈现出一体化的趋势:一方面是技术的科学化,技术进步越来越依靠科学上的突破和理论支持;另一方面是科学的技术化,科学也越来越需要通过技术"物化"为生产力,以及基础性的理论研究越来越离不开现代技术手段。科学与技术的界限日益模糊了,正是在这个背景下,出现了"科学技术"(简称"科技",science and technology)的概念。但是,这个概念又是有歧义的:一是它主要指自然科学和技术,不包括社会科学和技术;二是它主要指"科学性的技术"或"与科学有关的技术"(the sciencerelated technology），譬如high-tech（高技术）就被译成"高科技"。因此，在体制层面上，"科技"主要指前者，我国的科学建制，凡是以"科学技术"（或"科技"）名义设置的管理部门、学术组织、奖励制度、发展政策、公共传媒莫不如此；而在观念层面上，"科技"主要指后者，重心在技术。在我国，"科学""技术"与"科技"往往混为一谈，进而在科学观念的认知上、科学体制和政策的设计上导致了某种混淆。不过，以下讨论包括对科学也作了包括技术的广义理解，并不进行严格的"厘清"，毕竟科学与技术的现实成就、研究方法和社会效应确实越来越交织在一起了。

1. 科学共同体

"科学共同体"（scientist community）是科学社会学的一个基本概念，这一概念作为分析工具广泛地运用于科学社会学、科学哲学研究之中。科学共同体既有一般的社会学意义上的共同体的特点，靠同感和同类这种结合力联系到一起，具有高度的内聚力、集体性和时间持续性，又有其作为科学家群体的特殊规定性。科学共同体有两个显著的特征：一是科学共同体组织是一个松散概念，其中包含着科学组织、科学机构，但又不限于科学组织和机构。从事有联系的科学活动的科学家可能在地域上分布很广泛，但信息交流和联系却十分紧密。二是共同的目标和活动所产生的内聚力是构成科学共同体的基础。科学共同体的具体的存在形式包括社会内在形式（学派或"无形学院"）和社会外在形式（学会、科研组织机构）。

学派是由一些具有共同学术思想或学术纲领的人所组成的相对稳定的科学家集团，它是在科学研究与交流的过程中，特别是在学术竞争条件下，在自发的非正式组织的基础上自然形成的科学活动的群体形式。与其他科学共同体形式的区别是：(1) 以一位或几位杰出的科学家作为公认的学派领袖而把众多有才华的学者吸引到自己周围；(2) 以独具一格的学术观点和思想方法作为学派的理论基础；(3) 有科学上、文化上和哲学思维方式上的独特传统。一些历史上著名的学派有着世代相继的师承关系，甚至具有广泛的国际性，如历史上的毕达哥拉斯学派、法国百科全书学派，现代的哥本哈根学派、布尔巴基学派等。科学学派在组织上具有很强的内聚性（以学术权威作为组织的"核"）、整体性（强调集体的竞争力）和排他性（学术思想上的党同伐异）。学派在推动科学发展上表现出巨大的科学能力。它能使可贵的学术思想经过集体的、数代人的努力，日臻完善和成熟，而不致夭折。它有利于造成学术争鸣的态势，易于保护真理、发展真理和揭露错误。虽然某些学派的过分的排他性会形成封闭的门户之见,也会削弱自身的生命力而走向萎缩,但这种消极面毕竟是次要的。学派这种以共同学术思想为纽带的科学共同体的社会内在组织形式,具有其他科学组织形式所不能替代的作用,它是科学思想赖以存在和发展的重要组织形式。

"无形学院"是科学史家对英国皇家学会前身的活动形式的称呼,那时各方面的科学家不定期或定期集会,进行无约束的学术自由讨论。现在人们多把"无形学院"视为介于学派与一般科学共同体之间的、以学术思想沟通为基础的社会组织形式。"无形学院"同学派的共同点是以优秀的科学家为中心,立足于自由联合,进行学术思想的通信交流和自由讨论,不同之处是,它不一定是单科性的而往往是多科性的,是为了彼此充分交流借鉴而并非为了坚持某种特定的学术主张,所以排他性不强。普赖斯发现,由于现代科学即使是最小的分支也有成千的同行,所以真正有学问的人就分裂为非正式的小团体。这些人通过互送未定稿、书信往来等形式交流科学思想,或者进行科研上的互访和合作来加强联系。在科学前沿,往往是由少数人的非正式交流系统即"无形学院"创造出新知识,然后由正式的交流系统(如期刊、著作、会议等)评价它、承认它、推广它、传播它。多学科的"无形学院"的活动还往往成为新学科的温床。

学会是科学共同体诸种形式中人员最为广泛的社会外在组织形式。它是受国家法律保护的职业科学家团体。作为社会组织的一部分,学会在历史上是从17世纪英国皇家学会成立后才开始形成的。当代的众多学会不但已覆盖各国的科学共同体成员,而且已走向国际性的联合。学会是科学工作者的集团利益的代表,它的主要任务是学术交流。在现代国家,各种学会也是政府领导科学技术工作的智囊团和思想库。

科研组织机构是科学和技术最强的社会组织形式,它是在国家直接领导下的科研机构。包括国家的各级科学院、研究院、研究所,和企事业单位的研究院、研究所。由于各国社会制度、经济和文化条件不同,因此形成了不同的科研组织系统。如社会主义国家多属集中型,主要科研力量是国家科学院和政府各部门所建立的大量科研机构;欧美资本主义国家科研机构主要分散在大学和企业。在一个国家的科研组织体系中,通常国家级科研机构侧重于基础研究、综合性应用研究,地方、企业侧重于应用和开发研究,大学则是基础研究和应用研究并重。

2. 关于科学的"规范"

美国科学社会学家默顿通过科学共同体的自主性和活动规范的研究,发现有几种作为惯例的规则构成了现代科学的精神气质,成为科学共同体的文化特征。默顿认为,所谓科学的精神气质是指约束科学家的有情感色调的价值和规范的综合体。这些规范以规定、偏好、许可和禁止的方式表达,它们借助于制度性价值而合法化。这些通过告诫和凡例传达、通过偏好而加强的必不可少的规范,在不同程度上被科学家内化了;尽管科学的精神气质并没有明文规定,但它可以从科学家的行为偏好中,从他们讨论科学精神的著述中,从他们对违反科学精神气质表示义愤的道德共识中找到。科学的精神气质之所以是必需的,不只是因为它们在方法上是有效的,还因为它们被认为是正确的和有益的。它们是技术性规范,也是道德性规范。

默顿提出,四类制度性的规范——普遍主义、公有性、无私利性、有条理的怀疑主义——构成了现代科学的精神气质①:

一是**普遍主义**(Universalism)。所谓普遍主义,是指科学作为一个知识体系具有普遍性,是客观的、非个人的;科学研究遵循普遍适用的检验标准,要求对任何人所做出的研究、陈述、见解进行实证和逻辑的衡量。普遍主义的含义主要有二:其一,评价科学知识的唯一标准是其与观察和原先已被证实的知识相一致,而与发现者的个人属性和社会属性无关。对正在进入科学领域的假设的接受或排斥并不取决于该学说倡导者的个人属性或社会属性,因此也就与他的种族、国籍、宗教、阶级和个人品质毫不相干。普遍主义的规范深深根植于科学的非个人性特征之中,它要求科学家在评价别人的成果时应一视同仁,任何阶级、种族、宗教、国籍、性别、年龄、社会地位等因素均不能作为评价标准。其二,科学的大门向一切有才能的人开放,而不分种族、性别、国籍和信仰。科学的体制性目标是扩展实证知识,它构成了普遍主义规范的理论基础。对科学职业生涯加以限制会导致科学研究缺乏竞争性,不利于知识进步。自由追求科学研究事业应看作是科学自身的一种需要。科学向一切有能力进入科学之门的人开放,任何人都具有从事科学研究工作的同等机会,职业选择和评价的唯一标准是人们的角色及其研究工作成果质量。提倡普遍主义有利于科学事业的健康发展。

---

① [美]R·K·默顿:《科学的规范结构》,《哲学译丛》2000年第3期。

二是**公有性**(Communism)。公有性是科学精神气质的第二个构成要素,它是从财产公有性的扩展的意义上而言的。科学发现本质上都是社会合作的产物,它属于整个科学共同体以至社会全体成员。科学发现是人类的共同遗产,其中作为提出者个人的份额是极其有限的,科学家无权独占他的科学发现。用人名命名的定律或理论也不意味着它们为发现者及其后代所独占,科学界的惯例也没有给他们以特权去随意使用和处置。科学家对他们的知识"财产"的要求仅限于"承认"和"尊重"方面。科学建制作为公共领域的一部分,是与要求交流科学发现联系在一起的。公有性规范在科学研究活动中的一个重要体现就是要求科学家奉行公开原则,即科学家应该充分和公开的交流其科学发现,保守秘密是对这一制度性要求的背离。公有性规范的功能和意义在于促使研究成果的传播,因为它要求科学家一旦取得科学发现就应该立即公布,让科学共同体和全人类享用,而不能向引用者索取费用,这样就可以让人们站在已取得的科学理论成果的基础上去探索新的知识。显然,提倡公有性有利于科学的发展。

三是**无私利性**(Disinterestedness)。科学作为专门职业中的一类,通常把无私立性作为一个基本的制度性要素。所谓无私利性,是指科学家从事科学活动的唯一目的是发展科学知识而不是任何个人利益。这一提倡性规范,被视为"科学的精神气质"中的崇高境界,视为科学道德的最高层次。它是对科学家的一种精神感召。这一高层次的规范,虽不是人人都能做到,但还是有许多人努力去践行,它作为提升科学家道德水准的理想目标,其存在和弘扬的重大意义是不言而喻的。在理想的情况下,无私利这一制度性规范主张为科学而科学,这就是说,科学家进行科学研究,主要是为了促进人类知识的增长。即使在科学大大职业化的时代,对科学追求在文化上还是被定义为主要是对真理的不谋私利的求索,仅仅在次要的意义上才是谋生的手段。无私利性要求要求科学家将探求真理放在第一位,把由此而来的物质利益和荣誉奖励都放在第二位;要求科学家在接受或排斥任何具体理论时,不应该计较个人利益。

四是**有条理的怀疑主义**(Organized Skepticism)。有条理的怀疑主义与科学精神气质的其他要素都有不同的关联。它既是方法论的要求也是制度性的要求。科学坚持用经验的与逻辑的标准,审查和裁决一切科学假说和科学理论。有条理的怀疑主义坚持科学无顶峰、无偶像、无禁区,它反映了科学的谦逊态度和进取精神,它与反理性主义和集权体制针锋相对。有条理的怀疑主义主张科学家绝不应不经任何分析批判而盲目地接受任何东西。科学家有责任评价和质疑其他科学家的研究成果,也要允许别人对自己的成果的怀疑。当然,科学家的怀疑应按照一定的规范,而不是怀疑一切。这条标准要求科学家要具有合理的批判精神,对他人的研究成果不能盲从。

在默顿工作的基础上,一些学者还提出了科学活动的其他行为规范,如首创性(科学是对未知的发现,科学研究成果应该是新颖的)、谦虚(科学家应该真正意识到人类的认识能力是有局限性的)、协作精神等。这些规范,往往是通过一些伟大科学家的楷模行为表现出来,并以言传身教影响一代代科学工作者。

延伸阅读 5.1

科学的精神特质(ethos)①

科学的精神特质是指约束科学家的有情感色调的价值和规范综合体。这些规范以规定、偏好、许可和禁止的方式表达。它们借助于制度性价值而合法化。这些通过告诫和凡例传达,通过偏好而加强的必不可少的规范,在不同程度上被科学家内化了,因此形成了他的科学良知,或者用现在人们喜欢的术语说,形成了他的超我(super-ego)。尽管科学的精神特质并没有被明文规定,但它可以从体现科学家的偏好、从无数讨论科学精神的著述和从他们对违反精神特质表示义愤的道德共识中找到。

……

四类制度性必需的规范——普遍主义、公有性、无私利性、有条理的怀疑主义——构成了现代科学的精神特质。

(一)普遍主义(Universalism)

普遍主义可以在下述准则中找到其直接的表达形式即真理性诉求(truth-claims),不管其来源如何,都服从于先定的非个人标准,只要求与观察和早已被证实的知识相一致。一种学说不管是被划归为科学之列,还是被排斥在科学之外,并不依赖于提出这一学说的人的个人或社会属性;他的种族、国籍、宗教、阶级和个人品质都与此无关。客观性拒斥特殊主义。实际应是,科学上被证实的规律的东西以其特定的内容反映客观过程和关系,而不接受任何强加的特殊有效性标准。……

---

① "ethos"通常被译为"精神特质",其实它更确切的含义是指一定领域或时代的社会或文化的综合特征,主要指被普遍信守的价值观念。——译者注

然而,科学制度作为更大社会结构的一部分,并不总与社会结构相整合。当更大的文化与普遍主义规范相对立时,科学的精神特质就会受到严峻的考验。如种族中心主义(ethnocentrism)与普遍主义是不可调和的。特别是在国际冲突时期,当形势的主调强调效忠祖国时,科学家就会感到科学的普遍主义规范与种族中心主义这一特殊主义规范之间的冲突。这样的背景结构决定了人们需要承担的社会角色。……即使在对抗性压力下,各国科学家也都直言不讳地坚持普遍主义标准。科学的国际性、非个人性、实际上的匿名性特征被重申。(巴斯德的名言是:爱国者的学问不是科学)否定规范被认为是有悖于信念的。

普遍主义规范在科学职业生涯上要求向有才能的人开放,这是其另外一种表达形式。制度性目标提供了其理论基础。对科学职业生涯加以限制使其缺乏竞争性,不利于知识进步。自由追求科学研究事业应看作是一种功能性需要(functional imperative)。……

这里我们再次看到了科学的精神特质与更大的社会[要求]的不一致。科学家可以淡化阶级标准并缩小他们与低等地位人的距离,而不管他们的能力或成就如何。但是这会招致不稳定的处境。专门的意识形态意在掩盖阶级道德与科学的制度规范之间的不和。等级低下的人必然被看作天生不能从事科学工作,或者至少说,他们的贡献总被有意贬低。……普遍主义在理论上被或明或暗地肯定,但在实践上却受到抵制。

民主精神虽然把普遍主义当作一个主导性的指导原则,但当付诸实践时,却不够得当。民主化意味着逐步消除对不同社会价值观的流行和发展的限制。成就评价的非个人标准和地位的非固定化是开放民主社会的特征。但只要这些限制存在着,它们就被看作是充分民主化道路上的障碍。故此,从自由放任的民主允许某些领域的人的不同优势得到积累,允许那些与明显的不同能力无关的差异存在的方面说,民主过程通过政治权威加强了调控性。在变化的条件下,必须建立新式的组织结构形式以保护和扩大机会的平等性。政治工具可用以使民主价值付诸实践和维护普遍主义标准。

(二)"公有性"(Communism)

"公有性"是科学精神特质的第二个构成要素,它是从财产公有性的非专门的和扩展的意义上而言的。科学上的重大发现都是社会协作的产物,因此它们归属于科学共同体。它们构成了共同遗产,其中作为提出者个人的份额是极其有限的。……

一旦把这种对承认和尊重的制度性重视当作科学家对自己发现的唯一财产权利要求,那么对科学优先权的关注也就成为"正常"的反应了。现代科学史中时常出现的关于优先权的那些争执,都是因对首创性(originality)这一制度性要素的重视而产生的。这些争执引发了竞争性合作。竞争的结果被公有化。而生产者获得尊重。国家也对优先权提出要求,少数科学领域的人被贴上了国家主义的标签:牛顿和莱布尼兹因微积分的优先权要求而引发的激烈争执就是一个例证。但所有这些并未动摇科学知识作为公共财产的地位。

科学的制度性概念作为公共领域的一部分,是与要求交流科学发现联系在一起的。保守秘密是这一规范的对立面;充分和公开的交流是它的规定。由于促进知识的发展这一制度目标和追求承认的努力(它当然以发表的成果为基础),研究成果得以传播。……

科学的公有性还反映在,科学家承认他们依赖于文化遗产,他们对文化遗产的态度是共同的。牛顿的名言"如果我看得更远些,那是因为我站在了巨人的肩上",只在于表明他受惠于公共遗产的观点,并承认科学成就在本质上具有合作性和有选择的积累性。科学天才的谦逊不能简单地从文化上加以说明,而应认识到,科学的进展是以往的人与现代人共同努力的结果。……

科学精神特质中的公有性与资本主义经济中把技术当作"个人财产"的概念是水火不容的。一些讨论"科学中的挫折"的当代著作反映了这方面的冲突。……科学家被要求应成为新的经济事业的促进者。其他人则通过倡导社会主义以寻求这一冲突的解决。这些提议,无论是要求通过科学发现取得经济效益,还是要求通过社会系统的变革促进科学事业的发展,都反映了在知识产权概念方面的差别。

(三) 无私利性(Disinterestedness)

科学作为专门职业中的一类,通常把无私利性作为一个基本的制度性要素。无私利既不等同于利他主义,也与利己主义行动无关。这些等同混淆了分析的制度层面与动机层面的问题。求知的热情、无尽的好奇心、对人类利益的无私关怀和许多其他特殊动机都为科学家所具有。但把问题放在不同的动机方面似乎没有找对方向。其实正是对大部分动机的不同形式的制度性控制决定了科学家的行为。因为一旦制度要求无私利的行动，它就以惩罚为代价要求科学家遵从这一规范，而当这个规范被内化之后，它就以心理冲突为代价。

在科学的编年史中实际上很少存在着欺骗行为，这与其他活动领域的记载相比似乎是个例外，这种情况有时被归因于科学家的个人品质。这意味着，科学家是那些具有不寻常的道德修养的人。但事实上没有令人满意的证据来证明这一点；从科学自身的某些特性中却可以找到更合理的解释。包括对成果的重复和证实等方面，科学研究要受到同行专家的严格审查。或者说，科学家的活动被控制到如此的严格程度，这或许是其他活动领域不能相比的——无疑这种看法有失恭敬。对无私利性的诉求在大众和科学的实践性中有坚实的基础，可以说，这要归功于科学家的正直。……但是，一般来说，虚假的学说似乎是微不足道的和无效的。无私利性的规范向实践的转变，通过科学家对其同行的最终负责而获得有效的支持。社会化情操要求与权宜之计之间的充分协调，将有助于制度的稳定性。

……

在外行人看来，科学的声誉和高尚道德情操在很大程度上可以说是技术发展成就的结果。每一项以科学为基础的新技术都为科学家的正直诚实提供了佐证。科学似乎在实现着其目标。然而，科学权威有可能并且确实被盗用于获利目的，这主要是因为外行常常不能把虚假学说与这种权威性的真正主张区别开。……所以，在一定程度上是由于科学成就的原因，人们多数易于接受明显地打着科学招牌的新神秘主义。借用的科学权威给了非科学学说以威望。

（四）有条理的怀疑主义（Organized Skepticism）

有条理的怀疑主义与科学精神特质的其他要素都有不同的关联。它既是方法论的要求，也是制度性的要求。暂时的悬而未决性和借助于经验与逻辑的标准对观念的客观审视，经常使科学陷于与其他制度的冲突之中。科学旨在寻求关于事实的答案，包括潜在性的问题，涉及自然和社会的方方面面，它因此会与其他关于这些相同问题的认识发生冲突，这些认识已被其他制度具体化而且常常仪式化了，科学研究者都知道神圣事物与世俗事物之间的不同，也清楚在这两者中，一者要求绝对无疑的尊崇，另一者则要求作客观的分析。

正如我们已提到的,这似乎是抵制所谓的科学制度侵入其他制度领域的根源。与经济团体和政治团体相比较,有组织的宗教团体对科学的这种抵制已变得不太显著了。当一些特殊的科学发现似乎有损于教会、经济或国家的特定信条等,冲突还可能存在。认为怀疑主义威胁着当代的权力分配,是相当不贴切的,这常常是一种含混不清的忧虑。一旦科学把它的研究扩展到了已存在某些制度化观点的新领域,或当其他的制度扩展到对科学的控制时,冲突就变得严重了。在现代的极权主义社会中,反理性主义和中央集权的制度控制都制约着科学活动的范围。

——[美]R·K·默顿:《科学的规范结构》(1942年),林聚任译,《哲学译丛》2000年第3期。

二、科学技术的社会条件

科学技术是社会历史的产物,其发生和发展只有在一定的社会背景中才能得到阐释,也就是说,科学技术的产生、发展和变革只有从社会的经济生活、政治制度、意识形态、教育水平和文化传统等方面进行多维度的解读才能得到合理的说明。

1. 经济生活

社会经济活动是影响科学技术发展的各种社会条件中起着决定性作用的因素,它主要体现在如下几个渐次递进的层面上,即物质生产、经济实力和经济体制等。物质生产是人类社会赖以存在和发展的基础,是决定其他社会活动的最基本的实践活动。科学技术的发生和发展一开始就是由生产决定的,人类早期的生产活动是产生原始科学知识和生产技能的源泉。到了近代,"科学以意想不到的力量一下子重新兴起,并且以神奇的速度发展起来,那么,我们要再次把这个奇迹归功于生产"①。近代科学的诞生和迅速发展在很大程度上是由社

---

① 《马克思恩格斯选集》第3卷,人民出版社2012年版,第865页。

会生产的需要所决定的。在现代,特别是知识经济时代,生产活动不但促使科学技术事业的突飞猛进,还推动科学技术组织方式的重大变革,科学技术活动已经由个人研究、集体研究转变为国家规模甚至国际规模。生产实践为科学技术提供研究课题和认识材料,同时科学技术成果的真理性和实用性也必须通过生产实践来检验。生产实践不断为科学研究创造出新的观察、实验和信息处理手段。仪器设备和物质技术手段,在某种意义上标志着科学技术发展的水平,决定着科学技术发展的状况。社会物质生产是科学技术最重要的物质保证。

现代大科学、高技术的兴起,已使科学技术成为耗资巨大的社会工程。社会对科技的投入水平制约着科技发展的规模、速度和水平,而这种投入水平则取决于一个国家的经济实力。经济实力还表现在科研经费的使用分配上,经济实力雄厚的国家可以对风险高、耗资大、周期长的科技领域有更大的投入,而经济实力薄弱的国家则比较注重能直接促进生产力发展的领域。政府巨大的科研投入为科学技术活动提供了先进的物质基础平台、研发共享资源和更优渥的条件和机会。当代社会的科学技术活动主要分布在经济实力雄厚的发达国家,也表明经济实力和科研投入的重要影响。

科学技术的发展也同样要受到经济体制的制约。经济体制对科学技术活动的影响主要表现在需求驱动和政策激励两个方面。如果市场发育不健全,市场体系不完善,则以市场需求信号为主要表征的市场机制就不能有效地起到促进社会尤其是企业进行科技创新的作用。中国自从实行了社会主义市场经济体制后,科研成果转化为生产力和经济效益的周期已大大缩短,科研成果在商品化的同时也给科研部门带来了巨大的经济效益。一种经济体制能否对科技发展起促进作用,关键在于它能否最大限度地调动科研机构与科技工作者的积极性和主动性。

2. 政治制度

一个社会的政治制度对科学技术的发展也具有很大的影响。毫无疑问,科学的自由探索、自由讨论,要由民主的政治环境来保证,相反,政治上的专制则总是这样那样妨碍科学技术事业的健康发展。不同的社会制度对科学技术发展的作用是不一样的。近代以前的封建社会以相对保守的生产方式为基础,其社会制度的内部结构中也缺乏刺激生产力发展的因素,进而也就缺乏科学创造与技术创新的持续动力。资本主义的生产方式使生产中第一次产生了只有用科学技术才能解决的实际问题,科学技术被有意识地加以发展和应用。但是,在这种社会制度下，只有当科学技术能明确提供高额利润才能获得资助与发展，这就从根本上限制了科学技术更广阔的发展前景。从理论上说，社会主义制度可以有效解决生产的社会性同生产资料的私人占有性之间的矛盾，通过统一规划，更合理地调配和使用人力、物力和财力，最大限度地满足科学技术日益社会化的要求。

社会制度对科学技术的制约，还突出表现在社会制度的变革往往为科学技术的发展扫平前进的道路。英国17世纪资产阶级革命确立了资本主义制度，为英国成为近代科学革命的中心，以及18世纪的产业革命创造社会条件。后来日本在科学技术领域的崛起，不能不说与19世纪中后期明治维新导致的社会制度变革密切相关。在现代社会中，政治制度对科学技术的调控主要依靠国家科技政策的制定和实施来实现，这些政策同时也调节、控制和引导着整个社会对科学技术、科技工作者的态度，以及这个国家整体科学能力的发展。

3. 意识形态

这里仅就哲学思想和宗教信仰这两个因素讨论社会意识形态对科学技术发展的影响。在历史上，先进的哲学思想推进了科学技术的发展，而保守的哲学思想却常常起阻碍作用。17世纪英国和18世纪法国的唯物主义思想，为近代欧洲的自然科学提供了崭新的世界观和有效的方法论，有力促进了近代科学的发展。而与此同时，中国明清时期的文化专制主义，则在很大程度上是导致中国相对于欧洲科学技术整体衰落的思想原因。科学家所从事的研究活动，总是在特定的哲学文化背景下进行。从古希腊亚里士多德开始，西方哲学就被划分为自然哲学、伦理学和逻辑学等，这也为(自然)哲学与科学的刻画了相对独立又难解难分的"问题域"。文艺复兴时期，培根对科学的性质、结构和功能的论述以及对科学技术社会建制的设想，表明欧洲人对于发展科学技术有着深刻的自觉，为近代科学在欧洲的兴起奠定了坚实的思想和方法论基础。而在以"泛道德主义"的儒家思想居主导地位的中国传统文化中，"修身齐家治国平天下"是最基本的价值追求，这就决定了中国哲学关于自然界的论述都是以隐喻人生为目的的，结果使中国哲学有关自然现象的讨论与研究充满了思辨性、模糊性、神秘性，对探索和利用自然的知识不能做出比较深入的说明，形成比较系统的理论，我们祖先相当丰富的工艺技术知识也就不能提炼成反映规律性的知识。

在西方的文化背景下，宗教是近代科学产生的一个内生性因素。根据默顿的说法,清教主义在信仰与现实之间架起了一座桥梁,因为它隐含着一种世俗的或入世的禁欲主义,将"颂扬上帝"作为思想情感的汇聚中心,清教主义厌弃文学艺术和充满虚假教义的经院哲学,而注重可以获得实用知识的学科,尤其是物理学,一直被认为是从上帝的作品中去理解上帝。正是在新教伦理的引导下,科学研究逐渐变得尊严,变得高尚,成为神圣的事业。重视理性和实验的清教也就这样成了新科学发展的动因。正如默顿指出的:"清教的不加掩饰的功利主义、对世俗的兴趣、有条不紊坚持不懈的行动、彻底的经验论、自由研究的权利乃至责任以及反传统主义,——所有这一切的综合都是与科学中同样的价值观念相一致的。"①

4. 教育水平

教育的发展状况和水平决定了一个国家科学家队伍的质量和数量,决定了科学家队伍后备力量的培养。从事科学技术活动的主体科学技术劳动者,是通过教育造就出来的。教育发展状况的好坏,不仅决定着科技队伍的质量、数量和结构,还决定着科技队伍知识更新的能力及其后备力量的培养。在很大程度上,获诺贝尔科学奖的人数是衡量一个国家拥有做出世界一流原创性成果能力的重要指标。迄今为止,获得诺贝尔科学奖人数最多的前三位国家分别是美国、英国和德国。据统计,1901—2008 年间,考察物理、化学、生理或医学的获奖者的国籍情况,其中美国遥遥领先,三大奖项均居世界各国之首,共有 194 人获奖,占世界三分之一以上。英国和德国是第二层次,占世界的 15% 左右。美国为何"盛产"诺贝尔奖得主?除了充裕的经费和优越的研究条件、激励创新的科研体制、宽松自由的学术环境以外,就是美国具有一批优秀的科学家队伍,以及培养这个队伍的优良教育传统。早在独立之前,美国就有了哈佛大学、耶鲁大学、普林斯顿大学、布朗大学、哥伦比亚大学等高等学校,1855 年已有大专院校 150 所,到 1885 年猛增至 500 多所,这些教育资源为 20 世纪美国的科技发展和经济起飞准备了充分的人才资源。

教育的普及程度决定了科学知识、科学精神和科学方法在社会中的传播、接受和应用,决定了一个民族科学文化素质的水准。科学技术就其本质是没有国界的,任何科学技术成果都可以超出国家和地区的界限,为整个人类所共享。

---

① [美]罗伯特·金·默顿:《十七世纪英格兰的科学、技术与社会》,范岱年等译,商务印书馆 2000 年版,第 183 页。

但每个国家和民族享用这些科技成果的能力,取决于该国家和民族的教育水平、教育普及程度,一个国家和民族的教育水平和教育普及程度越高,它接受、消化、吸收和应用这些成果的能力就越强,反之则越弱。教育支持系统可以通过普通教育、继续教育、终身教育等模式,提高民众的整体科学素质,以提高全社会的科技创造能力。

5. 文化传统

科学的发展与人类文化是分不开的,在西方是如此,在中国也是如此。17世纪近代科学革命为何发端于欧洲?17世纪至19世纪末,经过两次西学东渐,中国为何不能很好地学习、吸收西方近代科学,从而使中国近代科学落后于西方?对于这些问题的解读,必然涉及一个国家科学发展的社会文化生态。科学与文化之间存在着一种互动的关联机制,一个国家或民族的科学发展受社会文化的影响既久远又深刻。

以牛顿经典物理学的创立为标志的近代科学革命之所以发生在17世纪的英国,这绝非是偶然的,与当时英国的经济、政治和文化状况有着密切的关系。就文化传统而言,英国人崇尚实证精神,英国是近代西方哲学"经验论"的故乡,培根、洛克、贝克莱和休谟都是著名的经验论者,英国人的民族心理文化结构可以概括为"经验理性"。英国人在民族心理文化结构上的这一特征,是英国近代经验科学发达的重要原因之一,波义耳、牛顿、哈维、法拉第、达尔文都是以善于观察、实验而著称的科学家。相对于英国人来说,德国人更崇尚思辨精神,其民族心理文化结构可以表征为"理论理性"。康德、黑格尔、马克思、尼采、叔本华以及海德格尔都是作形上之思和建立思想体系的大家,20世纪初出现的爱因斯坦相对论、希尔伯特数学公理化理论、弗洛伊德潜意识理论都带有明显的思辨特征,德国理论科学之发达与德意志民族崇尚思辨的文化传统不无关系。

中国传统文化以儒家文化为正统,崇尚道德实践,强调对现实的关怀。海德格尔讲"知死,方知生",西方人重来世,有着强烈的宗教信仰。孔子曰"未知生,焉知死",中国人重今生,无真正意义上的宗教。在中国人的生活中似乎并不需要一个超验的、人格化的、全知全能的上帝来求得灵魂的安宁,在对现实的追求中就足以使心灵得到安顿。在儒家思想中,这种肯定现实生活的世界观所关注的是伦理实践。但实用理性并不只是伦理实践,它也同思辨的思维模式形式对照,中国的思维乃至整个中国文化都与实用的东西联系得比较密切。中国文化精神的核心是"实用理性"①,而中国的实用理性又与中国四大实用文化即兵、农、医、(技)艺有密切关系。物理学家吴大猷于在《科学技术与人类文明》一文中指出:"一般言之,我们民族的传统,是偏重实用的。我们有发明、有技术,而没有科学。"他认为,中国人引以为自豪的"四大发明"是技术而不是科学。中国科学落后西方者,不是个案的技术发明,而是科学探索的动机、视野和方法。

延伸阅读 5.2

可见科学发展的速度至少也是与人口增长的速度一样的;人口与前一代人的人数成比例地增长,而科学则与前一代人遗留的知识量成比例地发展,因此,在最普通的情况下,科学也是按几何级数发展的。而对科学来说,又有什么是做不到的呢?

——恩格斯:《政治经济学批判大纲》(1843 年—1844 年 1 月),《马克思恩格斯文集》第 1 卷,人民出版社 2009 年版,第 82 页。

各门科学在 18 世纪已经具有自己的科学形式,因此它们终于一方面和哲学,另一方面和实践结合起来了。科学和哲学结合的结果就是唯物主义(牛顿的学说和洛克的学说同样是唯物主义的前提)、启蒙运动和法国的政治革命。科学和实践结合的结果就是英国的社会革命。

——恩格斯:《英国状况十八世纪》(1844 年 2 月),《马克思恩格斯文集》第 1 卷,人民出版社 2009 年版,第 97 页。

火药、指南针、印刷术——这是预告资产阶级社会到来的三大发明。火药把骑士阶层炸得粉碎,指南针打开了世界市场并建立了殖民地,而印刷术则变成新教的工具,总的来说变成科学复兴的手段,变成对精神发展创造必要前提的最强大的杠杆。

——马克思:《经济学手稿》(1841—1863 年),《马克思恩格斯文集》第 8 卷,人民出版社 2009 年版,第 338 页。

---

① 李泽厚:《中国古代思想史论》,人民出版社 1985 年版,第 303—306 页。

必须研究自然科学各个部门的循序发展。首先是天文学——游牧民族和农业民族为了定季节,就已经绝对需要它。天文学只有借助于数学才能发展。因此数学也开始发展。——后来,在农业的某一阶段上和在某些地区(埃及的提水灌溉),特别是随着城市和大型建筑物的出现以及手工业的发展,有了力学。不久,力学又成为航海和战争的需要。——力学也需要数学的帮助,因而它又推动了数学的发展。可见,科学的产生和发展一开始就是由生产决定的。

……

如果说,在中世纪的黑夜之后,科学以意想不到的力量一下子重新兴起,并且以神奇的速度发展起来,那么,我们要再次把这个奇迹归功于生产。

——恩格斯:《自然辩证法》(1873—1883年),《马克思恩格斯文集》第9卷,人民出版社2009年版,第427页。

大工业的真正科学的基础——力学,在18世纪已经在一定程度上臻于完善;那些更直接地(与工业相比)成为农业的专门基础的科学[Ⅺ—494]——化学、地质学和生理学,只是在19世纪,特别是在19世纪的近几十年,才发展起来。

——马克思:《剩余价值理论》第2册(1861年1月—1863年7月),《马克思恩格斯全集》第34卷,人民出版社2008年版,第119页。

把科学从阶级统治的工具变为人民的力量,把科学家本人从阶级偏见的兜售者、追逐名利的国家寄生虫、资本的同盟者,变成自由的思想家!只有在劳动共和国里面,科学才能起它的真正的作用。

——马克思:《〈法兰西内战〉初稿》(1871年4—5月),《马克思恩格斯文集》第3卷,人民出版社2009年版,第204页。

只有一种有计划地生产和分配的自觉的社会生产组织,才能在社会方面把人从其余的动物中提升出来,正像一般生产曾经在物种方面把人从其余的动物中提升出来一样。历史的发展使这种社会生产组织日益成为必要,也日益成为可能。一个新的历史时期将从这种社会生产组织开始,在这个时期中,人自身以及人的活动的一切方面,尤其是自然科学,都将突飞猛

> 进,使以往的一切都黯然失色。
> ——恩格斯:《自然辩证法》(1873—1883 年),《马克思恩格斯文集》第 9 卷,人民出版社 2009 年版,第 422 页。
>
> 在马克思看来,科学是一种在历史上起推动作用的、革命的力量。任何一门理论科学中的每一个新发现——它的实际应用也许还根本无法预见——都使马克思感到衷心喜悦……
> ——恩格斯:《卡尔·马克思的葬仪》(1883 年 3 月 18 日),《马克思恩格斯文集》第 3 卷,人民出版社 2009 年版,第 602 页。
>
> 如果像您所说的,技术在很大程度上依赖于科学状况,那么,科学则在更大得多的程度上依赖于技术的状况和需要。社会一旦有技术上的需要,这种需要就会比十所大学更能把科学推向前进。
> ——恩格斯:《致瓦·博尔吉乌斯》(1894 年 1 月 25 日),《马克思恩格斯文集》第 10 卷,人民出版社 2009 年版,第 668 页。

三、科学技术的社会功能

科学作用于社会主要表现为两种方式:一是"有形的"方式,即通过科学知识的物化产生新技术、新工具、新工艺、新方法,促进社会生产力的发展,引起生产方式和社会结构的变革,从而推动人类社会物质文明的进步;二是"无形的"方式,即通过科学思想、科学精神、科学方法向社会精神领域的广泛渗透,从而提高社会的认识能力和智力水平,并引起思维方式、社会价值观、道德观和生活方式的改变,最终推动人类社会精神文明的发展。近代社会发展史表明,科学不仅具有巨大的物质功能与经济功能,同时也具有强大的精神功能与文化功能。这两个方面的作用相辅相成,互相配合,缺一不可。也是在这个意义上,马克思主义历来强调科学是"历史的有力杠杆",是"最高意义上的革命力量"。

1. 科学技术的物质价值

科学技术是解决人与自然矛盾、协调人与自然关系的手段,是人类认识、改造和保护自然从中获得自由的革命性力量。科学技术在现代社会物质生产中的广泛应用,极大促进了社会生产力的发展,改善了人类劳动条件,提高了人类生存环境的质量。可以说,没有科学技术,就没有人类现代物质文明。

物质文明是人类改造自然界的物质成果的总和,它表现为社会生产力的发展水平,社会劳动生产率的高低,表现为社会所拥有的物质财富的丰富程度,以及人们物质生活的质量和水平。近代科学革命和技术革命与随之带来的工业革命为近现代社会带来了巨大的社会生产力,极大地提高了人们的物质生活水平,创造了崭新的物质文明。正如马克思和恩格斯所说的,"资产阶级在它的不到一百年的阶级统治中所创造的生产力,比过去一切世代创造的全部生产力还要多,还要大。自然力的征服,机器的采用,化学在工业和农业中的应用,轮船的行驶,铁路的通行,电报的使用,整个大陆的开垦,河川的通航,仿佛用法术从地下呼唤出来的大量人口——过去哪一个世纪料想到在社会劳动里蕴藏有这样的生产力呢?"[①]这是对工业革命的生动写照,也是对科学技术在近代社会所起的巨大作用的生动写照。工业革命的实质,就是人类学会了转变并控制各种不同的能源,并借助各种机械的发明,使得人类能够从事比以往任何时候任何社会更强有力、更精确也更可靠的工作,从而使社会生产力和人类的物质生活得到大幅度的提高。毫无疑问,没有科学革命和技术革命就没有工业革命,而没有工业革命就不可能有近代社会生产力的迅速发展,当然,更不可能实现社会的现代化。

科学技术的物质价值,亦即科学技术对人类物质生产和物质生活的意义。可以说,正是由于科学技术的发展,人类才有可能从根本上改善自己的生存境遇、潜能发挥和实现途径。人的生存条件的改善和自身发展取决于人类文明的进步,而科学技术的进步及其大规模的应用又是人类文明大踏步前进的决定性因素。科学对人类物质文明发展的促进作用主要是通过物质生产发展、劳动方式的改变和人类物质生活的改善这三个方面来实现的

科学技术是第一生产力。科学技术从根本上来说,是由于生产的需要,随着生产的发展而发展起来的。近代科学技术的产生及其引起的工业革命,进一步密切了科学技术和生产的关系,也改变了科学技术和生产的性质。马克思在研究了机器在大工业中的应用以后指出:以大规模使用机器为特征的近代生产方式的建立,"第一次使自然科学为直接的生产过程服务","第一次产生了只有

[①] 《马克思恩格斯选集》第 1 卷,人民出版社 2012 年版,第 405 页。

用科学方法才能解决的问题","第一次达到使科学的应用成为可能和必要的那样一种规模",从而"第一次把物质生产过程变成科学在生产中的应用",同时也把科学变成"应用于生产的科学",使科学"成了生产过程的因素即所谓职能"。① 从此,科学技术就成了发展生产力的一个决定因素。科学技术知识渗透到生产过程中,与物质生产力中的各个要素紧密结合,使物质生产力无论在量的增长还是在质的飞跃上都发生了根本性的变化。科学技术作为生产力要素,同劳动工具、劳动对象和劳动者这些实体性要素有所不同,科学技术是知识形态的生产力。这种知识形态的生产力可以通过劳动者、劳动手段和劳动对象转化为物质形态的直接生产力。劳动者是社会生产力中起主导作用的最积极、最活跃的因素,劳动者的劳动能力不仅取决于体力的大小,而且取决于智力因素。随着现代科学技术的发展及其在生产中的大规模应用,尤其是知识、技术密集型产业的兴起,发展和应用科学技术的人就更加成为生产力要素中的决定性要素。生产工具的改进和革新的历史鲜明地体现着科学技术对于劳动资料的渗透和强化作用。科学技术可以物化为劳动手段,既改变了劳动手段的性质,又改变了劳动手段的构成,极大地扩展了劳动手段的功能,提高了劳动手段的效率。科学技术渗透在劳动对象之中,可以拓展劳动对象的范围,从原材料的加工深度的不断提高、新材料的开发利用,到自然资源的节约和高效利用以及保护,越来越多的自然力和自然物变成可以改造和利用的资源,进入生产过程的对象越来越深地打上了科学技术的烙印。科学技术不仅渗透和作用于各个生产力要家之中,而且可以促进整个生产力系统的优化和发展。总之,科学并入生产过程,就会变成直接的、现实的生产力,科学技术进步必然导致社会生产力的发展,成为提高劳动生产率的主要因素。纵观近三百年来科学技术和生产发展的历史,不难看出,生产力的发展在越来越大的程度上依赖于技术的进丛,技术的进步又在越来越大的程度上依赖于科学的发展。20世纪以来,现代生产的发展已经完成了根植于现代技术的基础之上的历史性转变,现代技术的发展也完成了根植于现代科学的基础之上的历史性转变。在当代,科学技术的生产力功能得到了进一步的发挥,成了生产力发展中的最重要的主导性因素,即科学技术成了第一生产力。

科学技术促进劳动方式的转变和劳动条件的改善。科学技术体现人对自然界的能动关系。科学技术进步不仅增强了人对自然界的支配能力,也改变了

---

① 马克思:《机器。自然力和科学的应用》,人民出版社1978年版,第206、212页。

人类的劳动方式,改善了人类的劳动条件。人类劳动的自然条件,包括"人本身的自然"和"人的周围的自然",后者又可分为"生活资料的自然富源"和"劳动资料的自然富源"。在人类文明初期,人类主要是靠"本身的自然"与自然界相对立,直接从自然界中获取"生活资料的自然富源"。在人类文明发展的较高阶段,人类越来越多地把自然力和自然物引入生产过程,在越来越大的程度上以"周围的自然"与自然界相对立,充分利用"劳动资料的自然富源"去占有更多的"生活资料的自然富源"。人类之所以能够做到这一点,恰恰是利用了科学技术的手段。正因为人类借助于科学技术,才使生产的发展不再受制于人的生理和心理条件的局限,使人类自身的体力与脑力劳动逐渐被各种技术手段所代替,使人类越来越超脱于直接生产过程,并从各种繁重、重复以及危险的劳动操作中解放出来。在当代,科学技术改变了社会劳动的结构,使得整个社会劳动结构中体力劳动不断下降和脑力劳动不断上升;科学技术促进了劳动方式的转变,以电子计算机技术为核心的新技术革命通过扩大制造、管理和决策活动的自动化、智能化,使劳动的方式、性质和内容等都产生了很大变化;科学技术推进了劳动条件的改善,在现代生产中,"控制机"逐渐取代人工对机器的直接控制职能,使人的体力和脑力劳动得到解放。

科技进步促进人类物质生活质量的提高。自然界是人类社会存在和发展的前提,没有它提供的物质生活条件和环境,人类的生存和发展是不可想象的。然而,自然界没有给人类提供现成的物质生活条件,天然的自然环境也不一定适合人的需要,人类必须依靠科学技术通过劳动自觉地有目的地改造自然环境,改变物质生活条件,才能使之不断满足自己的物质生活需要。在科学产生以前,人类只能依靠对周围自然的特性的认识,直接从自然中获取现成的、简单的物品,适应自然环境,以取得生存的条件。科学产生之后,自然知识增多,技术手段增加,人类才通过农业、工业创造各种新的物质条件,改造自然环境,确保了人类的生存和社会持续向前发展。随着科学的迅速发展,社会趋于现代化,人类不断为自己创造出数量日益丰富、质量日益精美的物质产品,以前所未有的规模和速度提高了自己的消费水准,更新着自己的消费结构,极大地改变了自己的生活方式。从原始人的茹毛饮血到今天的锦衣佳食,从过去的泥屋草棚到今天的高楼大厦,从过去的骑马坐轿到今天的飞机汽车,从过去的"老死不相往来"到今天的真正的"全球一村",从过去的"人团于田土"到今天的"遨游于太空",这一切无不反映了科学使人类生活方式发生的质变。科学的进步,还拓展了人类的活动空间,扩大了人类的交往方式,丰富了人类的生活内容,促进了医药、卫生、保健事业的发展,增进了人类的健康,延长了人类的寿命,提高了人类的生命质量,从而创造出"更美好的、更积极的和更和谐的个人和社会生活方式"①。

2. 科学技术的精神价值

精神价值是相对于物质价值而言的,它是指客体同人的精神文化需要的关系,大体上包括认知价值、道德价值和审美价值。在这三种精神价值中,认知价值就是所谓的"真",道德价值就是所谓的"善",审美价值就是所谓的"美"。三种价值的统一,也就是通常所说的真、善、美的统一。"所谓真乃是知识上的善,美乃是知觉上的善,而善则为道德价值的真,美则为表象与知觉上的真,真可以说是知性的美,而善又可以说是行为的美。"②就作为知识体系和探索活动的科学而言,其精神价值主要包括以下五个方面。③ 一是开启人的心智的启蒙价值:科学具有知识启蒙的意义,科学知识是开启民智、彰显理性的先锋。在蛮荒时代,对自然的恐惧和敬畏使人生活在一个"万物有灵"的"神秘世界"之中,神秘主义被特权阶层发展为蒙昧主义和专制主义。科学知识流射出的光是真理之光,它使人们意识到,世界有其内在的规律,世界不仅不神秘,而且可以为人所认识。二是满足人的好奇心的认知价值:科学能满足人的好奇天性和求知本能,填补人的精神空白和消解人的心理疑团,把人从茫然无知的"原始"状态拯救出来,提升人的思想境界。与神话、宗教、哲学、历史、文学、艺术等其他认知形式相比,科学这一认知形式最客观、最系统、最精密,对其他认知形式具有典范性的影响和作用。三是增强人的自信心和安全感的预见价值:人的精神追求无止境,不仅想解释过去和现在,还想借助科学预知未来。科学的预见不仅使人在心理上获得安全感,更重要的是显示出人的理性的伟大力量,增强人的自信心,使人的精神从必然王国迈向自由王国。四是使人安身立命的信念价值:科学给予我们对永恒世界的相对稳定的、比较正确的信念,使人的心灵获得自由和宁静,成为人安身立命的支点之一。五是使人的情感获得愉悦的审美价值:科学能给人的审美判断以永恒的满足,其审美价值在于实验美、理论美和数学美。实验美包括实验现象之美、实验设计之美、实验方法之美、实验结果之

---

① [英]J·D·贝尔纳:《科学的社会功能》,陈体芳译,张今校,商务印书馆1982年版,第545页。
② 成中英:《科学真理与人类价值》,台湾三民书局1979年版,第22—23页。
③ 李醒民:《科学价值概论》,《光明日报》2007年2月6日。

美；理论美包括描述美、结构美、公式美；数学美包括理论数学表达的质朴美、和谐美、对称美和涵盖美。

科学的精神价值,不仅体现在科学活动本身即是对真、善、美的追求,而且体现在科学具有对人类精神文明发展的促进作用。精神文明是人类社会精神生活进步与开化的状态,是人类精神生产积极成果的总和,大体上可以归结为两个方面:一是社会的政治思想、道德风貌、心理、风尚,人们的世界观、理想、信仰、观念等,概括起来就是思想方面;二是指社会的文化、知识、智慧的状况,科学、教育、文学、艺术等事业的发展程度,概括起来就是文化方面。科学作为知识形态的人类精神产品,对人类精神文化的影响和促进作用主要表现在人们思维方式的变革、道德观念的更新以及教育和文化事业的发展等方面。

科学技术推动人类哲学观念和思维方式的变革。哲学作为世界观和方法论的理论体系,是时代精神的精华,它以最一般原则的高度指导人们的社会生活、支配人们的思想。而每个时代的哲学观念在很大程度上又是由那个时代的科学发展水平决定的。科学直接为哲学提供事实材料、思想材料和科学证据,是哲学产生和发展的基础。恩格斯说过:"随着自然科学领域中每一个划时代的发现,唯物主义也必然要改变自己的形式。"历史上唯物主义哲学的三种发展形态,即古代朴素的唯物主义、近代形而上学唯物主义以及现代辩证唯物主义,都与当时自然科学的发展水平有着极为密切的联系。近代哲学的中心问题,是知识论或认识论问题,以笛卡儿为代表的"唯理论"与以培根为代表的"经验论"之间的论战是近代哲学发展的中心线索。关于认识的本质及来源的论争之所以成为近代哲学的中心问题,则直接与近代科学革命有关。就本质特征而言,现代西方哲学可以概括为的两大思潮,即科学主义和人本主义。科学主义运动对科学划界、科学发展模式的探讨,人本主义运动对人的生存方式、人的异化、人的自由、解放等问题的思索,都与现代科学技术的发展及其对社会的广泛而深刻的影响有关。人的思维方式是随着科学认识、科学方法的发展而不断更新的。正如哲学观念的变革不能脱离科学一样,作为理性认识的思维方式的更新也不能脱离科学的发展。在现代科学日益精细而又呈现整体化发展的趋势下,一系列横断性、综合性的学科如系统论、控制论、信息论、自组织理论、复杂性科学等建立起来。这些新兴学科的产生,为转换、变革旧有的思维方式提供了基础,现代思维方式正朝着系统性、开放性、动态性和复杂性方向发展。以个体性、静态性、简单性为特征的机械论思维方式,正在被以整体性、动态性、复杂性为特征的系统论思维方式所取代。

科学技术推动人类道德观念和道德规范的更新。道德观念,是人们在社会交往中对道德现象的内在联系和本质特征的认识。人们是在认识世界的基础上选择一定的道德观念和道德规范的,社会成员掌握了一定的科学知识,就能更好地理解道德的本质,自觉地选择、抛弃或接受一定的道德观念和道德规范。科学是建立道德行为和发展道德的知识基础,并且促进新的道德规范的形成和社会道德水平的提高。首先,科学技术革命深刻地改变了人们对自然、社会和人自身的本质的认识,从而推进人类道德观念的变革。历史上,哥白尼的日心说、达尔文的进化论,都曾强烈地震撼了上帝创世说,给统治西方上千年的宗教道德以沉重的打击,促进了西方道德观念向近代的转型。其次,科学技术的发展必然导致社会的生产方式和生活方式的改变,从而引起社会道德观念的进步。在以农业文明为主导的封建社会里,手工劳动方式和"日出而作、日落而息"的生活方式使人们形成了因循守旧、与世无争、自由涣散的德行。近代科学技术发展促成了资本主义机器大工业生产方式,它向人们提出了开拓进取、勇于竞争、遵守纪律的道德上的要求。在当代,科学技术广泛地渗透到社会的生产和生活领域,进一步推动新的道德观念的形成。生产过程的高度自动化,要求人们具有科学的工作态度、很好的文化素质和快捷的应变能力等新品质;复杂的工作和生活环境,促使人与人之间的交往以简化的方式代替旧式的繁文缛节;以知识生产为主的生产方式和与之相应的"弹性"生活方式要求人们要有创新观念、效率观念。最后,科学家在科学劳动中形成的追求真理、崇尚实践、实事求是、勇于探索、敢于创新、乐于献身的科学精神,不仅构成了科学家共同体所共同遵循的科学道德准则,而且也深刻地影响了社会其他成员的精神面貌和道德观念。

科学技术推动教育和文化事业的发展。科学技术的发展必然以教育的发展为前提,但它同时又有力地促进教育的发展。这主要表现在:一方面,随着科学技术的发展,大量新的科学技术成果被直接引入教育系统,导致教育内容、教育手段、教育方式与教育方法的不断更新;另一方面,随着科学技术的发展,科学在社会中的应用日益广泛,导致教育对象的扩大、教育功能的扩充、教育水平的提高,以及教育程度的普及和教育制度的完善。科学和技术都隶属于文化范畴,是整个社会文化事业的重要组成部分,科技文化与人文文化构成了人类文化。科学技术的发展本身就意味着文化的发展;并且科学技术还在器物层次、制度层次、行为规范层次和价值观念层次深刻地影响着人文文化发展,从而引起整个人类文化的变迁。就某一特定社会来说,科学的发展所带来的外来文化压力,可能引起其固有文化的变态、异化、解体。但就整个时代而言,科学的发展通过与传统文化的冲与整合过程,终将被文化消化和吸收,从而导致文化的更新与繁荣。在近代,光学、几何学、解剖学对于绘画和雕塑艺术的发展,声学对于音乐艺术的研究与创作,印刷术对于出版业的繁荣,化学、生物学、医学以及各类医疗器械对于卫生事业的发展,都起到了重要的推动作用。在现代,网络小说、网络诗歌等新的文学形式的出现,电子音乐、计算机绘画等新的艺术形式的创立,实现无铅字印刷的电脑激光照排系统的发明,电子图书、期刊、报纸的出现,不仅为各种文化事业的发展提供了新颖的表现形式和手段,而且为文化的普及提供了极为方便的大众传播方式。

延伸阅读 5.3

科学技术这一仗,一定要打,而且必须打好。过去我们打的是上层建筑的仗,是建立人民政权、人民军队。建立这些上层建筑干什么呢?就是要搞生产。搞上层建筑、搞生产关系的目的就是解放生产力。现在生产关系是改变了,就要提高生产力。不搞科学技术,生产力无法提高。

——毛泽东:《不搞科学技术,生产力无法提高》(1963年12月16日),《毛泽东文集》第8卷,人民出版社1999年版,第351页。

马克思说过,科学技术是生产力,事实证明这话讲得很对。依我看,科学技术是第一生产力。

——邓小平:《科学技术是第一生产力》(1988年9月5日、12日),《邓小平文选》第3卷,人民出版社1993年版,第274页。

经济发展得快一点,必须依靠科技和教育。我说科学技术是第一生产力。近一二十年来,世界科学技术发展得多快啊!高科技领域的一个突破,带动一批产业的发展。我们自己这几年,离开科学技术能增长得这么快吗?要提倡科学,靠科学才有希望。近十几年来我国科技进步不小,希望在九十年代,进步得更快。每一行都树立一个明确的战略目标,一定要打赢。

——邓小平:《在武昌、深圳、珠海、上海等地的谈话要点》(1992年1月18日—2月21日),《邓小平文选》第3卷,人民出版社1993年版,第377页。

科技进步的历程表明,科技工作的出发点和落脚点是在认识自然和社会的基础上,推动经济和社会的发展,促进物质文明和精神文明的进步,提高人民的生活水平和质量。

科学技术是人类认识和运用自然规律、社会规律能力的集中反映。自古以来,人类社会经济和文化的每一次重大发展,都依赖于科学的重大发现和技术的重大发明,以及由此形成的技术科学和工程技术的发展和应用。科学发现是人类探索自然和社会奥秘的结晶,它为技术发明和工程技术进步源源不断地提供新知识、新概念、新理论、新方法。技术创新和工程技术进步则是科学发现与产业革命之间的桥梁和纽带。历次重大科学发现所引起的技术突破,都引发了生产力的巨大进步和社会的深刻变革。科技进步和创新是生产力发展的关键因素,也是文化发展的重要因素。大力推进我国的科技进步和创新,是我们发展先进生产力和先进文化的必然要求,也是我们维护和实现最广大人民根本利益的必然要求。

——江泽民:《在中国科学院第十一次院士大会和中国工程院第六次院士大会上的讲话》(2002年5月28日),《人民日报》2002年5月29日。

科学精神是科学技术的灵魂。在探索自然、改造世界的长期实践中,人类不断推进科技进步和创新,不仅从物质层面改变了世界,而且在精神层面深刻影响了人类社会文明发展。历史表明,每一次科技革命的发生和发展都伴随着科学精神的发扬光大,科学精神又为科技进步和创新提供强大精神动力。贯彻落实科学发展观,建设创新型国家,加快转变经济发展方式,必须大力弘扬求真务实、勇于创新的科学精神,在全社会形成讲科学、爱科学、学科学、用科学的良好风尚,为科技创新营造良好社会环境。

——胡锦涛:《在中国科学院第十五次院士大会、中国工程院第十次院士大会上的讲话》(2010年6月7日),《人民日报》2010年6月10日。

科技是国家强盛之基,创新是民族进步之魂。自古以来,科学技术就以一种不可逆转、不可抗拒的力量推动着人类社会向前发展。16世纪以来,世界发生了多次科技革命,每一次都深刻影响了世界力量格局。从某种意义上说,科技实力决定着世界政治经济力量对比的变化,也决定着各国各民族的前途命运。

……

有的学者研究表明,康熙曾经对西方科学技术很有兴趣,请了西方传教士给他讲西学,内容包括天文学、数学、地理学、动物学、解剖学、音乐,甚至包括哲学,光听讲解天文学的书就有100多本。是什么时候呢?学了多长时间呢?早期大概是1670年至1682年间,曾经连续两年零5个月不间断学习西学。时间不谓不早,学的不谓不多,但问题是当时虽然有人对西学感兴趣,也学了不少,却并没有让这些知识对我国经济社会发展起什么作用,大多是坐而论道、禁中清谈。1708年,清朝政府组织传教士们绘制中国地图,后用10年时间绘制了科学水平空前的《皇舆全览图》,走在了世界前列。但是,这样一个重要成果长期被作为密件收藏内府,社会上根本看不见,没有对经济社会发展起到什么作用。反倒是参加测绘的西方传教士把资料带回了西方整理发表,使西方在相当长一个时期内对我国地理的了解要超过中国人。这说明了一个什么问题呢?就是科学技术必须同社会发展相结合,学得再多,束之高阁,只是一种猎奇,只是一种雅兴,甚至当作奇技淫巧,那就不可能对现实社会产生作用。

多年来,我国一直存在着科技成果向现实生产力转化不力、不顺、不畅的痼疾,其中一个重要症结就在于科技创新链条上存在着诸多体制机制关卡,创新和转化各个环节衔接不够紧密。就像接力赛一样,第一棒跑到了,下一棒没有人接,或者接了不知道往哪儿跑。

要解决这个问题,就必须深化科技体制改革,破除一切制约科技创新的思想障碍和制度藩篱,处理好政府和市场的关系,推动科技和经济社会发展深度融合,打通从科技强到产业强、经济强、国家强的通道,以改革释放创新活力,加快建立健全国家创新体系,让一切创新源泉充分涌流。

——习近平:《在中国科学院第十七次院士大会、中国工程院第十二次院士大会上的讲话》(2014年6月9日),《人民日报》2014年6月10日。

四、科学精神与人文情怀

所谓科学,就是在理性的指导下,运用实验与逻辑等手段,不依主观愿望为转移,客观地探索自然界的本来面貌,从中得出规律性的认识,并形成系统的知识。科学精神是科学实践活动所蕴涵的文化精神的集中体现,是人类文明中最宝贵的部分之一,它源于人类的求知、求真精神和理性、实证的传统,并随着科学实践的不断发展,不断丰富其内涵。

1. 弘扬科学精神

科学精神是科学在长期发展过程中积淀形成的独特的意识、理念、气质、品格、规范和传统。科学精神主要包括:

求真。科学是"求真之学",科学的本质在于求真,不懈地追求真理和捍卫真理是科学精神的核心内涵。"为求真理而认识"的科学精神不同于"为求实果而认识"的技术精神。科学探索不以"实用"为目的,而在于"求真";科学是以"好奇取向"而非"实用取向",即科学家进行科学研究纯粹是好奇心的驱动,并无功利性。对真理的渴求、执著和热爱,永远是科学探索、科学创新中的本源性的推动力量。

实证与理性。在科学活动中,通向真理的唯一道路是实证和理性的道路:实验的严格检验和理性的无情审查。科学是崇尚实践的,实证原则是科学的一个重要原则,几乎可以作为科学与非科学的划界标准。它要求一切科学认识必须建立在可靠的、可检验的科学事实基础上,一切科学认识能够而且必须经得起科学实验的检验。科学是崇尚理性的,科学探索不仅需要观察和实验,而且需要借助理性方法。理性精神和实证精神在科学认识活动中体现为严谨缜密的方法,即每一个论断都必须经过严密的逻辑论证和客观验证才能被科学共同体最终承认,任何人的研究工作都应无一例外地接受严密的审查,直至对它所有的异议得以澄清,并继续经受检验。

怀疑与批判。科学尊重已有认识,同时崇尚理性质疑,要求随时准备否定那些看似天经地义实则囿于认识局限的断言,接受那些看似离经叛道实则蕴涵科学内涵的观点。怀疑意识是科学精神的逻辑起点,有了怀疑意识,人们才能独立地判断和思考,排除轻信和盲从;没有怀疑就会成为认同权威的理论侏儒。科学研究如果从怀疑的意识出发而没有批判的理性,那就没有收获,就会成为怀疑论哲学的奴仆。科学精神中的批判的理性,本质上是一种超越,而不是简单或彻底的否定。科学的进步总是要求超越现有的理论,失去了批判的理性,科学就失去了创新的生命力。

追求独创性。科学研究开始于怀疑和批判,但怀疑和批判本身不是目的,而是为了超越和创新。科学是"喜新厌旧"的,每一时代的科学家都力图超越前一代,并且又为后一代所超越。创新是科学的灵魂。科学尊重首创和优先权,鼓励发现和创造新的知识。科学活动自身的最高价值取向就是提出独创性的思想,科学共同体以"占有发现的优先权"荣誉激励科学家努力作出原创性的科学成果。追求独创性的科学精神,是科学得以不断进步的创生基础。

宽容。科学作为人类探索自然界未解之谜的活动,不能排除错误和失误的可能性,科学家往往是在试错的情况下,向正确的方向推进的。科学创新往往是从错误中挣扎发展起来的,所以科学既要明辨是非,又要宽容待人。宽容精神在本质上也是一种自由精神和民主精神,创新需要学术自由,需要坚持在真理面前人人平等。科学容许相互对立的假说同时并存,允许科学家自由地发表自己的观点,充分尊重不同见解的发表和坚持的权利。科学所特有的这种思想兼容、百家争鸣的开明精神保证了各种假说互相撞击,有利于形成科学的理论。

社会关怀。科学家并非是在游离于社会之外的"象牙塔"中从事研究活动的,关注现实、关怀社会是科学家应具备的基本品格之一,服务社会是科学的重要职能。科学在本质上是至善的,科学家应自觉地对科学发展及其应用有可能导致的各种后果承担道义上的社会责任,自愿地接受社会对科学活动的评价和选择。在《维也纳宣言》(1958年)中指出:"由于科学家的专门知识,使科学家能够预见到由于科学发展所带来的危险,以及科学发展所带来的希望,由于科学家具有解决当代最紧迫问题的特殊义务,他们肩负着这一特殊的责任。"这就要求科学家在从事科学活动时,自觉承担起的社会责任。第二次世界大战期间,爱因斯坦曾建议罗斯福总统尽快研制原子弹,以抢在纳粹德国之前造出来。1945年美国在日本投放原子弹之后,又是爱因斯坦最先站出来反对原子弹的制造,号召人民制止核战争的爆发。体现了科学家应有的社会良心。

历史上,科学精神曾经引导人类摆脱愚昧、迷信和教条。在科学的物质成就充分彰显的今天,科学精神更具有广泛的社会文化价值,并已经成为全社会的共同精神财富,照耀着人类前行的道路。

2. 观照人文情怀

在中国文化语境中,人文是相对于天文、地理而言的,但其思想内涵并非中国独创,它的精神实质是与西方的人道主义、人本主义一脉相承的。人文情怀强调以人为本,主张尊重人,肯定人的价值,崇尚人格理想,向往人的自由而全面的发展。如果说科学精神是以价值中立的态度去探索自然界的本来面目,那么人文情怀则恰恰以价值本位的态度,一切以人的需要、人的尊严、人的自由发展为转移。科学精神与人文情怀都是人类文化精神的组成部分,它们有其相通之处。人文情怀讲究追求真、善、美及其统一,而求真正是科学精神的宗旨。人文情怀的探索与弘扬,也要遵循实事求是的科学态度,不能只靠非理性主义地空想、幻想。因此,科学精神与人文情怀是相通互动、相异互补的关系。正因为两种文化精神的相通,它们才会共存于社会之中,互相制衡、互相作用;正因为两种文化精神的相异,才会在社会中起到不同的作用。科学精神与人文情怀的相通互补,是有其内在根据的。人类发展科学的目的,归根到底是为了人,是人为了认识自己赖以生存的客观世界。人只有认识了这个世界,才能获得行动上的自由。科学本身是人的一种社会文化活动,不能没有人性的特点。以自然为对象的科学精神和以人为本的人文情怀,都是人类不可缺少的原则。

当今社会,只要是理智健全的人都不会否定科学技术对社会进步的巨大推动作用,科学技术不仅为人类创造了巨大的物质文明,也为人类创造了巨大的精神文明。如果将社会比作一辆行进的机车,科学在研究和生产中的应用则起着发动机的作用。如果发动机的动力不大,则机车就很难快速行驶,但如果没有制衡器,没有变速和导向系统,动力系统也不能充分发挥作用。正如一辆汽车,马力再大,如果车闸与方向盘有问题,也不敢快速行驶。制衡系统失灵,动力系统越完善,越可能出现灾难。人文情怀、人本主义相对于科学精神而言,正起到这种制衡器的作用。科学精神与人文情怀的共存、互补、制衡,才会保证社会及其人类的稳定发展和全面进步。爱因斯坦曾把科学与人文的关系,比作手段与目标的关系。他说:"手段的完善和目标的混乱,似乎是——照我的见解——我们时代的特征","如果我们真诚地并且热情地期望安全、幸福和一切人的才能的自由发展,我们并不缺少去接近这种状态的手段"[①]。因此,人类的价值目标,这种人文情怀是应该并且能够同科学精神这种手段协调起来的。

科学技术本身只创造手段,而不创造目的。爱因斯坦说过,只懂得应用科学是不够的。"关心人的本身,应当始终成为一切技术上奋斗的主要目标:关心怎样组织人的劳动和产品分配这样一些尚未解决的重大问题,用以保证我们科学思想的成果造福于人类,而不致成为祸害。"[②]当然,科技人员不可能花很多时间从事社会活动,但他们应当关注社会,关注科学技术的应用效果;而且由于科学技术力量越来越强大,科学家对这种力量所导致后果的责任也越来越增

[①] 《爱因斯坦论著选编》,上海人民出版社1973年版,第216页。
[②] 《爱因斯坦文集》第三卷,许良英等译,商务印书馆1979年版,第73页。

加了。

  从理论上说,科技人员应该对自己工作的意义和目的有清醒的认识,应该致力于人类的尊严和福祉,人与自然的和谐共处,世界的永久和平,尽最大的努力防范各种风险,防止可能出现的不利后果。科技人员的社会责任是与他们的科学精神、社会良知和个人操守紧密联系在一起的。"由于科学家的专门知识,使科学家能够预见到由于科学发展所带来的危险,以及科学发展所带来的希望。由此,科学具有解决当代最紧迫问题的特殊义务,并肩负着这一特殊的责任。"[1]科学技术是被用来为人谋利的,至于人们怎样谋利,科学技术本身不知道,这就不仅需要知识和智慧,还需要强烈的社会责任感和人文情怀。

延伸阅读 5.4

关于科学理念的宣言
中国科学院　中国科学院学部主席团
（2007 年 2 月）

  科学及以其为基础的技术,在不断揭示客观世界和人类自身规律的同时,极大地提高了社会生产力,改变了人类的生产和生活方式,同时也发掘了人类的理性力量,带来了认识论和方法论的变革,形成了科学世界观,创造了科学精神、科学道德与科学伦理等丰富的先进文化,不断升华人类的精神境界。

  关于科学的讨论一向是科技界乃至社会各界关注的焦点,自 20 世纪以来,更在世界范围内广泛展开并持续升温。它源于对科学自身及科学与自然和社会系统相互关系的进一步思考,也是飞速发展的科学技术与人类的生存发展和多元文化相互作用的反映。科学技术在为人类创造巨大物质和精神财富的同时,也可能给社会带来负面影响,并挑战人类社会长期形成的社会伦理。人们往往从科学的物质成就上去理解科学,而忽视了科学的文

---

[1] 科学与世界事务国际会议《维也纳宣言》(1958 年),任定成主编:《科学人文读本(大学卷)》,北京大学出版社 2004 年版,第 131 页。

化内涵及社会价值。在科技界也不同程度地存在着科学精神淡漠、行为失范和社会责任感缺失等令人遗憾的现象。

营造和谐的学术生态，需要制度规范，更需要端正科学理念。为引导广大科技人员树立正确的科学价值观，弘扬科学精神，恪守科学伦理和道德准则，履行社会责任，作为我国自然科学最高学术机构、国家科学技术方面最高咨询机构、自然科学和高技术综合研究发展中心，我院特向全社会宣示关于科学的理念。

一、科学的价值

科学是人类的共同财富，科学服务于人类福祉。科学共同体把追求真理、造福人类作为共同的价值追求，致力于促进人的自由发展和人与自然的和谐，体现了科学的人文关怀和社会关怀。这不仅为科学赢得了社会声誉，而且也促进了科学自身的进步。在科学研究职业化、社会化的今天，更应该严格恪守与忠实奉行这种科学的价值观。

20世纪以来，科学研究与国家目标紧密联系，已经成为保证国家根本利益，提升国际竞争力的战略要求。在经济全球化和知识经济时代，科学是一个国家发展的重要知识基础，是综合国力的重要组成部分，是引领经济社会未来发展的主导力量。从科学救国到科教兴国，依靠科学和民主实现中华民族的伟大复兴，是百余年来中国志士仁人的不懈追求。在我们这个正在和平发展中的国家，以创新为民为宗旨，以科教兴国为己任，是中国科技界共同的责任和使命，也是我院全体同仁科技价值观的重要核心与共识。

二、科学的精神

科学是物质与精神的统一，科学因其精神而更加强大。科学精神是人类文明中最宝贵的部分之一，源于人类的求知、求真精神和理性、实证的传统，并随着科学实践不断发展，内涵也更加丰富。历史上，科学精神曾经引导人类摆脱愚昧、迷信和教条。在科学的物质成就充分彰显的今天，科学精神更具有广泛的社会文化价值，并已经成为全社会的共同精神财富，照耀着人类前行的道路，因此，倡导和弘扬科学精神更显重要。

科学精神是对真理的追求。不懈追求真理和捍卫真理是科学的本质。科学精神体现为继承与怀疑批判的态度，科学尊重已有认识，同时崇尚理性质疑，要求随时准备否定那些看似天经地义实则囿于认识局限的断言，接受那些看似离经叛道实则蕴含科学内涵的观点，不承认有任何亘古不变的教条，认为科学有永无止境的前沿。

科学精神是对创新的尊重。创新是科学的灵魂。科学尊重首创和优先权，鼓励发现和创造新的知识，鼓励知识的创造性应用。创新需要学术自由，需要宽容失败，需要坚持在真理面前人人平等，需要有创新的勇气和自信心。

科学精神体现为严谨缜密的方法。每一个论断都必须经过严密的逻辑论证和客观验证才能被科学共同体最终承认。任何人的研究工作都应无一例外地接受严密的审查，直至对它所有的异议和抗辩得以澄清，并继续经受检验。

科学精神体现为一种普遍性原则。科学作为一个知识体系具有普遍性。科学的大门应对任何人开放，而不分种族、性别、国籍和信仰。科学研究遵循普遍适用的检验标准，要求对任何人所做出的研究、陈述、见解进行实证和逻辑的衡量。

三、科学的道德准则

科学研究是创造性的人类活动，只有建立在严格道德标准之上，在一个和谐的环境中才能健康发展。在长期的科学实践中，科学所拥有的博大精深的文化和制度传统，形成了科学的自我净化机制和道德准则。当前，通过科学不端行为获取声望、职位和资源等方面的问题日趋严重，加强科学道德规范建设，保证科学的学术信誉，维护科学的社会声誉，已成为当前我国科技界的重要任务。

科学道德准则包括：

诚实守信。诚实守信是保障知识可靠性的前提条件和基础，从事科学职业的人不能容忍任何不诚实的行为。科技工作者在项目设计、数据资料采集分析、科研成果公布以及在求职、评审等方面，必须实事求是；对研究成果中的错误和失误，应及时以适当的方式予以公开和承认；在评议评价他人贡献时，必须坚持客观标准，避免主观随意。

信任与质疑。信任与质疑源于科学的积累性和进步性。信任原则以他人用恰当手段谋求真实知识为假定，把科学研究中的错误归之于寻找真理过程的困难和曲折。质疑原则要求科学家始终保持对科研中可能出现错误的警惕，不排除科学不端行为的可能性。

相互尊重。相互尊重是科学共同体和谐发展的基础。相互尊重强调尊重他人的著作权,通过引证承认和尊重他人的研究成果和优先权;尊重他人对自己科研假说的证实和辩驳,对他人的质疑采取开诚布公和不偏不倚的态度;要求合作者之间承担彼此尊重的义务,尊重合作者的能力、贡献和价值取向。

公开性。公开性一直为科学共同体所强调与践行。传统上公开性强调只有公开了的发现在科学上才被承认和具有效力。在强调知识产权保护的今天,科学界强调维护公开性,旨在推动和促进全人类共享公共知识产品。

四、科学的社会责任

当代科学技术渗透并影响人类社会生活的方方面面。当人们对科学寄予更大期望时,也就意味着科学家承担着更大的社会责任。

鉴于当代科学技术的试验场所和应用对象牵涉到整个自然与社会系统,新发现和新技术的社会化结果又往往存在着不确定性,而且可能正在把人类和自然带入一个不可逆的发展过程,直接影响人类自身以及社会和生态伦理,要求科学工作者必须更加自觉地遵守人类社会和生态的基本伦理,珍惜与尊重自然和生命,尊重人的价值和尊严,同时为构建和发展适应时代特征的科学伦理做出贡献。

鉴于现代科学技术存在正负两方面的影响,并且具有高度专业化和职业化的特点,要求科学工作者更加自觉地规避科学技术的负面影响,承担起对科学技术后果评估的责任,包括:对自己工作的一切可能后果进行检验和评估;一旦发现弊端或危险,应改变甚至中断自己的工作;如果不能独自做出抉择,应暂缓或中止相关研究,及时向社会报警。

鉴于现代科学的发展引领着经济社会发展的未来,要求科学工作者必须具有强烈的历史使命感和社会责任感,珍惜自己的职业荣誉,避免把科学知识凌驾其他知识之上,避免科学知识的不恰当运用,避免科技资源的浪费和滥用。要求科学工作者应当从社会、伦理和法律的层面规范科学行为,并努力为公众全面、正确地理解科学做出贡献。

在变革、创新与发展的时代,在中华民族实现伟大复兴的历史进程中,必须充分发挥科学的力量。这种力量,既来自科学和技术作为第一生产力的物质力量,也来自科学理念作为先进文化的精神力量。我院全体员工,愿意并倡议科技界广大同仁共同践行正确的科学理念,承担起科学的社会责任,为建设创新型国家、构建社会主义和谐社会做出无愧于历史的贡献。

第六讲　科学方法与社会科学方法

2004年,《中共中央关于进一步繁荣发展哲学社会科学的意见》提出"在全面建设小康社会、开创中国特色社会主义事业新局面、实现中华民族伟大复兴的历史进程中,哲学社会科学具有不可替代的作用";这个文件明确了社会科学在中国社会发展和中华民族复兴中的意义,那就是中国的发展和复兴离不开社会科学的发展和繁荣。社会科学方法是社会科学研究的路径、步骤和手段;在大力发展繁荣社会科学的大背景下,工欲善其事必先利其器,有关社会科学方法的梳理和考察不仅是必要的,而且是必需的。这一梳理和考察应该既有广度又有深度,大抵一是科学和社会科学的关系,二是社会科学方法的演进,三是社会科学方法如何与时俱进。

一、从科学到社会科学

汉语"科学"一词,来自近代日本学界,本用于对译英文中的"science"及其他欧洲语言中的相应词汇;英文"science"则源于拉丁文"scientia",指的是具确定性和可靠性的系统性知识和学问。在日本,幕府末期,"科学"的本义是"学问的分门别类";明治时代,启蒙思想家和翻译家西周最早使用"科学"作为"science"的译名,为汉语"科学"一词当前用法的起点。中日甲午海战以后,中国学者开始接受和使用该词,最早的一位可能是康有为;康有为在其出版的《日本书目志》中,列举了《科学入门》《科学之原理》等书目。

1. "科学"之内涵

其实,在接受科学这个译名之前,西方近代通过实验认知事物的理性知识早已经传入中国,本土的译名是"格致",一个与宋明理学渊源颇深的概念;洋务运动时期,西式学堂开设的课程中有格致课,教授的是近代自然科学,主要是物理学和化学。辛亥革命前后,"科学"一词在中国的使用频率逐渐增多,出现了"科学"与"格致"两词并存的局面。在中华民国时期,"科学"逐渐取代"格致",成为英文 science 及其他欧洲语言中相应词汇的正式译名。

在西方,英语中的 science 和德语中的 Wissenschaft 是可以对译的,且中文都被译为科学,但是并不能将二者视为一个词。德语中的 Wissenschaft 指各种体系性知识,不仅包括通过经验观察和数学推演获得的知识,也包括通过思辨获得的知识如哲学。比如,黑格尔《精神现象学》的长篇导言就名为"Vom wissenschaftlichen Erkennen"("论科学的认识"),这里出现的 Wissenschaft,实际上是一般意义上的哲学;当然在黑格尔那里,哲学有"科学的科学"的理解。英文中有 knowledge,比 science 宽泛,也可以与 Wissenschaft 对译。在有经验主义传统的英语世界中,science 指的就是通过经验观察以获得理性知识的知识学科,首先默认指 natural science 即自然科学(经验科学、实验科学、技术科学)。现在中文语境中的科学,以及近代中国的"赛先生",一般都是英文中的"science"的含义;有一个例外,那就是马克思主义,因为马克思主义哲学具科学性,是哲学,也是科学。

在科学史上,英国哲学家弗·培根最早提出,科学就在于用理性方法整理感性材料,去发现"法式"(规律)。美国社会学家默顿指出,科学"通常被用来指:① 一组特定的方法,知识就是用这组方法证实的;② 通过应用这些方法所获得的一些积累性的知识;③ 一组支配所谓的科学活动的文化价值和惯例;或者④ 上述任何方面的组合"[①]。英国科学史学家梅森也认为:"科学方法主要是发现新现象、制定新理论的一种手段,因此不断地在扩大人类知识体系,只要科学方法应用得上,旧的科学理论就必然会不断地为新的理论所推翻。"[②]

我国《科学》杂志和科学社的创办者任鸿隽,把科学方法相当精辟地概括为"以事实为基,以试验为稽,以推用为表,以证验为决"。理论化、系统化的科学知识必须借助一套方法"构建"起来,其中既有观测、实验等经验性的方法,也有分析、演绎和假说等理论性的方法,还包括想象、直觉等非同一般的方法;否则,人们就只能停留在现象上而无法揭露其背后的本质和规律。事实上,科学的发展也表现为科学方法的刷新,每次重大的科学突破都伴随着新的科学方法运

---

① [美] R·K·默顿:《科学社会学》上册,鲁旭东等译,商务印书馆2003年版,第362—363页。
② [英] 斯蒂芬·F·梅森:《自然科学史》,上海译文出版社1980年版,第565页。

用,例如经典物理学比较注重归纳方法,现代物理学则更重视演绎方法;系统科学、信息科学、生命科学的出现,也反映了当代科学正在推出不同以往的方法论特征。

近代意义上的科学之确立与人类知识的裂变相关,也与人类认知方法的演化相关。

首先,哲学与神学的分离。早在12世纪,西方思想家约翰·邓·司各脱和奥卡姆的威廉尽管不追求哲学与神学的彻底决裂,但通过质疑哲学论证神学信条的有效性方法,试图减少两者之间的相互重叠和交叉;因为在哲学被褫夺了神学论证能力之后,神学信条无法向哲学求论证,而只能限于信仰领域。简言之,通过哲学和神学方法论上的差异,将它们区隔于不同的领域之中。这一分离的结果就是,西方在文艺复兴之后,以哲学为主体的人文学(Humanities;作为知识类型,又译作人文学科或者人文科学)获得了独立发展。

其次,自然科学与人文学的分离即自然科学和人文学科的划界。在这个进程中,人类以前包容在人文学大概念中的知识被切分为两类:一类是实证性知识,主要是以物理学为代表的自然科学,独立成为一种知识类型;正如达尔文所说的,科学乃整理事实,发现规律,归纳结论。另外一类如历史、文学以及形而上的一些研究仍留在人文学领域中。这一分离首先发生在法国和英国,在19世纪早期基本完成;但在20世纪前的德国思想界,这一分离始终在过程中,德语Wissenschaft与英语science之间内涵区别也与之相关。

现在,人类的系统性知识大致分三类,即自然科学、人文学科和社会科学;这种知识的三分法与这两次知识裂变有密切的关系。社会科学就其构词而言,是科学之一种,主要区别于自然科学,其研究对象为社会以及历史,即社会科学是以社会现象为研究对象的科学。自然科学聚焦自然,从人文学中独立了出去;自然科学方法的有效和成功,吸引着人文学中其他知识的视线,而这一吸引为社会科学知识类型建构的一个背景。

2. 社会科学之发端

按照社会科学史家的观点,社会科学的发端可断代于19世纪中期。以社会学为例,1838年,法国实证主义哲学家奥古斯特·孔德在《实证哲学教程》中首次提出"社会学"一词,社会学以之为其学科开端。

19世纪是一个技术机械化和人类理性化的时代;可以用很多词汇去描述它,比如科学世纪和理性世纪;在启蒙的大背景下,以牛顿力学为代表的自然科学精神和方法的传播,推动了18世纪法国的政治革命、英国的工业革命和德国的哲学革命,对19世纪的社会气质和文化氛围有着直接的影响。对于这个世纪,还有一个更有穿透力的描述是现代的门槛,因为欧洲各大国正是在19世纪完成器物层面上的工业革命而跨入现代的。在英国,这个世纪就是狄更斯所描述的"那是最好的年月,那是最坏的年月"的维多利亚时代;马克思也生活于这个世纪,中晚年主要就在英国。

有五个因素对于社会科学在19世纪中叶的发端至为重要。

一是自然科学革命的成功。大多数科学史家都认为14—18世纪是科学革命的年代;部分学者更确切地认为西方科学革命大约于1543年开始,因为哥白尼的《天体运行论》和维赛留斯的《人体构造》出版于那一年。尽管科学革命的具体时间仍有争议,但公认的是,在16—17世之间,物理学、天文学、生物学、医学以及化学的思想都经历了根本性的变化。1687年,牛顿发表了《自然哲学的数学原理》,自然科学的研究基本方法定型,自然科学知识的确定性和可靠性成为常识和共识。近代哲学家,无论唯理论还是经验论,长期讨论"知识是如何可能"的问题,这个知识首先就是自然科学的知识。到19世纪初,科学的独尊地位在西方语言上得到反映,人们把不带限定词的"科学"一词经常与自然科学等同了起来。

二是社会问题的复杂化。工业化、城市化以及劳动分工的细化带来了更复杂的社会问题以及社会管理问题。19世纪的欧洲社会处于前所未有的变动之中,生产力超乎想象地增长,财富几何级数地积累;社会分层加速,人群间的冲突和矛盾激化;西方人通过全球贸易和殖民活动具备全球视野的同时,也面临一系列文化碰撞问题;关于社会和人及其活动,人类原有的认知已经难以应付,拓展和更新这些知识的要求非常紧迫。这种要求早在18世纪就已经引发一些新的知识门类的出现,只是其性质和范围还不明确,但是哲学家开始谈论"社会物理学"(social physics)的时候,以自然科学方法研究社会问题的潮流涌动起来了。

三是民族国家的需要。王权和教权的被颠覆要求各民族国家在治理社会方面走出传统,自然科学的昌明也诱发了近代国家依托现代知识而非想象、神话和巫术来运作的需求,即国家或政府需要更多、更精确、更可靠的知识和信息来制定政策和管理社会。因此,新方法的应用不只是为了获得关于社会的客观知识或科学真理,更重要的是统治者要利用这种知识来控制和管理社会。

四是大学的复兴。西方的大学起源于中世纪,基本归属于教会;16世纪以来,随着启蒙运动的推进和民族国家的构建,大学由于原先与教会的联系过于紧密,起始是日渐衰落——欧洲自然科学起始发展依托于各种皇家科学院;但在18世纪晚到19世纪初,西方大学时来运转,通过社会科学的创制和推进而与民族国家联系在一起。"在整个19世纪,对大学的复兴贡献至巨者并非自然科学家,而是历史学家、古典学者和民族文学学者,他们将大学当作一种手段,以争取国家对其学术工作的支持"①;19世纪初是欧美大学的复兴与改造时期,大学经过改造,神学院或被取消或缩小为系;医学院和法学院仍限于特定专业或职业训练;哲学学院以及分离出的自然科学和人文社会科学各系科成了西方知识生产的制度性场所。

五是人文类知识整形的需要。自然科学从人文学分离,并在科学革命中逐渐获得清晰的界定;相形之下,它原先的母体变得模糊和混乱。甚至,在一段时间中,西方社会都无法对之统一命名,有时被称为文科类(arts),有时被称为人文学(humanities),有时被称为美文学(belles-1ettres),有时被称为哲学(philosophy),有时甚至被简单地称为"文化",而在德文中则被称为Geisteswissenschaften(精神科学)。这种知识形态于18世纪逐渐丧失了其重心和内在凝聚力,边界变化多端,社会功能也无以彰显;这也促使该领域的工作者在19世纪重新定位、清晰和规划其工作的内容和性质,以获得社会的承认和专业的发展。

学科化和专业化是社会科学发端的标志。16世纪到19世纪中期,社会共同体的政治设计、国家的经济政策、国际关系的准则以及东西方制度的优劣等问题,已经为思想家们——早期的马基雅维利、布丹、格老秀斯、配第、法国重农主义者和苏格兰启蒙思想家以及19世纪上半期的托克维尔、赫尔德、基佐、费希特、马尔萨斯、李嘉图等——提出并关注,并有卓越的研究成果;这些问题在未来都是社会科学的核心问题,但那时的研究没有走向学科化和专业化,因此不太符合现在的社会科学概念。其原因在于,只有到19世纪中期,社会科学知识的生产逐步变成一种相对自主的、有自己一定的程序和为自己特殊的方法所指导的活动,并逐步形成自己的经验数据积累;纵观历史,社会科学作为了解和控制复杂社会的手段,先是以统计学和人口统计学的形式,后是以经济学、社会学、政治学、人类学等形式确立起来的。

总之,自19世纪中期开始,人类观察、解释和改变社会的程序或方法从根

---

① [美]华勒斯坦:《开放社会科学》,刘锋译,三联书店1997年版,第9页。

本上发生了变化,想象、神秘和天启在这些领域退隐,让位于经验的、定量的以及形式化的方法。这种方法论上的变化,并不仅是社会研究模仿自然科学尤其是物理学研究方式的结果,而且也是人类社会由传统农业文明向现代工业文明转变的结果。19世纪中期,西方社会正式步入现代,而社会科学正是现代的产物之一。

3. 社会科学之生成

按照西方社会科学界的理解,社会科学定型是学科化、专业化和制度化过程,这个过程也就是我们常说的社会科学学术框架的生成过程。

学科化和专业化大致从19世纪中期社会科学的发端开始,到20世纪第一次世界大战爆发前基本完成;其表现是,社会科学的各个主要学科先后形成其独立的研究框架,学科界线也日益清晰,并在大学中开始其制度化历程。在这个阶段,社会科学的学科分化依托的标准是三条分界线:(1)文明与非文明的区别,即现代文明世界的研究(历史学、社会学、经济学和政治学)与非现代文明世界的研究(人类学、东方学)之间的分界线;(2)古代与现代的区别,即在现代文明世界的研究方面,过去(历史学)与现实(社会学、经济学和政治学)之间的分界线;(3)市场、国家与市民社会的区别,即现实研究中,市场研究(经济学)、国家研究(政治学)与市民社会研究(社会学)之间的分界线。

这一进程主要发生在英国、法国、日耳曼国家(德国和奥地利)、意大利和美国,大多数学者和大多数大学当时都云集在这五个地区,我们至今仍在阅读的绝大多数早期社会科学论著也都生产于这五个地区。第一次世界大战爆发前,西方学界在社会科学的基本学科方面达成了共识,即目前我们所熟悉的历史学、经济学、社会学、政治学和人类学这五门最大的社会科学学科。或许还应该再加上东方学,虽然它后来衰落了,但当时在欧洲是兴旺发达的。

在两次世界大战之间,社会科学各主要学科在其独立研究框架的基础上,继续其学科领域的建制工作,清晰其研究对象,明确各自的势力范围,以机构、期刊和制度不断扩大学科影响力。截止到1945年,社会科学主要学科基本完成在世界重要大学中的制度化,共同构成了一个可以"社会科学"名之的知识领域。按照华勒斯坦在《开放社会科学》中的说法,实现这一点的步骤和流程是:

- 在主要大学里设立讲座职位;
- 建立一些系开设相关课程;
- 学生在完成课业后可以取得该学科的学位;

- 训练的制度化伴随着研究的制度化——创办各学科的专业期刊；
- 按学科建立各种学会，从全国性的直至国际性的；
- 建立按学科分类的图书收藏制度。

德国和意大利曾经在一段时期中抵制这套学科体制；但是，随着第二次世界大战的结束，这套体制为德国和意大利的大学全盘接纳。苏联在20世纪50年代后期也开始效仿欧美的社会科学体制。

简言之，从1850—1945年近一个世纪中，社会科学一方面与研究非人类系统的自然科学，另一方面也与研究和创造人类"文明"社会的文化、思想和精神产品的人文学科有了明确的区分。20世纪中期，人类知识的三分格局终于定局：在一端是数学和各门实验自然科学，尤其是物理学、化学和生物学；另一端则是人文学科尤其是哲学、文学和艺术；介于这两者之间的是社会科学特别是经济学、政治学和社会学。社会科学之所以获得这种中间地位，是因为这些原在人文学领域中的知识接受自然科学法则，向自然科学靠拢，其特点如下：第一，和自然科学一样，探寻普遍性规律，只不过其研究对象是人类行为或社会生活某个领域；第二，和自然科学将自然分类研究一样，将社会现实分割成若干不同的部分，由不同的学科作专门化研究；第三，接受自然科学的方法和程序，追求研究的客观性和严格性；第四，和自然科学一样，偏爱实验方式获得证据，文献资料不再是其证据的主渠道。

"二战"后特别是20世纪60—70年代起，由于世界政治格局的变化、社会经济（社会生产力）的发展、人口增长、人类活动范围的再扩大、社会问题的更趋复杂化、大学的扩展以及社会科学研究人员的大量增加等，在人类知识领域，新学科、新知识系统分支以及新思潮不断涌现，其中社会科学各学科间交叉融合尤为明显。这一切冲击着社会科学学科分立的三条传统分界线，但也打开了社会科学未来变迁的道路。

延伸阅读 6.1

自然科学展开了大规模的活动并且占有了不断增多的材料。而哲学对自然科学始终是疏远的，正像自然科学对哲学也始终是疏远的一样。过去把它们暂时结合起来，不过是离奇的幻想。存在着结合的意志，但缺少结合的能力。甚至历史编纂学也只是顺便地考虑到自然科学，仅仅把它看做是启蒙、有用性和某些伟大发现的因素。然而，自然科学却通过工业日益在实践上进入人的生活,改造人的生活,并为人的解放作准备,尽管它不得不直接地使非人化充分发展。工业是自然界对人,因而也是自然科学对人的现实的历史关系。因此,如果把工业看成人的本质力量的公开的展示,那么自然界的人的本质,或者人的自然的本质,也就可以理解了,因此,自然科学将抛弃它的抽象物质的方向,或者更确切地说,是抛弃唯心主义方向,从而成为人的科学的基础,正像它现在已经——尽管以异化的形式——成了真正人的生活的基础一样,说生活还有别的什么基础,科学还有别的什么基础——这根本就是谎言。……

感性(见费尔巴哈)必须是一切科学的基础。科学只有从感性意识和感性需要这两种形式的感性出发,因而,科学只有从自然界出发,才是现实的科学。可见,全部历史是为了使"人"成为感性意识的对象和使"人作为人"的需要成为需要而作准备的历史(发展的历史)。历史本身是自然史的一个现实部分,即自然界生成为人这一过程的一个现实部分。自然科学往后将包括关于人的科学,正像关于人的科学包括自然科学一样:这将是一门科学。[X]人是自然科学的直接对象,因为直接的感性自然界,对人来说直接是人的感性(这是同一个说法),直接是另一个对他来说感性地存在着的人,因为他自己的感性,只有通过别人,才对他本身来说是人的感性。但是,自然界是关于人的科学的直接对象。人的第一个对象——人——就是自然界、感性,而那些特殊的、人的、感性的本质力量,正如它们只有在自然对象中才能得到客观的实现一样,只有在关于自然本质的科学中才能获得它们的自我认识。思维本身的要素,思想的生命表现的要素,即语言,具有感性的性质。自然界的社会的现实和人的自然科学或关于人的自然科学,是同一个说法。

——马克思:《1844年经济学哲学手稿》(1844年5月底6月初—8月),《马克思恩格斯文集》第1卷,人民出版社2009年版,第193—194页。

在分析任何理论著作时,——而我们在此地正是讨论卢梭的理论著作,——只考虑其中包含的思想和叙述这些思想的方式是不够的。在这里,还绝对必需考虑某个第三种东西,这就是研究的方法。方法,这是用来发现真理的工具。它所以重要,不在它本身,而在于利用它可以做出一些结论,正象在物质生产领域内,工具之所以重要不在工具本身,而在于利用工具可以得到一些必需的物品。而且在物质生产领域中,特定工具带来的利益,是由实际使用工具而能获得的那些物品的总和决定的,并不是由单独拿出的其中任何一种物品决定的。同样,在精神劳动领域内,特定方法的优点也取决于应用此种方法的研究者得出的所有那些正确结论的总和,并非取决于其中任何一个结论。所以我们完全可以设想这样一种情况:作家特别有力地显示出自己的天才,恰恰是在他得出错误结论的时候。这种情况,例如在俄国社会思想史上就可以找到。当别林斯基在一篇关于波罗丁周年纪念的论文中得出了不正确的结论的时候,他就表现出自己是一个特别深刻的思想家。这类事情是不值得大惊小怪的,正象射手即便使用很好的枪,也并非永远都命中目的。然而,如果用很好的枪射击可能失误,而用弓射击却很可能命中目的,那么由此完全不应该得出结论说,用任何东西射击:用完善的枪或者用太古的弓,都是一样的。和弓比较起来,枪毕竟利害得多。同样的道理:虽然掌握更现代的研究真理的方法可能犯错误,而利用比较落后的方法却可能达到正确的结论,但这还是完全证明不了方法的意义很小。和比较落后的方法相比,更现代的方法毕竟更有成效些。如果发现更现代的方法的作家本人,并非始终都善于无误地实际运用此种方法,那么这还是不会取消发现这方法的重要意义。继他而起的人们,不但会依据他的新方法改正他的失误,而且一般说来,他们对科学作出的成绩会比他们过去利用成效较少的旧方法所作出的成绩大得多。因此,发现更完善的方法的人,其功绩终究是很伟大的,尽管他有个别错误。因此我才说,分析理论著作时,只评价其中包含的思想和叙述这些思想方式是不够的,还应当考虑到作者用来得出自己思想的那个方法。方法的正确可以绰绰有余地补偿个别结论的错误以及叙述的平淡无味。

——[俄]普列汉诺夫:《让·雅克·卢梭和他的人类不平等起源的学说》,《论人类不平等的起源和基础》附录二,商务印书馆1962年版,第243—245页。

在社会科学领域里,率先取得自律的制度化形态的学科实际上是历史学。……十九世纪发展起来的新型历史"学科"的显著特点是,它严格地强调应该去探明 wie es eigentlich gewesen ist(即"实际发生的事情",这是兰克 Ranke 的名言)。这种主张究竟针对的是什么呢?主要是那种讲述想象的或夸张的故事的做法,因为这些故事迎合读者的趣味,或服务于统治者和其他权势集团的当下目标。

我们很难忽略这样一个事实：兰克的口号在很大程度上反映出"科学"在同"哲学"的较量中所利用的各种主题——对客观、可知的现实世界的存在的强调，对经验证据的强调，以及对学者的中立立场的强调。而且，史学家象自然科学家一样，不应该在先前的文字著述（图书馆、读书的地方）或他们自己的思想过程（书房，思考的地方）中寻找材料，而是应该在一个能够收集、存储、控制和支配外在的客观数据的地方（实验室/档案馆，从事研究的地方）寻找材料。

……

诚然，十九世纪早期的史学家经常都把普遍历史的幻象作为自己的出发点，然而，史学家所秉持的反理论姿态，一旦同来自国家和有教养的公共舆论的社会压力结合在一起，便推动他们主要地去写本民族的历史，而"民族"一词的界定，尽管史学家们不愿再为国王进行辩护，但他们又不知不觉地在为"民族"进行辩护，而且经常是在为他们的新君王，即"人民"进行辩护。

无疑，这对国家是有利的，因为社会凝聚力能够由此而得到增强，不过在另一方面，这种作用又是间接的。它不能帮助国家明智地决定现行政策，当然对理性改良主义所应采取的形态也几乎不能提供任何有见识的指导。在1500至1800年期间，不同的国家在制定政策时已经习惯于请教专家（经常是公务员）。在商业本位时期则尤其如此。这些专家所提供纳知识可归在若干名目之下：如法理学（一个旧名词）和国际法（一个新名词），政治经济学（也是一个新名词，它完全依其字面意义表示国家一级的宏观经济学）、统计学（又是一个新名词，它原来指的是有关国家的定量数据），以及财政学。大学的法学院已经开设了法理学课程，财政学也早已成为十八世纪德国大学的一个科目。然而，只是到了十九世纪，才开始出现一个叫做经济学的学科，它有时被放在法学院里，但经常都被放在哲学院（有时是以前的哲学院）里。由于十九世纪占据主导地位的是自由经济理论，因此到了十九世纪下半叶，"政治经济学"这个术语终于消失了，取而代之的是"经济学"一词。把形容词"政治的"去掉之后，经济学家便可以论证说，经济行为反映的是一种个体主义心理学，而不是以社会的形式建构起来的各种制度；据此又可以进一步断定自由放任原则是符合自然的。

……

正当经济学逐渐地成为大学里的一门常规学科——它面向现时，侧重于研究普遍规律——时，一门全新的学科也正处于创建的过程个，人们给它起了一个新名字，叫做社会学。对于创建者孔德来说，社会学将成为各学科的皇后，是一门具有"实证主义"（这是孔德发明的又一个新名词）性质的整合的、统一的社会科学。然而实际上，社会学作为一门学科之所以在十九世纪下半叶发展起来，主要是因为当时的一些社会改革协会所从事的工作在大学里得到了制度化，并且经历了一次转变。迄今为止，这些协会的首要任务就是去处理由于城市工人阶级人口的激增而引起的不满和骚乱。通过把他们的工作移进大学校园里，社会改革者在很大程度上放弃了他们针对立法而进行的积极的、直接的游说活动。不过，社会学还是一直都保持着对普通人以及现代性（modernity）的后果的关注。或许是为了彻底割断社会学与社会改革组织之间的渊源关系，社会学家们开始培养一种实证主义信仰，这种信仰与他们所秉持的现时取向结合在一起，便把他们也推到了注重研究普遍规律的学科阵营里。

政治学作为一门学科出现得更晚一些，之所以如此，并不是因为它的研究对象——现代国家及其政治——不太适合于以探寻普遍规律为旨趣的分析，而主要是因为大学的法学院拒绝放弃它们在这个领域里的垄断权。法学院对这个学科的抵制可以解释这样一个现象：至少直到1945年以后发生所谓的行为主义革命时为止，政治学家一直都十分注重研究政治哲学（有时也称为政治理论）。政治哲学容许政治学宣称对远溯至希腊人的那份思想遗产拥有继承权，因而政治学家也完全可以去研究那些在大学的课程表中早已占据牢固地位的作家。

政治哲学不足以为建立一门新的学科提供充分的辩护，它毕竟可以继续在哲学系里讲授，并且实际情况也确乎如此。政治学作为一门独立的学科，实现了一个更进一步的目标：它把经济学也合法化为一门独立的学科。那时，政治经济学作为一个研究主题已经遭到贬斥，因为人们提出这样一个论点：国家和市场是按照而且也应该按照各自不同的逻辑来运行；为了确保它的延续性，从长远来看，这就必然要求建立一个独立的学科来对政治领域进行科学研究。

历史学、经济学、社会学和政治学合演了一首四重奏，它们在十九世纪（无疑直到1945年）逐渐地成为大学里的一些学科。在这整个过程中，对它

> 们的研究主要局限在作为它们共同发源地的那五个国家,不仅如此,它们也主要是对那五个国家的社会现实进行描述。当然,这并不意味着这五个国家的大学完全忽略了世界上的其他国家,其实它们只不过把自己的研究分成了一个一个的学科而已。
>
> 现代世界体系的建立牵涉到欧洲人与世界其他民族的相遇,并且在多数情况下还伴随着对这些民族的征服。……对这些民族的研究构成了一个新的学科领域,称为人类学。
>
> ——[美]华勒斯坦:《开放社会科学》,三联书店1997年版,第16—22页。

二、社会科学方法:实证、诠释或批判?

科学方法一般就是指自然科学研究方法,更确切地讲是近代以来的自然科学研究方法,是系统地去解释、预测和改变自然现象的一系列思路、程序、规则、技巧和模式。近代,随着牛顿力学的巨大成功,在自然科学界占主导地位的是一种实证主义性质的假说演绎推理(Hypothetico-deductive-method);其一般程序是,在观察和分析基础上提出问题以后,通过推理和想象提出解释问题的假说,根据假说进行演绎推理,再通过实验检验演绎推理的结论——如果实验结果与预期相符则假说证实,反之证伪。这个流程援用了演绎逻辑,但整个方法的本质却是归纳的。方法论从宏观上可分为整体论和还原论;整体论认为,系统作为整体是不能分割的,只能从研究对象的输入输出中判断其机制和功能;近代自然科学方法则是一种还原论,是把研究对象打开和拆解,化整体为部分,由连续到离散,寻找系统的构成要素,尽可能地归纳各要素间的因果关系,以描述和解释系统的结构和机理。近代科学方法还有两个很重要的追求,一个是普遍性,万物共存于永恒的现在,过去、现在和未来的区别并不重要,科学揭示的因果必然性是超越时空的普遍自然法则;二是客观性,基于笛卡儿的二元论——自然与人类、物质与精神、物理世界与社会—精神世界之间存在着根本的差异,追求不受人的意志所控制的必然性。

1. 社会科学研究方法的三种基本范式

社会科学的发端和建构过程有浓烈的将自然科学方法应用于社会领域的

意味。但是鉴于社会与自然的明显不同,社会科学的生成史也呈现为社会科学方法的竞争史和斗争史。在林林总总的社会科学研究方法中,按照西方学者的意见,可以总结归纳出三种基本的倾向或者范式,也是三种方法论传统。

1. 实证的社会科学(positive social science),以涂尔干为代表;
2. 诠释的社会科学(interpretive social science),以韦伯为代表;
3. 批判的社会科学(critical social science),以马克思为代表。

在三种倾向或范式中,实证的社会科学与诠释的社会科学之间的竞争,折射出的是社会科学作为一种中间类型——介于自然科学和人文学科之间——知识形态的独特性,也反映了查尔斯·斯诺所说的"两种文化"的争执。社会科学百多年历史中,这两种方法论范式既对立又交互,深刻地影响了社会科学各学科具体方法论的建构和塑造。

社会科学的实证研究方法重在发现,强调社会科学的客观性,其经典表述见于孔德的《实证哲学教程》、密尔的《逻辑体系》和涂尔干的《社会学方法的准则》。首先,实证主义者认为,科学只有一个逻辑,任何渴望冠上"科学"这个头衔的智力活动都必须遵守这个逻辑;也就是说,社会科学与自然科学必须使用相同的方法,社会科学是自然科学在社会和历史领域中的延伸,排斥一切先验或形而上学的思辨。其次,他们认为,社会科学就是发现社会和历史中的因果关联;正如涂尔干所理解的,社会科学从社会结构来解释社会事实,用一种社会事实来解释另一种社会事实。孔德认为没有必要在自然科学与社会科学之间做出划分,为了获得实证知识,要采用四种方法即观察、实验、比较和历史的方法。基于这一认识,倾向这种方法的社会科学追求自然科学式的因果性、精密性和普遍性,重视研究程序的可重复性(replicability)和研究结果的可验证性(verifiability),力求对现象的变化做出精确的预测。数学和统计学为其主要的工具,量化研究为此类方法重中之重。还有,实证主义者将社会系统理解为生物体。

诠释的社会科学重在理解,其关键词是意义。总体上讲,诠释方法并不直接否定实证主义方法,但是强调自然和社会的不同,社会存在具目的性和价值性,因此在社会科学领域中,只有实证主义的因果性说明不足以完整地解释社会现象和人类行为,必须有意义层面上的诠释性理解,而且后者更为重要。诠释的社会科学力图理解和解释,人如何在其价值观的驱动下有目的地创造与维持其生活世界,并通过这种"诠释"来展望历史变迁和社会动态;研究者通过直接详尽地观察在自然环境下的人群,关注人对日常事务的处理方式及处理经过,对具有社会意义的行动进行有系统的分析;例如,在一个社会中,人与人之间如何互动,个体如何与他人相处,等等。诠释主义者经常使用参与观察与实地研究,也重视研究者与被研究者之间的主体间性(intersubjectivity)和视域融合(fusion of horizons)。

总体而言,实证主义范式是科学主义的,立足于自然科学和社会科学的普遍性;诠释主义方式奠基于社会科学的特殊性之上,具人本主义的特征。社会科学的发展历程中,不少思想家试图弥合两者间的间隙,试图总结出一种综合性的社会科学方法论,却始终差强人意。不过,这两种社会科学方法论也有其共同之处,重在解释世界而非批判和改造世界,视野局限于现实世界本身,强调专业化,拘泥于学科框架和专业界限,于是它们与第三种社会科学方法论范式即批判的社会科学有着重大的区别。

2. 马克思主义社会科学方法论的意义

批判的社会科学方法论主要就是马克思主义传统的社会科学方法论,起点在马克思,为马克思之后的马克思主义者所坚持和发展。在社会科学建制过程中,马克思主义有着独特的历史:在西方,马克思主义及其方法论在国家制度之外,很大程度也在大学门外;在苏联以及后续的社会主义国家,马克思主义则为主导意识形态,其方法论具有特殊的地位。在20世纪60年代以后的西方,在社会科学方法论原有两种范式相持不下并日渐暴露其内在缺陷之时,马克思主义对于社会理解及其解决社会问题的方式却显示了其独特性,为一些西方思想家或者流派如法兰克福学派所推崇——西方思想家同时也调用其他一些思想资源,构成西方诠释的社会科学和实证的社会科学之外的第三种社会科学方法论范式。

马克思主义是一种巨型话语和宏大叙事,其世界观、价值观和方法论是统一的,对世界和历史有一个整体性的解决方案,也对20世纪的人类历史产生过重大影响。马克思主义的社会科学方法论从实践出发,服务于实践,有强烈的问题意识,要求社会科学研究在实践中不断推动真理的发展;对于世界和历史,以系统、矛盾、过程的辩证思维作整体而动态的解释和描绘。这种方法论认为,人在其实践中不仅是认知主体,而且是价值主体,人类认知是有价值倾向的。同时,马克思主义有其世界历史和未来社会的评判、展望和期待,坚持社会科学的研究应该包含人类对于世界和历史的理想与愿景。关于马克思主义社会科学方法论的原则,可以总结为这样几条,即客观性原则、主体性原则、整体性原则、具体性原则和发展性原则。①

在西方,马克思主义传统的社会科学方法论之所以成为批判的社会科学,是因为以下几个方面:其一,它是一种彻底的意识形态批判理论,认为意识形态作为上层建筑必然维护其经济基础,必然有其虚假性和欺骗性。其二,它是社会危机论和社会冲突论,认为社会内部各要素之间有着不可克服的矛盾,矛盾的发展必然引发社会结构的危机,而危机是旧社会向新社会过渡的契机。其三,它站在启蒙的立场上。马克思主义认为,人们对于社会认识也是历史的结果,受制于物质条件和意识形态;社会科学研究者与研究对象是一种互动的关系,在互动中将迎来意识的觉醒并化为现实的实践活动,进而推动现实世界的变化,即"批判的武器当然不能代替武器的批判,物质力量只能用物质力量来摧毁,但是理论一经掌握群众,也会变成物质力量"②。其四,它有未来的目标和走向目标的行动纲领,这一点为马克思主义的现实实践所证实。总之,批判的社会科学不认为知识是中立的,对现实社会如资本主义社会持强烈的负面评价,强调社会科学研究的启蒙和解放功能。在批判的社会科学那里,衡量研究质量的标准不是证实,也不是证伪,而是消除误解和无知;社会的调查和研究需要具备批判和反思功能,要深刻揭示当前社会的历史性和暂时性;认识与实践要统一,要超越当前社会;社会科学的研究应该有指向,那就是推动历史走向一个更好的社会。

同为现代思想,批判的社会科学与其他社会科学方法论是有一致之处的,都聚焦于现代国家,对科学有基本的认同并对科学改变人类命运充满信心,相信历史进步的必然和未来的好前景。但是,正如德国思想家哈贝马斯认为的,批判的功能和解放的旨趣为实证的社会科学和解释的社会科学所欠缺,关键就在于这两种方法论对现实世界的无底线地认同和屈服以及割裂认识和行动(实践),即它们都是为认识而认识,为科学而科学,缺乏改造社会的勇气和功能。实证的社会科学认为社会现象是一种纯客观存在,不受主观价值因素的影响,一切概念必须可以还原为直接经验才能有效;在批判的社会科学看来,这种方法论过分强调实证研究与经验分析,将割裂主体与客体、价值与事实之间的有机联系,其本质是异化和物化,必然导致对既定现实的无批判性肯定,最终成为现代社会权力控制和压迫的附庸或帮闲。至于诠释的社会科学,在批判的社会

---

① 参见《马克思主义与社会科学方法论》,高等教育出版社2012年版,第8—9页。
② 《马克思恩格斯文集》第1卷,人民出版社2009年版,第11页。

科学看来，则有走向相对主义的嫌疑，当诠释为我们提供了无限的空间和可能性，在实践层面却是软弱和无效的；其法则在社会科学中的滥用不仅使社会科学走向相对化，也降低了社会科学评价标准的客观性，社会科学研究也将毫无目的可言。

目前，在社会主义国家，马克思主义社会科学方法论处于指导地位。在西方，社会科学的三大研究范式还在"竞争"之中，不断地争夺着话语权；这并不是说，在西方怎么做都可以，也不是说三者之间没有一致之处，而是指社会科学方法论之争在西方尚未终结。

3. 三种研究范式简评

社会科学研究方法上的三种基本范式的产生和竞争有历史的原因，也基于它们不同的哲学前设和世界图景；具体而言，三种范式在以下问题上各有其回答：(1) 为什么要进行社会研究？(2) 社会现实的基本特征是什么？(3) 什么是人类的基本特征？(4) 科学和常识之间的关系是什么？(5) 有哪些因素构成了对社会现实的解释或理论？(6) 如何确定一个解释是对还是错？(7) 什么才算是好的证据？事实是什么？(8) 价值从哪一点上介入科学？

	实证的社会科学	诠释的社会科学	批判的社会科学
1. 研究动机	发现自然规律，以便预测与控制	理解与描述有意义的社会行动	消解神话并激发改变现实的动力
2. 社会现实	事先存在，等待人们去发现	具情境性，在互动中生成	有内在的结构性冲突
3. 人的本质	理性人，追求个人利益，受外在环境的影响	社会人，不断地在相互理解中生成其生活世界	具实践能力，有改造世界的潜力，遭意识形态欺骗
4. 常识	与科学不同，可靠性弱	合理，应该尊重	有意识形态欺骗性
5. 理论	由概念、判断、推理所构成的理性体系	对一个意义系统生成和维持状态的描述	揭示真相，批判现实的一种行为方式
6. 真理	合乎逻辑，符合事实	共识	是改造世界的工具
7. 好的证据	实验观察获得的，具可重复性	社会互动的有效中介	具意识形态批判能力

续　表

	实证的社会科学	诠释的社会科学	批判的社会科学
8. 价值	科学是价值中立的；除了选择主题之外，应该悬置价值	价值是社会生活的一部分，价值没有正确和错误之分，只有差异性	科学有其价值立场，价值有正确和错误之分

正如我们在上表看到，不同的研究范式在诸多方面有着原则性的差异，而这种差异贯彻到具体的研究过程中，结果也会有所不同。以社会学做一个就业竞争问题调查为例：

在实证的社会科学范式下，研究者首先从一般理论中演绎出若干假设，搞一个模型；接着，搜集现有的政府统计资料，或是进行一项问卷调查；对该假设所需要的数据进行精确测量；最后，使用统计分析软件分析数据，预测就业竞争未来趋势。

在诠释的社会科学范式下，研究者一般会深入现场，亲自观察，访谈相关对象；从访谈和观察中了解相关对象对工作的理解、就业的迫切度和竞争的感受度等；最后写成报告描述调查经过。

在批判的社会科学范式下，研究者首先是从大的社会层面与历史情境对调查进行定性；在调查中聚焦正义和道德问题，比如就业歧视、社会不公等；如发现非正义和不道德问题，将研究结果反馈给受害人，揭发真相并鼓励采取政治社会行动。

当然，这三种社会科学方法范式并不是完全独立和排斥的；在具体的研究中，社会科学处于三种不同传统的张力之中，有相互排斥也有相互借助，具体的研究方法也会综合调用这三种方式。

当前中国的社会科学发展和繁荣方兴未艾，其方法论发展也愈发重要。正如我们所看到的，构成西方社会科学方法论之争的两大范式既有其"深刻"，也有其"片面"，双方相持不下，但最后却坐等批判的社会科学——马克思主义传统的社会科学方法论——之重新崛起。因此，我们在当代中国建设和发展社会科学方法论，要坚持主导性和开放性的辩证统一：一是立场要坚定，对马克思主义社会科学方法论要有方法自信，要坚持其指导地位，要把发展着的马克思主义的立场、观点和方法贯彻到社会科学研究中；二是心态要开放，承认西方社会科学方法论有其合理性，是现代社会科学不可分割的一部分，有值得学习和借鉴之处，可以取其长避其短。如是，我们才能真正推动社会科学方法论在中国的建设和发展,切实有效地提高中国社会科学的研究水平,让社会科学有效地服务于当代中国实践。

延伸阅读6.2

从马克思的观点看,迄今为止的整个历史进程,就重大事件来说,都是不知不觉地完成的,就是说,这些事件及其所引起的后果都是不以人的意志为转移的。要么历史事件的参与者所希望的完全不是已成之事,要么这已成之事又引起完全不同的未曾预见到的后果。用之于经济方面就是,单个资本家都各自追求更大的利润。资产阶级经济学发现,每一单个资本家这种对更大的利润的追求,产生一般的、相同的利润率,差不多人人相同的利润率。但是,不论资本家还是资产阶级经济学家都没有意识到:这种追求的真正目的是全部剩余价值按同等的比例分配给总资本。

那么平均化的过程实际上是怎样完成的呢?这是个非常有趣的问题,马克思本人对此谈得不多。但是,马克思的整个世界观不是教义,而是方法。它提供的不是现成的教条,而是进一步研究的出发点和供这种研究使用的方法。因此这里还有一些马克思自己在这部初稿中没有做完的工作要做。……对这个过程作出真正历史的解释,当然要求认真地进行研究,而为此花费的全部心血将换来丰硕的成果,这样的解释将是对《资本论》的十分宝贵的补充。

——恩格斯:《恩格斯致威尔纳·桑巴特》(1895年3月11日),《马克思恩格斯文集》第10卷,人民出版社2009年版,第691—692页。

马克思学说在整个文明世界中引起全部资产阶级科学(官方科学和自由派科学)极大的仇视和憎恨,这种科学把马克思主义看作某种"有害的宗派"。也不能期望有别的态度,因为建筑在阶级斗争上的社会是不可能有"公正的"社会科学的。全部官方的和自由派的科学都这样或那样地为雇佣奴隶制辩护,而马克思主义则对这种奴隶制宣布了无情的战争。期望在雇佣奴隶制的社会里有公正的科学,正象期望厂主在应不应该减少资本利润来增加工人工资的问题上会采取公正态度一样,是愚蠢可笑的。

不仅如此,哲学史和社会科学史都十分清楚地表明:马克思主义同"宗派主义"毫无相似之处,它绝不是离开世界文明发展大道而产生的一种固步自封、僵化不变的学说。恰恰相反,马克思的全部天才正是在于他回答了人类先进思想已经提出的种种问题。他的学说的产生正是哲学、政治经济学和社会主义极伟大的代表人物的学说的直接继续。

马克思学说具有无限力量,就是因为它正确。它完备而严密,它给人们提供了决不同任何迷信、任何反动势力、任何为资产阶级压迫所作的辩护相妥协的完整的世界观。马克思学说是人类在19世纪所创造的优秀成果——德国的哲学、英国的政治经济学和法国的社会主义的当然继承者。

——列宁:《马克思主义的三个来源和三个组成部分》(1913年3月),《列宁选集》第4卷,人民出版社1995年版,第309—310页。

自然科学的"纯"事实,是在现实世界的现象被放到(在实际上或思想中)能够不受外界干扰而探究其规律的环境中得出的。这一过程由于现象被归结为纯粹数量、用数和数的关系表现的本质而更加加强。机会主义者始终未认识到按这种方式来处理现象是由资本主义的本质决定的。马克思在谈到劳动时对生活的这样一种"抽象过程"作了深刻的说明,但是他没有忘记同样深刻地指出他在这里谈的是资本主义社会的一个历史特点……但是资本主义发展的这一趋势还走得更远。经济形式的拜物教性质,人的一切关系的物化,不顾直接生产者的人的能力和可能性而对生产过程作抽象合理分解的分工的不断扩大,这一切改变了社会的现象,同时也改变了理解这些现象的方式。于是出现了"孤立的"事实,"孤立的"事实群,单独的专门学科(经济学、法律等),它们的出现本身看来就为这样一种科学研究大大地开辟了道路。因此发现事实本身中所包含的倾向,并把这一活动提高到科学的地位,就显得特别"科学"。相反,辩证法不顾所有这些孤立的和导致孤立的事实以及局部的体系,坚持整体的具体统一性。它揭露这些现象不过是假象,虽然是由资本主义必然产生出的假象。但是在这种"科学的"氛围中,它仍然给人留下只不过是一种任意结构的印象。

所以,这种看来非常科学的方法的不科学性,就在于它忽略了作为其依据的事实的历史性质。然而这不只是一种错误来源之所在(总是被采用这种方法的人所忽略),对此恩格斯已明确地提醒人们注意。这种错误来源的实质在于,统计和建立在统计基础上的"精确的"经济理论总是落后于实际的发展。……因此我们看到,说资本主义社会的结构本来就和自然科学的方法协调,是它的精确性的社会前提,这是很成问题的。如果说"事实"及其相互联系的内部结构本质上是历史的,也就是说,是处在一种连续不断的变化过程中,那么就的确可以问在什么时候产生出更大的科学不精确性。……

那些似乎被科学以这种"纯粹性"掌握了的"事实"的历史性质甚至以更具破坏性的方式表现出来。它们作为历史发展的产物,不仅处于不断的变化中,而且它们——正是按它们的客观结构——还是一定历史时期即资本主义的产物。所以,当"科学"认为这些"事实"直接表现的方式是科学的重要真实性的基础,它们的存在形式是形成科学概念的出发点的时候,它就是简单地、教条地站在资本主义社会的基础上,无批判地把它的本质、它的客观结构、它的规律性当作"科学"的不变基础。为了能够从这些"事实"前进到真正意义上的事实,必须了解它们本来的历史制约性,并且抛弃那种认为它们是直接产生出来的观点:它们本身必定要受历史的和辩证的考察。……所以要正确了解事实,就必须清楚地和准确地掌握它们的实际存在同它们的内部核心之间、它们的表象和它们的概念之间的区别。这种区别是真正的科学研究的首要前提。……所以我们必须一方面把现象与它们的直接表现形式分开,找出把现象同它们的核心、它们的本质连结起来的中间环节;另一方面,我们必须理解它们的外表形式的性质,即看出这些外表形式是内部核心的必然表现形式。之所以必然,是因为它们的历史性质,因为它们是生长在资本主义社会的土壤中。这种双重性,这种对直接存在的同时既承认又扬弃,正是辩证的关系。

——[匈牙利]卢卡奇:《历史与阶级意识》,杜章智等译,商务印书馆1996年版,第53—58页。

首先,……社会学无须使用那些使形而上学者们发生意见分歧的重要假说。它既没有必要肯定自由,又没有必要肯定决定论。它的全部要求,是叫人们承认可把因果律的原理运用于社会现象的研究。而且,在社会学上这一原理不是作为一种合理的必然性,而只是作为一种经验的公设,即合理的归纳的产物而提出的。因为因果定律已在其他自然的领域里得到证实,即其作用范围已逐渐由物理——化学世界扩大到生物学世界,进而由生物学世界扩大到心理学世界,所以我们有理由认为把它用于社会学世界也同样是恰当的;而且今天可以补充一点:以这种公设为基础进行的各种研究又在证明把它用于社会学的合理性。但是,关于因果关系的性质是否排斥一切偶然性的问题,并没有因此而得到解决。

……

其次,我的方法是客观的。它完全受社会事实是物,故应作为物来研究这样一种观念所支配。当然,这个原理也以稍微不同的形式见于孔德和斯宾塞先生的学说的基础之中。但这两位大思想家主要是从理论上对这个原理进行了概括,而很少把它们运用于实践。为了不使这项概括成为一纸空文,只把它宣布出来是不够的,还必须把它作为社会学家一开始接触其研究对象时就要遵守的,而且要贯穿于他的全部研究过程之中的守则的基础。我至今潜心研究的,也只在于建立这个守则。我在前面已经指出:社会学家应该怎样排除他们对于事实的成见,而直接面对事实本身;应该怎样从事实的最客观的性质着手研究事实;应该怎样根据事实本身来确定把它们划分为健康状态和病态的方法;最后,他应该怎样在对事实的解释中和在证明这种解释的方法上体会这项原理。因为我们一旦感到自己所面辟的实实在在的物,甚至就不想以功利主义的汀算和任何一种推论来解释它们了。在这样的原因和这样的结果之间存在着差距是十分明显的。一种物就是一个力量,但这个力只能生自另外一种力。因此,为了说明社会事实,就得寻找能够产生这种事实的各种力量。不仅对社会事实的解释不同,而且对它们的论证也不同。或者更确切地说,只有把它们作为物时,才感到需要证明它们。如果社会学的现象只是一些具体化了的观念体系,那么解释社会学的现象,就是按照它们的逻辑顺序重新研究它们,而这种解释本身就是对它自己所作的证明,这时最多只需要举一些事例来加以证实。如果不举事例证实,则只有通过合理组织的实验才能揭示出物的奥秘。

但是,我们把社会事实看作物,即是把它们看作社会的物。这是使我的方法成为社会学的专门方法的第三个特点。人们往往以为,这些现象过于复杂而难以对它们进行科学的研究,而要使它们成为科学研究的对象,就必须把它们简化为它们的基本条件,即简化为心理的条件或机体的生存条件,也就是说,使它们失去它们固有的性质。我与此相反,而是力求证明无须抽掉它们固有的性质,就可以对它们进行科学的研究。我甚至拒绝把作为这些现象的特征的特殊的(sui generis)非物质性简化为本身已经极其复杂的心理现象的非物质性,尤其是不能允许自己仿效意大利学派把这种非物质性消解在有机物质的一般属性之中,我在前面已经指出,一种社会事实只能以另一种社会事实来解释,同时在揭示集体进化的主要原动力存在于社会内部环境时也说明了这种解释是可能的。因此,社会学不是其他任何一门科学的附庸,它本身就是一门不同于其他科学的独立的科学。对社会现实的特殊感觉是社会学者不可缺少的东西,因为只有具备社会学的专门知识才能使他去认识社会事实。

我认为这一进步对于社会学的今后发展也是极为重要的,当然,当一门科学在初创的时候,为了使它能够成立,就必须参照仅有的已有模式,即参照已经形成的科学。那里是既有的经验的丰富宝库,若不利用,那就太愚蠢了。但是,一门科学只有形成自己独特的个性,才能让人视为达到了最后的独立,因为只有其他科学没有研究的那类事实成为它的研究对象时,它才有理由独立存在。但是,不能把相同的概念用于性质不同的事物。

——[法]E·迪尔凯姆:《社会学方法的准则》,狄玉明译,商务印书馆1995年版,第152—157页。

在科学工作的理想目的应是把经验的东西还原为"规律"这种意义上,"客观地"对待文化事件是没有意义的。这种"客观的"对待之所以没有意义不是如通常所认为的那样,因为文化事件或者说精神事件"客观上"很少受规律的支配,而是因为(1)对社会规律的认识不是对社会现实的认识,而只是对于我们的思想为了达到这个目的而使用的种种不同的辅助手段的认识;因为(2)除了根据始终个别地发展生活实在在个别关系中对于我们所具有的意义这个基础之外,文化事件的认识是不可设想的。而只是对于我们的思想为了达到这个目的而使用的种种不同的辅助手段的认识;因为(2)除了根据始终个别地发展生活实在在个别关系中对于我们所具有的意义这个基础之外,文化事件的认识是不可设想的。但是没有哪一种规律向我们揭明在什么意义上和在什么关系中情况是这样,因为这是按照我们据以始终在个别情况下考察"文化"的价值观念来决定的。"文化"是无意义的无限世界事件中从人类的观点来考虑具有意思和意义的有限部分,甚至当人类将一种具体的文化当作死敌而予排斥并且希望"返回自然"的时候,它对人类也依然如此。因为当人们在具体的文化与其价值观念联系起来并认为这种文化"太浅薄"的时候，他们所取的态度也只能如此而已。当这里说到一切历史个体在逻辑上不可避免地依附于"价值观念"的时候，我们所意谓的正是这种纯粹逻辑——形式的事实存在。任何文化科学的先验前提，不是指我们认为某种或者任何一种一般的"文化"有价值，而是指我们是文化的人类，秉具有意识地对世界采取一种态度和赋予它意义的能力和意志。无论这种意义可能是什么，它都将引导我们在生活中从它出发对人类团体的某些现象作出判断，把它们当作有意义的来（肯定地或否定地）对待。无论所采取的态度的内容可能是什么，——这种现象对我们都具有文化意义，对它的科学兴趣只依赖于这种意义。因此，当我们依据现代逻辑的语言用法谈到文化认识受到价值观念制约时，希望不致屈从于诸如下面观点那样粗劣的误解，即认为文化的意义只能归结为很有价值的现象。……

　　由此可见，一切关于文化实在的认识始终是依据于一种特别独特的观点的认识。当我们要求历史学家和社会研究者具有的基本先决条件是他们能够把无关紧要的东西与重要的东西区别开来，并且具有为这种区别所必需的"观点"时，这仅仅是说，他们必须懂得，把实在的事件——有意识地或无意识地——与普遍的"文化价值"联系起来，然后抽出对我们有意义的联系。

　　——[德]马克斯·韦伯：《社会科学方法论》，中央编译出版社1998年版，第30—32页。

三、大数据时代科学研究的机遇与挑战

　　大数据（Big data，或称巨量数据），指的是数据量规模巨大以至于人工无法在合理时间内处理——获取、管理以及理解——的信息。1973年，美国社会学家丹尼尔·贝尔在《后工业社会的来临》中预告人类即将从工业社会进入信息社会；1980年，未来学家阿尔温·托夫勒便在《第三次浪潮》一书中，将人类记忆的大规模存储热情地赞颂为"第三次浪潮的华彩乐章"，预示着人类可能会迎来一个信息量爆炸性增长的时代。不过，到21世纪，大数据才成为一个流行词汇；这个术语最早用以描述为网络搜索所需要处理的大数据集；随着谷

歌海量存储和搜索技术的发展,这个概念也开始指向人类快速处理巨量信息的能力。

1. 大数据的 4 个"V"

大数据是计算机时代和互联网时代出现的一种全新现象;作为一个横跨多个边界的动态活动,目前大数据的统一定义和标准还在形成过程中,但大数据的 4 个"V"特征——Volume(海量化)、Variety(多样化)、Velocity(高速化)、Value(价值化),已成为社会的共识:

一是海量化指的是数据体量巨大,至少在 TB 级或 PB 级以上[①]。当前,世界上 90% 以上的数据是最近几年才产生的。仅在 2011 年,全球被创建和被复制的数据总量为 1.8ZB,相较 2010 年同期上涨超过 1ZB;当前,人类数据资源每年至少翻一番,到 2020 年全世界所产生的数据量将超过 40ZB,这相当于地球上所有沙粒数量的 57 倍。阿里巴巴数据平台攒下了超过 100PB 已处理过的数据,等于 104857600 个 GB,相当于 4 万个西雅图中央图书馆,580 亿本藏书。谷歌公司每天要处理超过 24PB 的数据,这意味着其每天的数据处理量是美国国家图书馆所有纸质出版物所含数据量的上千倍。FACEBOOK 从它的用户群获得并处理 400 亿张照片,每天更新的照片量超过 1 000 万张,每天人们在网站上点击"赞"按钮或者写评论大约有 30 亿次,为 Facebook 公司挖掘用户喜好提供了大量的数据线索。据统计,早在 2007 年,数据中只有 7% 是存储在报纸、书籍、图片等媒介上的模拟数据,其余都已数字化。目前,日益增长的大型传感器、数码设备、企业数据库和社交媒体网站还在不断累积数据总量,数据积累的方式已非批量式的累积而是实时的数据流,人类名副其实地进入了信息爆炸时代。

二是多样化指的是数据源和数据类型的繁多。网络日志、视频、图片、地理位置等网络信息之外,全世界工业设备、汽车、电表上的数码传感器无以计数,随时测量和传递着有关位置、运动、震动、温度、湿度乃至化学成分的变化,生产

---

① 数据的最小基本单位是 bit,按大小顺序是: bit、Byte、KB、MB、GB、TB、PB、EB、ZB、YB、BB、NB、DB,以进率 1024(2 的十次方)来计算: 8 bit = 1 Byte,1 KB = 1,024 Bytes,1 MB = 1,024 KB = 1,048,576 Bytes,1 GB = 1,024 MB = 1,048,576 KB,1 TB = 1,024 GB = 1,048,576 MB,1 PB = 1,024 TB = 1,048,576 GB,1 EB = 1,024 PB = 1,048,576 TB,1 ZB = 1,024 EB = 1,048,576 PB,1 YB = 1,024 ZB = 1,048,576 EB,1 BB = 1,024 YB = 1,048,576 ZB,1 NB = 1,024 BB = 1,048,576 YB,1 DB = 1,024 NB = 1,048,576 BB。

着各式各样的数据信息。数据形态既有传统的结构性数据,更包括文字、声音、照片、影视这些半结构性和非结构性数据。其中,非结构化数据占据绝对的主流;分析显示,结构化数据增长率为32%,而非结构化数据增长率则达到63%。目前,全球非结构化数据已占数据总量的80%以上。

三是快速化是数据处理速度快,一秒定律,从巨量数据中快速获得高价值的信息。首先,在许多领域比如气象学、基因学、神经网络体学、复杂的物理模拟以及生物和环境研究,过去由于数据集过度庞大,科学家经常在分析处理上力不从心,而大数据不仅意味着数据之大,而且意味着数据处理的能力,目前已经在改变这些领域的研究状态。其次,大数据就是实时数据的处理和实时结果的输出,越来越多的数据挖掘前端化,数据的实时洞察成为大数据技术竞争的热点。

四是价值化是合理利用和有效分析大数据将会带来价值回报。如果仅仅是停留在大量数据汇聚层面的话,大数据不会成为社会热点;价值其实才是大数据的终极意义所在,因为大数据将带来巨大经济和社会价值。整体大于部分之和;与小数据集挖掘的机械累积相比,多数据集的综合挖掘可获得额外的信息量和数据关联性,可用来预测趋势和研判形势比如防疫避灾、打击犯罪或路况检测等。大数据的高价值回报是大数据盛行的真实原因;相比现有的其他技术,大数据的"廉价、迅速、优化"这三方面的综合成本是最优的。

纵观大数据的4V特性,大数据并非特指数据体量和类型,更是指解决问题的一种方法。同时,大数据也是一种新的数据世界观;它将世界上的一切事物都看作是由数据构成的,一切皆可"量化",都可以用编码数据来表示。汹涌澎湃的大数据潮正在淹没我们社会的各个领域;其影响不仅是经济的,而且也是政治、社会、文化诸方面的。正如《大数据时代》一书的作者所说的:"大数据的科学价值和社会价值正是体现在这里。一方面,对大数据的掌握程度可以转化为经济价值的来源。另一方面,大数据已经撼动了世界的方方面面,从商业科技到医疗、政府、教育、经济、人文以及社会的其他各个领域。"[1]正因为如此,2012年3月,美国奥巴马政府宣布投资2亿美元拉动大数据相关产业发展,将"大数据战略"上升为国家战略。奥巴马政府甚至将大数据定义为"未来的新

---

[1] [英]维克托·迈尔-舍恩伯格、肯尼思·库克耶:《大数据时代:生活、工作与思维的大变革》,盛杨燕、周涛译,浙江人民出版社2012年版,第24页。

石油"。

就科学研究而言,在大数据时代,如何从海量数据中发现知识,寻找隐藏在数据中的模式、趋势和相关性,揭示社会现象与预知社会发展规律,拥有更好的数据洞察力,既是当前科学研究的挑战,也是机遇。

2. 科学研究生态的改变

当前,大数据在科学研究中的作用日益显著,研究者不仅通过对大量数据实时、动态地监测与分析来解决问题,更基于数据来思考、设计和实施研究。大数据不仅是科学研究的结果,也日益成为科学研究的基础;人们不仅关心数据的建模、描述、组织、保存、访问、分析、复用和大数据基础设施的建设,也关心如何利用大数据构造基于数据的研究、协同和创新的模式。在大数据时代,科学研究生态,无论是自然科学还是社会科学,已经发生革命性的变化:

一是研究空间的拓展。当前科学研究者在自身研究领域都面临大量资料和数据处理问题,其信息量大大超过一般的阅读、分析和理解所能处理的范畴,而处理的成本却大为降低。大数据的出现提供了新的科研空间和科研可能,以往研究之"不可研究"或"难以研究"将成为可能。随着跨学科研究趋势的日益增强,各类依托存储媒介和数字资源的开发,基于复杂运算和分析的模拟与实证,基于事实与证据的预测与推理,将因为大数据而发生更多的研究议题,人类知识的获取、比较、取样、阐释与表现也将有新的面貌。

二是数据类型的变化。海量的图书、报纸、期刊、照片、绘本、乐曲、视频等传统资料已经被数字化,数据粒度更小,记录单元更加碎片化,结构更加多元化,机器生成数据也显著多于人工生成数据,对资料的汇集、保存和利用更加依赖云计算等网络技术的辅助;结构化数据是用数据库和数据仓库技术应对的,半结构化数据是用超文本超链接、搜索引擎等技术应对,而非结构化数据需要用网络交互和群体智能来应对;这一切已经发生也正在继续,科学研究也正在面对这一切的变化。

三是研究流程的改变。大数据是通过大量数据的汇集而自动呈现结果,而传统的科学研究是观察和思考。在大数据时代,我们可能只需要大数据自己发声告诉我们"是什么",不必知道现象背后的原因"为什么"。大数据重视实时洞察,科学研究的周期或许将进一步缩短,流程的优化和简化也是必然的。

四是大规模协作成为可能。大数据构建了可持续丰富的数据库和分析工具,其可用性、共享性、重用性、协作性将打破空间和时间的众多限制,提供了科学工作者大规模协作的可能。

五是真正实现跨学科研究。面对复杂世界，在科学研究领域，跨学科研究在20世纪中后期以来始终是个热点，科学家们一直在探寻各学科之间甚至自然科学和社会科学之间的方法交叉、理论借鉴、问题拉动和文化交融；大数据的数据主要是半结构性和非结构性，更加要求科学研究打破以往的学科界限，其研究更需要多学科的共同面对和协同参与。

六是研究主体的变化。目前，科学研究者信息技术能力的高低将会影响科学研究的水平和成果，信息技术能力已经成为科研工作者的基本科研素养。随着大数据进一步发展，科研质量将更多地依赖数据的数量、质量和应用方式，数据科学家将成为科学研究中的重要角色。

可以预见，随着社交网络、移动互联网和物联网的兴盛，科学研究的生态还将发生更深层次的变化。需要指出的是，鉴于网络信息和社会网络成为大数据分析最为主要的技术和方法，大数据对社会科学的影响将更为直接。

3. 大数据时代的社会科学方法论

大数据已成气候，科学研究的生态发生了革命性的变化；除此之外，自然科学特别是社会科学还面对一个重要变化，那就是大数据或有可能引发科学方法论上的重大更新和突破。按照《大数据时代》的观点，大数据在三个方面对科学传统方法论形成冲击：

一是全数据而非随机抽样。在过去，社会科学的许多学科依赖统计学中的统计抽样法，用尽可能少的数据来证实尽可能多的发现；这是因为准确处理大量的数据以前是研究工作的瓶颈，记录、储存和分析数据的传统工具无以应付巨量数据；为了效率，随机采样成为惯例。随机采样法取得了巨大的成功，但这只是一条捷径，是在不可能收集和分析全部数据情况下的方便法门，存在结构性的缺陷比如采样无法保证绝对随机性、微观分析上的能力不足和难以避免的信息损耗。当大数据时代到来时，如果可能的话，我们会收集所有的数据，即"样本=总体"而不走随机分析法这样的捷径。如今，技术环境的改善，全数据样本的采集和分析成为可能，在大数据时代进行抽样分析就像是在汽车时代骑马一样；在某些情况下，我们依然可以继续使用样本分析法，但这可能不再是我们分析数据的主要方式，而且很有可能逐渐淘汰样本分析法。从随机抽样走向全数据，在科学方法论的意义是我们看到了整体论复兴的可能。整体论只是从系统的输入输出中评判其机制和功恩；因为它相信，系统是有机的整体，是不能通过拆解和化约来理解的。近代以来，在自然科学和社会科学中，占主流地位是实证主义方法论；这是一条还原论道路，将研究对象拆解分析是基本手法。还原论有其优点，但简单化是难以克服的缺陷，因此在自然科学领域，遭到复杂性科学的挑战；在社会科学领域，也为诠释学和批判理论所质疑。大数据技术给科学方法论带来的第一个冲击，就是还原论和整体论辩证统一有了具体的技术实现路径，科学方法的综合成为可能。

二是允许不精确。传统科学特别是社会科学中，统计学家在收集样本和发布成果时会实施一整套的策略以减少错误率以提高数据和成果的精确度，耗费的成本不小，实施的策略复杂。但在全数据时，这种方案将遭遇到挑战，不仅是成本，还因为量变引发质变，当数据达到巨量的规模，再保持数据收集标准的一致性不再现实。大数据面对的数据，首先是数据的巨量，其次是数据的非结构性；这使得传统样本分析下的一些评判标准失效。大数据时代要求我们重新审视科学的精确性问题：在信息匮乏时代，任意一个数据点的测量值都对结果至关重要，所以确保每个数据的精确性是必要的；但是，大数据更强调数据的完整性，注重对研究对象的整体性理解，对数据的混杂性持宽容态度。如果说抽样统计和行政统计是统计1.0，我们可以把包括大数据的统计研究叫做统计2.0；统计1.0的数据是有结构的样本和行政数据，而统计2.0的数据还要加上无结构或半结构的。很长一段时间中，精确性是科学知识成立的标准之一，但是大数据技术可能把情景性信息、碎片化信息、混杂类信息全部纳为人类认知的对象。大数据技术给科学方法论带来的另外一个冲击可能是人类知识的范畴获得更新，认知对象的随意性、破碎性和混沌性获得容忍；即使获取的信息乱七八糟，它们也是我们的科学认知。

三是相关性而非因果性。人类关于因果关系的争论已经持续了几个世纪；作为从经验寻找规律的科学而言，寻找现象之后的因果链条本是其职责所在，假设—实验是其基本手法；在小数据时代，相关性分析和因果性分析都要从建立假设开始。不断地实验，这个假设要么被证实要么被推翻；但由于两者都始于假设，对假设提出者的要求很高，路径的错误是致命的，其结论的验证也有困难。但是，我们如果审视一下因果关系，所谓通过因果关系把握世界，一般指的是解释现象时的两种基本方法：一是快速建构一种因果假设；二是仔细建构一种系统性的因果逻辑。大数据会改变这两种基本方法在认知行为中的权重；在大数据时代，我们可能只需要关注"是什么"的问题而暂时搁置"为什么"的内部问题，因为科学研究的目的无非解释和预测，当相关性分析能够满足科学研究的目的,基于效率的考虑,因果性分析确实没有紧迫性。同时,因果性只是相关性的一种,因果链条是线性的,其建构难免信息的损耗;当我们依托大数据以相关性分析去认知和预测,我们有可能富有效率地发现更多的关联维度,把握以前无法发现的复杂性,从而更全面地了解和预测这个世界。建立在相关性分析基础上的预测是大数据的核心;《大数据时代》的作者认为,大数据的相关性分析更准确、更快,而且不易受偏见的影响;只有不再满足于"是什么"时,我们才会更深层次地研究因果关系,找出背后的"为什么"。因果关系还是有用的,但是它将不再被看成是科研的根本意义所在。因果性问题是传统科学方法论的核心,大数据技术让数据自己"发声",凸显事物间的相关关系和非线性特征而不再特别关注其因果关系,对传统科学方法论更是一个重大的冲击。

总之,"我们需要改变我们的操作方式,使用我们能收集到的所有数据,而不仅仅是使用样本。我们不能再把精确性当成重心,我们需要接受混乱和错误的存在。另外,我们应该侧重于分析相关关系,而不再寻求每个预测背后的原因"①。对于这个变化,2008 年,《连线》杂志当时的主编克里斯·安德森就指出,数据爆炸"使得科学的研究方法都落伍了"。大数据从某种程度上意味着"理论的终结",即用一系列的因果关系来验证各种猜想的传统研究范式已经不实用了。当然,安德森的评判是过于激进,但大数据对传统科学研究方法特别是社会科学研究方法的冲击确实发生了,而且在未来,这种挑战可能还会更多,科学方法或许将因为人类技术又一次重大突破而发生一次革命。

大数据时代已经到来,我们在迎接这个时代的同时也必须意识到,中国现阶段的社会矛盾和问题有其自身特殊性、时代特殊性和民族特殊性。首先是不能苛求以"老祖宗"的话语来解决 21 世纪中国的问题。马克思主义为我们的社会科学研究提供了总的指导原则,但是没有、也不可能提供现成的具体方案。中国社会科学必须牢牢把握不同阶段矛盾的特殊性,创新话语,走自己的路,创造性地解决自己的问题。其次是不能奢望用古人的智慧来解决今天的问题。中国传统学术是在东方沃土上生长起来的优秀文化成果,但在现代工业文明时代,它的意义范围和作用领域则是有限的。如果试图用它解决诸多时代课题,就显得力不从心了。如果以为这套话语依然能够担当民族复兴的历史重任,那么,近一个半世纪以来无数仁人志士向西方寻求救亡图存的真理的历史就成了

---

① [英] 维克托·迈尔-舍恩伯格、肯尼思·库克耶:《大数据时代:生活、工作与思维的大变革》,盛杨燕、周涛译,浙江人民出版社 2012 年版,第 59 页。

无谓之举,试图将已经完成历史使命的传统话语简单复活"照单全收"是不科学的。再次是也不能期待以西方的话语来解决中国的问题。外国的经验可以作为我国的借鉴,但是,我国遭遇的矛盾和问题带有典型的本土性和特殊性,西方人士往往秉承话语霸权的立场,把非西方话语看作是现代社会发展的文化阻滞力,我们这里也有人热衷将人家的方法当作"治世良方"大肆渲染。然而,如果盲目地将那些方法不加甄别地植入中国的实际,必定会由于无视中国现阶段矛盾和问题的特殊性而导致"水土不服"的结果。

中国社会实践丰富多彩,中国社会问题错综复杂,中国社会科学研究领域十分宽广。中国思想要重视研究那些事关国家、民族命运,事关经济社会发展全局的重大问题、关键问题和前沿问题,这对于提升学术解释力和学术话语权具有重大的意义。我们不能妄自菲薄,而应凭借自己的独特理论和方法创造给人类奉献具有世界意义和独特价值的中国社会科学成果。

延伸阅读6.3

所有的记忆,都可分成为个人的记忆和社会共有的记忆。个人记忆随着个人的死亡而消失。而社会记忆却永久存在。我们能够储存和回收共有记忆的能力是惊人的,这正是人类进化结晶的奥妙。我们创立,储存和利用社会记忆方法的任何重大改革,都会深深触及我们命运的根源。

在人类历史上出现过两次社会记忆的革命。今天在建设新的信息领域时,我们也处于另一场这样变革的边缘。

在原始社会,人类被迫把他们储存的共有的记忆和个人记忆放在同一个地方,这就是储存在个人的大脑中。部落的长老,圣人以及其他人,以历史,神话,口头传说,传奇等形式,把记忆保存下来,并且用语言,歌咏,颂歌等形式传给他们的子孙,怎样取火,诱捕小鸟的最好方法,怎样扎木伐,捣芋头,怎样削尖犁杖和饲养耕牛。所有这些积累起来的经验,都储存在人类大脑的中枢神经和神经胶质以及神经原的触处中。

只要这种情形依然存在,那么社会记忆的范围就必然有限。不论长一辈人的记忆如何惊人,歌曲和课文如何容易记忆,人类大脑可供储存记忆的空间,总是有限的。

第二次浪潮文明冲破记忆的障碍。它传播了群体文化,它保存了系统的业务记录，建造了上千个图书馆和博物馆，发明了档案柜。一句话，它把社会记忆扩展到人们大脑之外，找到了新的储存方法，这样就冲破了原来的局限。由于积累起来的，知识的储存增加了，它又加速了发明和社会变革的进程，使第二次浪潮文明，成为比历虫上任何时期都急剧变化和不断发展的文化。

今天，我们正向一个完全新的社会记忆阶段跃进。传播工具的急剧地非群体化，新的传播工具的发明，卫星绘制全球地图，医院采用电子传感器观察病人，公司档案计算机化。所有这一切，都说明我们能把文明活动的微末细节都精确地记录下来。

除非我们毁灭地球和随之而灭亡的社会记忆，否则我们不久将获得几乎能保持全部文明记录的能力。第三次浪潮文明，将拥有关于自己并受自己支配的有条理的信息。这一点，在二十五年前几乎是不能想象的。

但是，向第三次浪潮社会记忆的转变，并不仅仅限于量的变化。就像已经发生过的那样，我们还正在向人类记忆输入生命。

当社会记忆储存在人类头脑中时，它不断地被侵蚀，更新和变动，不断地以一种新的方式组合，再组合。它是积极的，能动的。它确确实实是充满着活力，是有生气的。当工业文明把很多社会记忆从人类头脑中取出来时，记忆变成了客观对象，体现在人工制品，书籍，工资单，报纸，照片和电影中。但是一旦符号被写在纸上，复制在照片上，摄入电影中，印刷在报纸上，就变成消极静止的东西了。只有当这些符号再一次被人脑所吸收时，这些东西才变活了，并且以一种新的方法操纵和重新组合。第二次浪潮文明在急剧地扩大社会记忆的同时，实际上也将社会记忆冻结了起来。

第三次棚信息领域所以成为历史性的大事，不仅是它极度地扩大了社会记忆，并且还把它起死回生。因为计算机能处理它储存的数据，这样就出现了一个史无前例的现象：社会记忆变得既丰富又情泼。这两者的结合，证明是有推进力的。

这种情势将释放出新的文化能量。因为计算机不仅能帮助我们将"瞬息即变文化"组成或合成为现实的有条理的模式，它也开拓了可能的极限。图书馆，档案柜都不能思考，更不用说用非传统的方式来思考了。但是相比之下，我们可以要求计算机"思考难以想象的和以前没有想到的事情"。这样就有可能出现大量新的理论，新的思想，新的观念，新的艺术见解，新的技术迸展,新的经济和政治的创见。老实说,在此以前,这些事情都是难以置信和不能想象的。这样,它促进了历史变革,向第三次浪潮多样化的社会挺进。

在过去所有社会中,信息领域为人与人之间的交流提供了工具。第三次浪潮使这些工具成倍地增加了。但它也同时第一次在历史上为机器与机器之间的通讯交流,甚至更令人惊讶的是,它为人和周围智能环境的交往,提供强大的设施。当我们高瞻远瞩这一雄伟的图景,信息领域的革命显然至少和技术领域,能源体系以及社会技术基础的革命一样,具有激动人心的变化。

——[美]阿尔温·托夫勒:《第三次浪潮》,朱志焱等译,三联书店1984年版,第253—256页。

大数据的精髓在于我们分析信息时的三个转变,这些转变将改变我们理解和组建社会的方法。

第一个转变就是,在大数据时代,我们可以分析更多的数据,有时候甚至可以处理和某个特别现象相关的所有数据,而不再依赖于随机采样。……19世纪以来,当面临大量数据时,社会都依赖于采样分析。但是采样分析是信息缺乏时代和信息流通受限制的模拟数据时代的产物。以前我们通常把这看成是理所当然的限制,但高性能数字技术的流行让我们意识到,这其实是一种人为的限制。与局限在小数据范围相比,使用一切数据为我们带来了更高的精确性,也让我们看到了一些以前无法发现的细节——大数据让我们更清楚地看到了样本无法揭示的细节信息。

第二个改变就是,研究数据如此之多,以至于我们不再热衷于追求精确度。……当我们测量事物的能力受限时,关注最重要的事情和获取最精确的结果是可取的。如果购买者不知道牛群里有80头牛还是100头牛,那么交易就无法进行。直到今天,我们的数字技术依然建立在精准的基础上。我们假设只要电子数据表格把数据排序,数据库引擎就可以找出和我们检索的内容完全一致的检索记录。

这种思维方式适用于掌握"小数据量"的情况,因为需要分析的数据很少,所以我们必须尽可能精准地量化我们的记录。在某些方面,我们已经意识到了差别。例如,一个小商店在晚上打烊的时候要把收银台里的每分钱都数清楚,但是我们不会、也不可能用"分"这个单位去精确度量国民生产总值。随着规模的扩大,对精确度的痴迷将减弱。

达到精确需要有专业的数据库。针对小数据量和特定事情,追求精确性依然是可行的,比如一个人的银行账户上是否有足够的钱开具支票。但是,在这个大数据时代,很多时候,追求精确度已经变得不可行,甚至不受欢迎了。当我们拥有海量即时数据时,绝对的精准不再是我们追求的主要目标。

大数据纷繁多样,优劣掺杂,分布在全球多个服务器上。拥有了大数据,我们不再需要对一个现象刨根究底,只要掌握大体的发展方向即可。当然,我们也不是完全放弃了精确度,只是不再沉迷于此。适当忽略微观层面上的精确度会让我们在宏观层面拥有更好的洞察力。

第三个转变因前两个转变而促成,即我们不再热衷于寻找因果关系。……寻找因果关系是人类长久以来的习惯。即使确定因果关系很困难而且用途不大,人类还是习惯性地寻找缘由。相反,在大数据时代,我们无须再紧盯事物之间的因果关系,而应该寻找事物之间的相关关系,这会给我们提供非常新颖且有价值的观点。相关关系也许不能准确地告知我们某件事情为何会发生,但是它会提醒我们这件事情正在发生。在许多情况下,这种提醒的帮助已经足够大了。

如果数百万条电子医疗记录显示橙汁和阿司匹林的特定组合可以治疗癌症,那么找出具体的药理机制就没有这种治疗方法本身来得重要。同样,只要我们知道什么时候是买机票的最佳时机,就算不知道机票价格疯狂变动的原因也无所谓了。大数据告诉我们"是什么"而不是"为什么"。在大数据时代,我们不必知道现象背后的原因,我们只要让数据自己发声。

我们不再需要在还没有收集数据之前,就把我们的分析建立在早已设立的少量假设的基础之上。让数据发声,我们会注意到很多以前从来没有意识到的联系的存在。

——[英]维克托·迈尔-舍恩伯格、肯尼思·库克耶:《大数据时代:生活、工作与思维的大变革》,盛杨燕、周涛译,浙江人民出版社2012年版,第27页。

第七讲　把握主动引领社会思潮

改革开放以来,思想的"潘多拉盒子"被打开。在中国大地上,一个个社会思潮涌现出来,你方唱罢我登场,好不热闹。这些社会思潮均致力于问切当下、引领未来,试图揭示"中国向何处去"的思想真谛,对当代中国的意识形态产生了深远影响。社会思潮,归根到底属于社会意识形态的范畴。引领社会思潮,凝聚社会主义事业的精气神,是当前社会主义意识形态建设的重大课题。

一、意识形态：从控制到引领

1. 意识形态前世今生

本杰明·李·沃尔夫是美国的著名语言学家,他曾经为一家火灾保险公司工作,任务就是发现火灾隐患,撰写评估报告。他在工作中发现了一个很有意思的现象,比如,在被称为"汽油桶"的存放地周围,人们会格外小心翼翼;而在被称为"空汽油桶"的存放地周围,人们则麻痹大意、随便吸烟或乱扔烟蒂。事实上,"空"汽油桶更危险,因为它们含有爆炸性气体。虽然从物理学意义上说它们更具危险性,但是根据常规在语言上只能用"空"来命名它们,而"空"却示意无危险。这样,"空汽油桶存放地"的标牌就不可避免地误导了人们的行为。在沃尔夫的研究中,这种例子还有很多。最后,沃尔夫以警示的口吻说道:我们总是以为我们社会的语言分析忠实地反映了现实,事实并非如此。人类总是用思维去认识客观世界,用语言来表达思维的结果。殊不知,语言却暗藏玄机,甚至在很多时候误导我们。其实,任何社会构建的符号形式,都和语言一样,不可能完全忠实地反映现实,它们对人类思维具有一定的引导性。而当这种引导性开始被权力加以利用时,就出现了本章将要讨论的主题:意识形态。

意识形态的载体是社会符号,语言、图像、音乐等都可以成为意识形态的载体,最为高级的意识形态以思想为载体。意识形态的背后一定有权力,当权力为了自身利益而利用某种具有特定引导性的社会符号时,这些社会符号就成了意识形态。意识形态,在某种意义上,就是权力和社会符号的结晶。当然,在一个复杂的社会系统中,既存在政治权力,也存在经济权力、社会权力等,本讲主要讨论的是作为政治范畴的意识形态,也就是为实现特定政治企图而被权力所利用的社会符号。

意识形态的历史源远流长。远古部落的图腾,就具有十足的意识形态功能,它们可以激发战意、凝聚族群,又能够增添统治集团的神秘感和敬畏感,以保持权力的合法性。《史记》记载帝颛顼"依鬼神以制义,治气以教化,洁诚以祭祀",这也是一种原始的意识形态形式。在古希腊思想家亚里士多德经典著作《政治学》中有一个故事。一个城邦中既有民主政体的支持者,也有寡头政体的支持者。在民主派和寡头派展开争论时,两者都会援引"正义"作为自己的依据,但民主派认为正义在于"政治职司的平等分配",而寡头派认为正义在于"政治职司的不平等分配"。亚里士多德分析认为,两个派别各自鼓吹的正义观念实际上都是偏见,平民派的偏见在于"自由身份",他们认为一事(自由身份)相等则万事相等;而寡头派的偏见在于"资财",他们认为一事(资财)优先则万事优先。在这个故事里,民主派和寡头派为了各自的政治目的,都把一己的要求说成是"正义"的要求和普遍的要求,在这里,恰恰是"正义"成为他们所利用的意识形态。

虽然意识形态作为一种社会现象有着久远的历史,但是,社会思想家关注这一现象并专门就意识形态展开研究却是近代以来的事情了。其中著名的先驱者是英国思想家培根,培根提出"四假相说",认为人们不可避免地受到"四种假相"的影响而产生虚假的认识。其中,第一种是"种族假相",这是由于人的天性而引起的认识局限性;第二种是"洞穴假相",这是由于人们教育程度、交往范围、精神状态等方面的不同而产生的认识局限性;第三种是"市场假相",即由于人们交往时语言概念的混乱而产生的认识局限性;第四种是"剧场假相",这是指受传统观念、权威思想等影响而造成的认识局限性。"四假相说"从社会环境差异等方面来理解人的认识局限性,这一思路为后世的意识形态理论奠定了基础。法国思想家、法兰西研究院院士特斯杜·德·托拉西首次明确提出了"意识形态"的概念,意为"观念的科学"。托拉西认为以往的宗教和形而上学都是偏见,因为这些观念无法还原为人们的直接感觉。托拉西希望通过一门观念的科学,凭借"把观念还原到感觉"的方法,建立起以可靠的经验感觉为基础的正确理论,重新阐发政治学、伦理学、经济学等学科的基本理念。

马克思、恩格斯写于19世纪中期的《德意志意识形态》书稿延滞七十多年后发表,使"意识形态"这一概念得到广泛地传播。马克思、恩格斯虽然没有对意识形态这一概念做出明确的界定,但实际上科学阐述了意识形态的基本含义和根本特征。概括而言,马克思、恩格斯对意识形态基本含义的阐述有两个重要方面。一是对意识形态的虚假性作揭露,马恩认为意识形态总是遮蔽或扭曲现实关系,是一种"虚假的观念体系"。马恩揭示出,意识形态的虚假性实际上是颠倒了存在与意识的关系,不是从实践出发,而是从观念出发,以观念代替现实。而意识形态之所以呈现虚假性,是为了掩饰阶级的特殊利益。"每一个企图取代旧统治阶级的新阶级,为了达到自己的目的不得不把自己的利益说成是社会全体成员的共同利益,就是说,这在观念上的表达就是:赋予自己的思想以普遍性的形式,把它们描绘成唯一合乎理性的、有普遍意义的思想。"①通过揭露出意识形态把阶级的特殊利益表达为普遍利益的把戏,马恩把意识形态的虚假性和阶级性相关联,这是他们对于意识形态概念史的重大贡献。二是就意识形态与整个社会结构的关系作描述,这一思路把意识形态看作社会结构的重要组成部分,即观念的或思想的上层建筑。在这里,意识形态是一个描述性的总体概念,它包括政治思想、法律思想、道德、哲学、艺术宗教等具体的意识形态,它与社会的经济基础相对应,也与社会的政治法律结构相对应。马恩通过唯物史观阐明了社会存在和社会意识、经济基础与上层建筑(其中就包括意识形态)的辩证关系。一方面社会的生产关系和交往关系是意识形态的基础,不可能有独立于社会存在的意识形态;另一方面意识形态作为一个总体的社会意识态,对社会存在起着能动的影响。"政治、法、哲学、宗教、文学、艺术等等的发展是以经济发展为基础的。但是,它们又都互相作用并对经济基础发生作用。"②

在马克思、恩格斯笔下,意识形态多是一个负面色彩的概念,少数情况下是中性色彩的概念,其原因在于马恩的研究旨趣集中于资本主义批判。而意识形态批判作为资本主义批判的一个重要部分,自然赋予了意识形态负面的色彩。然而随着共产主义运动的不断兴起,无产阶级的解放斗争迅速发展,社会主义国家开始产生,这就提出了两个问题:无产阶级是否需要自己的意识形态?无

---

① 《马克思恩格斯文集》第1卷,人民出版社2009年版,第552页。
② 《马克思恩格斯文集》第10卷,人民出版社2009年版,第668页。

产阶级需要什么样的意识形态？对这两个问题作出科学回答的是列宁。对于第一个问题，列宁明确指出无产阶级需要自己的意识形态，即社会主义和共产主义意识形态。不仅如此，列宁把马克思主义本身就视作是一种意识形态，这就赋予意识形态以肯定的意味。列宁认为，马克思主义唯物史观和剩余价值理论正确地揭示了人类社会尤其是资本主义社会的运动规律，以马克思主义为基础的社会主义和共产主义意识形态因而是科学的意识形态。对于第二个问题，列宁认为作为无产阶级的意识形态必须具备两个特性。首先，无产阶级的意识形态要具有阶级性，无产阶级意识形态必须代表无产阶级的根本利益，服务于无产阶级的解放事业。其次，无产阶级的意识形态要具有科学性。经过几十年的发展，马克思主义抵挡了种种资本主义思潮的进攻，清除了蒲鲁东、巴枯宁等人错误思想对工人运动的影响，列宁认为，"马克思主义已经绝对地战胜了工人运动中的其他一切思想体系"①。以马克思主义科学原理为基础的社会主义意识形态和共产主义意识形态，指明了人类社会的发展方向和必然趋势，因而是"科学的意识形态"。列宁这一思想为我国的社会主义意识形态建设奠定了坚实的思想基础。

2. 意识形态的"控制术"

意识形态是权力与社会符号的结盟。当权力不断发展、复杂化并最终对象化为国家这样一种巨大的实体时，统治集团凭借国家巨大的资源汲取能力得以构建复杂的意识形态系统。近代以来，民族国家开始形成，在国族同构过程中产生的民族情感、民族意识为意识形态的广泛渗透提供了极大的助力。同时，随着科技的进步，通讯网络的发达，大众识字率的提高，意识形态技术高速发展，这些都为控制型意识形态提供了滋生土壤。当出现极端的外部环境比如战争时，控制型意识形态就容易风靡开来。

第一次世界大战时期控制型意识形态开始风靡。较以往而言，"一战"时期的意识形态有三个极其重大的新变化。第一，一战时期的意识形态以大众媒介为载体。"一战"时期大众报纸开始进入历史上销量的黄金时期，电影产业也开始兴起，这种大众的传播系统是以往所没有的。第二，"一战"时期的意识形态由现代国家"操刀"。比如，围绕美国参战的问题，相关利益方就动用了国家机器，从而展开了意识形态的争夺战。为争取美国参战，英国和德国都精心策划

---

① 《列宁选集》第 2 卷，人民出版社 1995 年版，第 2 页。

了意识形态攻势。美国也成立了由资深报人克里尔负责的公共信息委员会,开展意识形态工作,操纵国内民众情绪。第三,"一战"时期的意识形态成为战争的一部分。德国国防军第二号指挥官埃里希·鲁登道夫提出了"总体战"的概念,把意识形态作为战争的一部分。为了民族利益,政府可以限制公民的部分言论自由,对国内的媒体言论进行控制,对大众进行说服甚至是说谎。这三个变化综合起来,使得控制型意识形态达到了历史上的第一个高峰。整个"一战"期间,英美德三国在意识形态领域的斗法空前激烈,可谓好戏连连。1915 年一位在美国从事商业活动的德国人亨里克·阿尔伯特的公文箱被美国秘密特工获得,其中显示德国正有计划地在美国开展宣传。《纽约世界报》旋即发表报道《特工信件告诉你德国投入大量金钱控制美国媒体的细节》,描述了许多德国投入大量金钱控制美国媒体的细节。但事后证明,德国的意识形态攻势只是小儿科,英国在这场没有硝烟的战场上取得了胜利。英国在"一战"伊始,就切断了德国与美国之间的海底电缆,垄断了美国与欧洲之间的所有信息往来。英国政府此后利用这一信息优势在一系列突发事件中有意歪曲事实,用一面之词煽动美国政府和民众对德国产生仇恨。据载,英国宣传机构每周准备 400 篇左右的文章提供给外国媒体,路透社每月向美国播送的有利于英国的宣传材料达 100 多万字。英美德三国在意识形态领域的斗法,直接为一系列意识形态经典著作提供了素材,比如《世界大战中的宣传技巧》《战时的谎言》等。

　　第二次世界大战中,纳粹德国吸取"一战"失败的教训,对原有的意识形态控制理念加以更新,创造出更加复杂、更加严密的意识形态控制技术。希特勒在《我的奋斗》中批评"一战"期间德国的宣传策略是为了宣传而宣传,过分重视宣传内容的逻辑性,而忽视了宣传的受众和目的。希特勒认为,宣传的手段必须符合宣传的目的,宣传的内容不必过于理性,在受众无法识别的情况下,宣传完全不必考虑自身的真实性和逻辑性。他甚至这样说道:宣传的任务不是客观地调查真相,告诉大众学术研究后得出的正义原则,这样做只会对敌方有利,它必须为我们自己的权利服务,始终如一,坚定不移。在这种思想的指引下,纳粹德国构建了"一体化"的意识形态控制网络。负责纳粹德国宣传工作的戈培尔,也成为历史上赫赫有名的意识形态控制术"大师"。戈培尔注重媒体的"一体化",他控制的媒体延伸到文学、戏剧、电影、音乐、报纸、美术等群众所接触到的各个层面。他尤其重视广播宣传,因为广播宣传对听众的文化程度不作要求,而且具有高度的逼真性,可以实现真正的大众传播。他在德国推广当时欧洲最便宜的收音机——VE3031,这种收音机接收频段十分有限,无法接受外国的广播节目。到战争开始之前,70%的德国家庭拥有了收音机。戈培尔还对收听方式进行了控制,专门设置广播"监督员",在播放重要节目时组织和监督大众收听。戈培尔认为,宣传的唯一目标就是把群众征服,为此目的可以不惜一切手段。戈培尔留下来的日记显示,他对于如何操纵大众心理很有"心得",他认为大众往往轻信自己心目中的"真相"。他强调要把"真相"作为一种武器来使用,如果谎言无法证伪,那么谎言就是最有用的武器;如果谎言容易被揭穿,就要巧妙利用真相。

控制型意识形态有几个突出的特征。第一,控制型意识形态往往产生于极端的外部环境。战争、饥荒、经济危机等往往成为统治集团实施控制型意识形态的借口。统治集团通过控制型意识形态,把外部挑战视为最大敌人,以此缓冲内部危机的冲击力。第二,控制型意识形态往往出现在一个相对封闭、流动性弱的政治体中。只有这样一种足够封闭的政治环境,才能造就足够闭塞的信息环境,而控制型意识形态的产生和运转无不依赖于外部信息的闭塞。第三,控制型意识形态是一个总体性的、立体化的控制体系,不仅仅是报纸、广播等大众传媒,甚至文学、艺术等领域都会被控制型意识形态所挟持,最终形成一个覆盖几乎整个社会意识内容的控制体系。这个控制体系的构建逻辑是这样的:控制型意识形态往往依赖于片面的、滞后的甚至是虚假的信息,而要掩盖一个谎言就不得不制造另一个谎言,最终渗透到社会意识的所有内容。英国左翼作家乔治·奥威尔所著的经典小说《一九八四》描绘和讽刺的就是一个极端的控制型意识形态。在小说中,三个主要国家都实行高度的集权统治,他们构筑的控制型意识形态渗透之深,甚至可以修改历史,创造为统治服务的语言。他们甚至设置了具有监视功能的电幕,深入每个人的日常生活,最后控制人的思想。《一九八四》作为一部出色的政治讽刺小说,反映了人们对控制型意识形态的恐惧和厌恶。正因为如此,控制型意识形态变得臭名昭著,"意识形态"这个词也跟着遭殃并成为过街老鼠,仿佛意识形态和控制、愚弄、荼毒等字眼天然地联系在一起,而没有任何"正能量"的功能。马克思主义意识形态理论告诉我们,意识形态作为一种社会意识内容,对社会存在具有能动的影响。社会主义事业需要意识形态,需要科学健康的意识形态。中国社会主义意识形态建设从一开始就以马克思主义为指导思想,从而保证了其内容的科学性和为广大人民服务的先进性。国家意识形态建设也早已在战略上抛弃了控制性思维,我们要建设的不再是控制型意识形态而是引领型意识形态。

延伸阅读 7.1

我所得到的、并且一经得到就用于指导我的研究工作的总的结果,可以简要地表述如下:人们在自己生活的社会生产中发生一定的、必然的、不以他们的意志为转移的关系,即同他们的物质生产力的一定发展阶段相适合的生产关系。这些生产关系的总和构成社会的经济结构,即有法律的和政治的上层建筑竖立其上并有一定的社会意识形式与之相适应的现实基础。物质生活的生产方式制约着整个社会生活、政治生活和精神生活的过程。不是人们的意识决定人们的存在,相反,是人们的社会存在决定人们的意识。社会的物质生产力发展到一定阶段,便同它们一直在其中运动的现存生产关系或财产关系(这只是生产关系的法律用语)发生矛盾。于是这些关系便由生产力的发展形式变成生产力的桎梏。那时社会革命的时代就到来了。随着经济基础的变更,全部庞大的上层建筑也或慢或快地发生变革。在考察这些变革时,必须时刻把下面两者区别开来:一种是生产的经济条件方面所发生的物质的、可以用自然科学的精确性指明的变革,一种是人们借以意识到这个冲突并力求把它克服的那些法律的、政治的、宗教的、艺术的或哲学的,简言之,意识形态的形式。我们判断一个人不能以他对自己的看法为根据,同样,我们判断这样一个变革时代也不能以它的意识为根据;相反,这个意识必须从物质生活的矛盾中,从社会生产力和生产关系之间的现存冲突中去解释。无论哪一个社会形态,在它所能容纳的全部生产力发挥出来以前,是决不会灭亡的;而新的更高的生产关系,在它的物质存在条件在旧社会的胎胞里成熟以前,是决不会出现的。所以人类始终只提出自己能够解决的任务,因为只要仔细考察就可以发现,任务本身,只有在解决它的物质条件已经存在或者至少是在生成过程中的时候,才会产生。大体说来,亚细亚的、古代的、封建的和现代资产阶级的生产方式可以看作是经济的社会形态演进的几个时代。资产阶级的生产关系是社会生产过程的最后一个对抗形式,这里所说的对抗,不是指个人的对抗,而是指从个人的社会生活条件中生长出来的对抗;但是,在资产阶级社会的胎胞里发展的生产力,同时又创造着解决这种对抗的物质条件。因此,人类社会的史前时期就以这种社会形态而告终。

——马克思:《政治经济学批判》(1958 年 8 月—1859 年 1 月),《马克思恩格斯文集》第 2 卷,人民出版社 2009 年版,第 591 页。

意识形态是由所谓的思想家通过意识、但是通过虚假的意识完成的过程。推动他的真正动力始终是他所不知道的，否则这就不是意识形态的过程了。因此，他想象出虚假的或表面的动力。因为这是思维过程，所以它的内容和形式都是他从纯粹的思维中——或者从他自己的思维中，或者从他的先辈的思维中引出的。他只和思想材料打交道，他毫不迟疑地认为这种材料是由思维产生的，而不去进一步研究这些材料的较远的、不从属于思维的根源。而且他认为这是不言而喻的，因为在他看来，一切行动既然都以思维为中介，最终似乎都以思维为基础。

历史思想家（历史在这里应当是政治、法律、哲学、神学，总之，一切属于社会而不是单纯属于自然界的领域的简单概括）在每一科学领域中都有一定的材料，这些材料是从以前的各代人的思维中独立形成的，并且在这些世代相继的人们的头脑中经过了自己的独立的发展道路。当然，属于本领域或其他领域的外部事实对这种发展可能共同起决定性的作用，但是这种事实本身又被默认为只是思维过程的果实，于是我们便始终停留在纯粹思维的范围之中，而这种思维仿佛顺利地消化了甚至最顽强的事实。

正是国家制度、法的体系、各个不同领域的意识形态观念的独立历史这种外观，首先迷惑了大多数人。如果说，路德和加尔文"克服了"官方的天主教，黑格尔"克服了"费希特和康德，卢梭以其共和主义的《社会契约论》间接地"克服了"立宪主义者孟德斯鸠，那么，这仍然是神学、哲学、政治学内部的一个过程，它表现为这些思维领域历史中的一个阶段，完全不越出思维领域。而自从出现了关于资本主义生产永恒不变和绝对完善的资产阶级幻想以后，甚至重农主义者和亚当·斯密克服重商主义者，也被看作纯粹的思想胜利；不是被看作改变了的经济事实在思想上的反映，而是被看作对始终普遍存在的实际条件最终达到的真正理解。如果狮心理查和菲力浦·奥古斯特实行了自由贸易，而不是卷入了十字军征讨，那我们就可以避免500年的贫穷和愚昧。

对问题的这一方面（我在这里只能稍微谈谈），我觉得我们大家都过分地忽略了。这是一个老问题：起初总是为了内容而忽略形式。如上所说，我也这样做过，而且我总是在事后才发现错误。因此，我不仅根本不想为此对您提出任何责备——我在您之前就在这方面有过错，我甚至没有权利这样做——，相反，我只是想让您今后注意这一点。

与此有关的还有思想家们的一个愚蠢观念。这就是：因为我们否认在历史中起作用的各种意识形态领域有独立的历史发展，所以我们也否认它们对历史有任何影响。这是由于通常把原因和结果非辩证地看作僵硬对立的两极，完全忘记了相互作用。这些先生常常几乎是故意地忘记，一种历史因素一旦被其他的、归根到底是经济的原因造成了，它也就起作用，就能够对它的环境，甚至对产生它的原因发生反作用。

——恩格斯：《恩格斯致弗兰茨·梅林》(1893年7月14日)，《马克思恩格斯选集》第4卷，人民出版社2012年版，第643—644页。

统治阶级的思想在每一时代都是占统治地位的思想。这就是说，一个阶级是社会上占统治地位的物质力量，同时也是社会上占统治地位的精神力量。支配着物质生产资料的阶级，同时也支配着精神生产资料，因此，那些没有精神生产资料的人的思想，一般地是隶属于这个阶级的。占统治地位的思想不过是占统治地位的物质关系在观念上的表现，不过是以思想的形式表现出来的占统治地位的物质关系；因而，这就是那些使某一个阶级成为统治阶级的关系在观念上的表现，因而这也就是这个阶级的统治的思想。此外，构成统治阶级的各个人也都具有意识，因而他们也会思维；既然他们作为一个阶级进行统治，并且决定着某一历史时代的整个面貌，那么不言而喻，他们在这个历史时代的一切领域中也会这样做，就是说，他们还作为思维着的人，作为思想的生产者进行统治，他们调节着自己时代的思想的生产和分配；而这就意味着他们的思想是一个时代的占统治地位的思想。例如，在某一国家的某个时期，王权、贵族和资产阶级为夺取统治而争斗，因而，在那里统治是分享的，那里占统治地位的思想就会是关于分权的学说，于是分权就被宣布为"永恒的规律"。

……

只要阶级的统治完全不再是社会制度的形式，也就是说，只要不再有必要把特殊利益说成是普遍利益，或者把"普遍的东西"说成是占统治地位的东西，那么，一定阶级的统治似乎只是某种思想的统治这整个假象当然就会自行消失。

——马克思和恩格斯：《德意志意识形态》(1845—1846年)，《马克思恩格斯选集》第1卷，人民出版社2012年版，第178—181页。

二、当代社会思潮谱系

近代以来,中国遭遇"千年未有之变局",内乱丛生外强侵略的局面敦促先进的中国人开眼看世界,中国知识分子开始思考中国向何处去的问题。一部分人看到西方自由主义之奇妙,一部分人坚守中国古典思想之道统,还有一部分人循着近邻苏俄之路径找到了马克思主义,其他诸如无政府主义、民族主义等思潮作为救国救民的良药一并闯入国门,形成了中国思想界"千年未有之变局"。这些以拯救民族危亡、指引中国方向为旗帜的各种思潮,对我们当下的社会思考还有着巨大影响。改革开放以来,中国的现代化转型进入快车道。美国著名政治学家亨廷顿有一句名言:"现代性产生稳定,而现代化却会引起不稳定。"这就是说,任何社会的现代化转型都不可避免地经历社会动荡,这种动荡不仅仅是物质层面的,还是思想层面的。在现代化转型中分化出来的社会力量要向政治权力宣示其诉求,而且往往是互相矛盾的诉求;广大知识分子依据其特定的学统训练对现代化转型开出自己的药方,而且往往是互相矛盾的药方;与此同时,中国共产党人也在不断探索如何把社会主义理想嵌入中国的现代化转型之路。在当下中国社会的"理论场"中,各种社会思潮都占有一定份额,符号资本的争夺十分激烈。总结而言,以下几种社会思潮具有较大的影响力。

1. 老左派与新左派思潮

法国大革命时期,持不同观点的议员分别坐在左右两侧,用座位空间排列的不同来区分政治观点。此后,人们习惯用"左右"作为政治理论、社会思潮中两种对立立场的标签。中国的左派思潮可以大致分为老左派思潮和新左派思潮,它们共同固守左派的基本立场和基本观点,但其理论旨趣和观点存在着较大差异。老左派思潮一般是指继承毛泽东晚年的思想遗产,要求继续推行毛泽东晚年政策主张的一种社会思潮,由于经常从毛泽东个人威望中寻求法理资源,往往也被称为"毛左"。老左派思潮的核心内容有三条:一是以阶级斗争为纲;二是公有制;三是计划经济。部分老左派成员赞同毛泽东晚年提出的无产阶级专政下继续革命理论,甚至还有部分老左派成员支持"文化大革命"。总体而言,老左派思潮对改革开放持怀疑甚至抵制的态度。老左派思潮这些比较激烈的主张,使得其影响力在近年逐步减弱。

新左派思潮是在20世纪90年代中期开始出现的一种社会思潮,其形成时间晚于老左派思潮,两者之间存在着较大的区别。第一,在话语风格上,新左派很少使用"阶级斗争""谁战胜谁"等政治话语,言说风格更加注重理论性和论证性。第二,在理论渊源上,两者虽然都注重从毛泽东(特别是晚年)的理论主张中汲取理论资源,但新左派思潮另外接受了西方新左翼思想的影响。尤其是依附理论、法兰克福学派的批判理论以及后现代思想,为当下中国的新左派思潮提供了诸多理论养分。第三,在理论旨趣上,新左派思潮不是简单地复述毛泽东晚年的政策主张,在诸多理论问题上有自己的观点和旨趣。新左派思潮以平等与公平为核心价值,关注的核心问题是社会公正与政治参与,对资本主义和现代性均加以抨击。新左派认为,当下中国出现的贫富分化、社会不公、腐败横行等问题是国际资本主义在中国扩张的表现,新左派由此开出的药方是以公有制为前提的平均主义式的分配和参与式民主。在理论论争中,新左派思潮在一些具体问题上显示出较为鲜明的政治立场。比如对待"文革",新左派同情并赞同"文革"中的部分做法;对待全球化,新左派依循依附理论,对全球化多持质疑或反对的立场;对待市场经济,新左派强烈批评市场经济带来的诸多问题;对待民主,新左派质疑选举民主的成效,而支持群众运动式的参与民主。可以说,新左派思潮是一个弥漫着平等色彩的社会思潮。

2. 自由主义思潮

自严复翻译英国自由主义思想家约翰·密尔的名著《论自由》后,自由主义思潮开始登陆中国并很快取得了巨大的社会影响。"五四"运动之后,自由主义在中国知识分子当中具有较大的影响力,其代表人物有胡适、罗隆基、蔡元培等。随后自由主义思潮在中国一度沉寂,但随着改革开放的启动,自由主义思潮重新获得了生机。和其他社会思潮相比,自由主义思潮的"西方"色彩是最浓厚的,自由主义思潮的学理基础几乎全部来自西方的主流思想家。在自由主义思潮内部,可以区分为古典自由主义和新自由主义两类。古典自由主义主要援引的思想家包括洛克、哈耶克等,新自由主义主要援引的思想家有T·H·格林、约翰·罗尔斯等,两者所坚持的共同观点或底线是"个人的基本自由与权利不受侵犯"。

古典自由主义的核心表达是:保障个人权利,强调自由竞争,限制政府权力。在社会变革观上,古典自由主义认为社会变革应该是渐进主义的扩展演化,而与激进主义的人为建构相对立。在经济观上,古典自由主义主张市场竞争,反对计划经济。古典自由主义特别强调财产权的重要性,并视之为个人自由的基础。西方谚语这样说道:"风能进,雨能进,国王不能进。"在政治观上,古典自由主义要求选举民主和宪政法治,既反对少数人专制,也反对"大多数人的暴政"。在伦理观上,古典自由主义强调个人的价值,认为个人不能被视为手段,也不能作为社会目标而牺牲的工具。新自由主义则强调仅仅保障个人的基本权利还不足以从实质上保障个人自由,因为贫穷、可行能力的缺乏会导致自由失去价值。因此,在个人的生存权之上还存在着个人的发展权。新自由主义因而主张政府应该发挥一定的效能,要求一定的经济干预,以实现社会公正,保障每个人的发展权。总的来说,自由主义思潮为当下中国开出的药方有:推行私人产权和市场竞争,减少政府审批,减少政府对经济的干预;推动实施法治,推动司法独立和言论自由,扩大宪法权威,保障人权;推动政治体制改革,扩大公民政治参与,建立有限政府和责任政府;强化社会建设,推动社会力量对政府的监督。

3. 文化保守主义思潮

与自由主义思潮主要汲取西方理论资源相反,文化保守主义主张以中国传统文化作为现代化的中介和民族凝聚力的基础。文化保守主义在中国的产生与近代以来中国所面临的民族危机和文化危机有关,西方的坚船利炮使中国在器物层面上相形见绌,随之而来的西方文化又使得中国在文化层面遭受前所未有的挑战。民族危机和文化危机迫使中国知识分子开始反思传统,其中一部分怀着对中国传统文化的依恋感,尝试以中国传统文化为主体来吸收西方文化,进而融会贯通。在这种情况下,文化保守主义应运而生。值得注意的是,文化保守主义并非是如字面意义上理解的"保守派"或"顽固派",文化保守主义并非对西方文化一律持排斥态度,而是认为只有以中国传统文化为载体和基础来引进西方文化,才能实现民族文化的稳定和持续。对此,严复提出的 12 字箴言颇具代表性意义:"非新无以为进,非旧无以为守。"20 世纪 90 年代以来,当代文化保守主义逐渐兴起,近年来也保持着高涨势头。在教育界兴起的"国学热"不断蔓延,日益受到国人的关注。而在思想界,当代文化保守主义的勃兴最突出的表现是新儒家思潮。

新儒家是一批以儒家情怀、儒家理论、儒家立场登台的文化保守主义者,新儒家思潮是文化保守主义中旗帜最鲜明、最具代表性的一派。当代新儒家可以分为海外新儒家和大陆新儒家。海外新儒家立足于一种世界文化的视野来思考传统儒学的复兴,并推动儒学和世界各地的思想文化进行对话。海外新儒家一方面注重儒学经典的道德维度,从中挖掘现代人安身立命的精神资源。另一方面,海外新儒家多赞成民主法治,并努力推动儒学与西方的民主、法治等学说相互交流和融合。20世纪90年代以来,大陆新儒家思潮得到复兴,并于21世纪迅猛发展。与海外新儒家相比,大陆新儒家对待现代民主法治的态度更为复杂。以大陆新儒家代表人物蒋庆为例,蒋庆认为,儒学从诞生之日起就是政治儒学,着眼于政权和政治。只有先解决政治制度问题,才能解决心性(道德)问题。在意识形态方面,蒋庆认为统治者应尊孔子和传统文化,儒教应进入政治权力中心;在法律观上,蒋庆更加注重依靠教化来提高公民道德,最终消除法律;在民主观上,蒋庆不赞成形式平等,而强调"等差之爱"以及合理的等级制。蒋庆的政治儒学,从总体上拒绝把儒学与西方的民主法治等理论相融合,而是强调从儒学自身发展出适应现代的理论。

4. 民族主义思潮

民族主义思潮在所有社会思潮中是最具有情感力量的,与此同时民族主义思潮往往缺乏系统性的理论内核。民族主义思潮建立在民族共同体成员对本民族的热爱和忠诚的情感基础之上,在现代民族国家的格局中,对民族共同体的热爱又往往转移到对民族国家的热爱和忠诚之上。所以,民族主义思潮的内核往往不是系统的理论体系,而是民族心理和爱国主义意识。正是这个特点,使得民族主义成为国家意识形态管理中的"双刃剑",温和的民族主义可以成为国家凝聚人心、有效管理的意识形态助力,而激进的民族主义可能成为挑战政府权威、形成破坏运动的隐患。20世纪90年代以来,民族主义思潮在中国复兴并逐步高涨,与民族主义相关的事件频发:1999年中国驻南斯拉夫使馆被炸事件、2001年中美撞机事件、2003年日本游客珠海嫖娼事件、2008年西藏"3·14"事件和法国奥运圣火传递事件,还有近年来频发的"保钓活动"等。当下中国民族主义思潮有以下特点:第一,中国民族主义思潮以爱国主义为主流,爱国主义在其中具有最响亮的话语权,但同时也存在着国家本位的倾向;第二,中国民族主义既具有自发性,又具有应激性,既是国内社会发展的产物,又与国际环境密切相关;第三,中国民族主义涵盖了众多领域,既包括经济、政治领域,也表现在体育、文化领域,但由于缺乏系统的理论资源,在一定程度上体现出空洞性;第四,近年来更为凸显的一个特点是,中国民族主义开始借助网络技术平台传播并展开活动,网络交往平台上民族话语日益增多。

民族主义思潮在中国的兴起,背后有着深厚的社会历史背景。第一,中华民族悠久的历史和辉煌的成就支撑起民族自尊和自信,而近代以来中华民族的屈辱经历又激发出民族自强意识,这两者共同强化了当下的民族主义思潮。第二,中国共产党带领全国人民建立了新中国,改革开放以来我国经济持续高速发展,综合国力和国际地位显著提升,极大地提升了民族自信心和自豪感。第三,伴随着经济全球化进程,中国与外国的政治经济交往不断加深,产生的经济摩擦、领土争端、国际冲突不断积累,对国内的民族主义思潮起到了助推的作用。中国的民族主义思潮,既来源于历史记忆的积累,也来源于改革开放以来中国翻天覆地的变化,又受到了国际因素的激荡。当代中国民族主义思潮的成因决定了它的基本诉求。中国民族主义的形成是与中国的国家综合实力上升密切相关的,这就决定了中国民族主义强调爱国主义意识,重视民族精神;中国民族主义的产生又往往同国际局势的激荡相关,这就使得中国民族主义对全球化持一种批判性认知,对全球化中的霸权和"依附"持批判态度;中国民族主义的形成还与周边环境和领土争端的刺激相关,这就使得中国民族主义始终坚持祖国统一,反对民族分裂。

5. 民粹主义思潮

当下中国,颇令人担忧的大概就是民粹主义思潮了。民粹主义因其概念、理论以及实践上的模糊性,很少得到严肃的对待和研究。在世界范围内,公认的民粹主义运动有三支:19世纪末,美国西南部人民反对垄断资本的激进运动;19世纪下半叶,俄国民粹派知识分子"到民间去"鼓动农民革命的风潮;20世纪中叶,阿根廷的庞隆依靠"无衫汉"推动的"正义主义运动"。这三支民粹主义分别和美国新保守派,俄国革命派和南美洲民族主义相结合,互为表里。尽管民粹主义难以概念化,但具有三个共同特征:一是人民之虚与民粹之实,各种民粹主义都体现为"人民崇拜",但只是利用大众的力量增强自己的实力或实现自己的目标而与人民大众的长远利益相背离;二是反精英主义之虚与精英主义之实,民粹突出的表现就是反对精英主义,但在民粹运动中,领袖权威、领袖作用和领袖崇拜恰恰是其不可或缺的重要部分,甚至是关键因素;三是直接民主之虚与反体制化之实,民粹主义的政治诉求大致是简单化政治和大众主权,由此又不可避免地面临着体制化与制度化的困境。

中国当前民粹主义的复兴和发展与互联网快速发展密切相关,即形成了某种网络民粹主义,其行动主体许多是高度情绪化的"草根"民众,他们虽未形成比较系统的理论,也没有组织化的规模体系,但利用网络技术资源,填补了社会组织网络与社会互动沟通不足的缺陷。"均贫富、倡平等、一人一票直选总统的民粹主义和儒学最优、传统万岁、'中国龙主宰世界'的民族主义一相结合,其中包括新老左派、后现代与前现代的合流,假如变成主导的意识形态,便非常危险,它将对外发动战争,对内厉行专制";"民族主义加民粹主义,正好是"国家社会主义",即纳粹,这是当前中国往何处去的最危险的一个方向"。① 人们注意到,"当今中国,自由主义思潮的末端接续的恰恰是民粹主义,虽然民粹主义的动源不止此端……自由主义理念流行到民间社会,尤其是到'青年知识分子'一代,点燃的不仅仅是公民憧憬,同时,对社会不公、贫富分化和普遍的堕落气氛之感同身受,……自由主义理念如长虹卧波,彩霞尽头,连续的恰恰是民粹主义流脉,一种社会愤怒的霓彩散光"②。

6. 民主社会主义思潮

《炎黄春秋》杂志2007年2月号刊登了署名文章《民主社会主义与中国的前途》,在社会上产生了不小影响,形成了关注民主社会主义的热潮。但民主社会主义思潮从理论和实践上都来源于欧洲。民主社会主义原本是指当代发达资本主义国家的社会民主党、社会党和工党的思想体系的总称,也就是社会党国际的思想体系。1951年在法兰克福举行的重建社会党国际的代表会议通过了《民主社会主义的目标和任务》(又称《法兰克福宣言》),在这份文件中社会党国际把"社会民主主义"的提法改成"民主社会主义"。1959年德国社会民主党发表哥德斯堡纲领,这两份文件标志着民主社会主义思潮在欧洲的兴起。民主社会主义思潮的兴起,一方面是因为苏联的社会主义实践暴露出来一些问题,民主建设出现了许多不足,这对各国的社会主义实践是一次警醒;另一方面,欧洲的一些福利主义国家取得了一定的成绩,公民的福利水平和社会的平等程度令人瞩目,从而对各国的社会主义实践产生了一定的示范效应。比如瑞典,就成为了当下中国民主社会主义思潮的理想"样板"。

民主社会主义的思想渊源具有多样性,既有马克思主义,也包括基督教伦理、人道主义和德国古典哲学等。民主社会主义最重要的主张体现在它的民主

---

① 李泽厚、易中天:《警惕民族主义与民粹主义合流》,http://www.21ccom.net/articles/sxpl/sx/article_2010091819354.html。
② 许章润:《思潮好比情人》,《开放时代》2012年第9期。

观上,民主社会主义认为民主是社会主义的目的乃至其本身,强调要通过民主而非暴力的手段来实现社会主义。依据此,民主社会主义对无产阶级专政理论持批判态度,追求以法治为基础的民主国家,要求保护公民尤其是少数派的基本权利,呼吁言论自由和结社自由。民主社会主义民主观的另一重要特点是它强调民主的层次性,它涵盖了政治民主、经济民主、社会民主和文化进步、国际民主这四个层次。在追求政治民主的同时,民主社会主义尤其警惕大资本对国家的控制,强调通过给予职工广泛参与决策进程的权利,强化工会对资本主义的"抗衡能力",扩大政府对私营经济采取行动的范围,让国家在资本面前保持自主性。按此思路,民主社会主义提出了一些具体的操作方案:建立"混合经济",即合作制和私有制、计划经济和自由竞争相结合;实行国家干预和计划化,逐步扩大国有化;实施社会保障制度和建立福利国家,改革税制,通过扩大公民经济权利和社会福利,进行收入和财富的再分配,实现经济平等。

以上在当代中国呈现的社会思潮,同社会主义核心价值体系一道构成了当代中国的意识形态图景。如何引领这些不同的社会思潮,是当代中国意识形态建设的重大课题。《中共中央关于构建社会主义和谐社会若干重大问题的决定》(2006年)中提出的"尊重差异、包容多样"作为社会主义核心价值体系对社会思潮引领方式和途径的指导性方针或原则。随着我国社会由单一化社会向多样化社会转变,人们思想活动的独立性、选择性、多变性、差异性明显增强。各种社会思潮的存在,不仅有深刻的经济基础,而且有广泛的思想基础。对于各种社会思潮,都要有所甄别,有所分析,积极的可以为我所用,消极的也要有以理服人的批判。为此,我们必须大力建设社会主义核心价值体系,避免主流思想和意识形态话语的空洞化、教条化,确保社会主义核心价值体系牢固占领思想阵地。建设社会主义核心价值体系的总体要求,就是要巩固马克思主义指导地位,坚持不懈地用马克思主义中国化最新成果武装全党、教育人民,用中国特色社会主义共同理想凝聚力量,用以爱国主义为核心的民族精神和以改革创新为核心的时代精神鼓舞斗志,用社会主义荣辱观引领风尚,不断增强人们对中国共产党领导、社会主义制度、改革开放事业、全面建设小康社会目标的信念和信心。

延伸阅读 7.2

没有革命的理论,就不会有革命的运动。在醉心于最狭隘的实际活动的偏向同时髦的机会主义说教结合在一起的情况下,必须始终坚持这种思想。而对俄国社会民主党来说,由于存在三种时常被人忘记的情况,理论的意义就显得更为重要了。这三种情况就是:第一,我们的党还刚刚在形成,刚刚在确定自己的面貌,同革命思想中有使运动离开正确道路危险的其他派别进行的清算还远没有结束。相反,正是在最近时期,非社会民主党的革命派别显得活跃起来了(这是阿克雪里罗得早就对"经济派"说过的)。在这种条件下,初看起来似乎并"不重要的"错误也可能引起极其可悲的后果;只有目光短浅的人,才会以为进行派别争论和严格区别各派色彩,是一种不适时的或者多余的事情。这种或那种"色彩"的加强,可能决定俄国社会民主党许多许多年的前途。

第二,社会民主主义运动就其本质来说是国际性的运动。这不仅意味着我们应当反对民族沙文主义。这还意味着在年轻的国家里开始的运动,只有在运用别国的经验的条件下才能顺利发展。但是,要运用别国的经验,简单了解这种经验或简单抄袭别国最近的决议是不够的。为此必须善于用批判的态度来看待这种经验,并且独立地加以检验。只要想一想现代工人运动已经有了多么巨大的成长和扩展,就会懂得,为了完成这个任务,需要有多么雄厚的理论力量和多么丰富的政治经验(以及革命经验)。

第三,俄国社会民主党担负的民族任务是世界上任何一个社会党都不曾有过的。我们在下面还要谈到把全体人民从专制制度压迫下解放出来这个任务所赋予我们的种种政治责任和组织责任。现在我们只想指出一点,就是只有以先进理论为指南的党,才能实现先进战士的作用。读者如果想要稍微具体地了解这句话的意思,就请回想一下俄国社会民主主义运动的先驱者赫尔岑、别林斯基、车尔尼雪夫斯基以及70年代的那一批杰出的革命家;就请想想俄国文学现在所获得的世界意义;就请……只要想想这些也就足够了!

……

我们说,工人本来也不可能有社会民主主义的意识。这种意识只能从外面灌输进去,各国的历史都证明:工人阶级单靠自己本身的力量,只能形成工联主义的意识,即确信必须结成工会,必须同厂主斗争,必须向政府争取颁布对工人是必要的某些法律,如此等等。而社会主义学说则是从有产阶级的有教养的人即知识分子创造的哲学理论、历史理论和经济理论中发展起来的。现代科学社会主义的创始人马克思和恩格斯本人,按他们的社会地位来说，也是资产阶级知识分子。俄国的情况也是一样，社会民主党的理论学说也是完全不依赖于工人运动的自发增长而产生的，它的产生是革命的社会主义知识分子的思想发展的自然和必然的结果。到我们现在所讲的这个时期，即到90年代中期，这个学说不仅已经成了"劳动解放社"十分确定的纲领，而且已经把俄国大多数革命青年争取到自己方面来了。

——列宁：《怎么办？》(1901年秋—1902年2月)，《列宁全集》第6卷，人民出版社1986年版，第23—29页。

马克思列宁主义的力量和生命力在于，它在自己的实际活动中正是以社会物质生活发展的需要为依据，任何时候也不脱离社会的现实生活。

但是，从马克思的话中不能引出这样的结论：社会思想、理论、政治观点和政治设施在社会生活中没有意义，它们不反过来影响社会存在，影响社会生活物质条件的发展。我们在这里暂且只是说到社会思想、理论、观点和政治设施的起源，只是说到它们的产生，只是说到社会精神生活是社会物质生活条件的反映。至于社会思想、理论、观点和政治设施的意义，至于它们在历史上的作用，那么历史唯物主义不仅不否认，相反，正是着重指出它们在社会生活和社会历史中的重大作用和意义。

有各种各样的社会思想和理论。有旧的思想和理论，它们是衰颓的、为社会上衰颓势力的利益服务的。它们的作用就是阻碍社会发展，阻碍社会前进。也有新的先进的思想和理论，它们是为社会上先进势力的利益服务的。它们的作用就是促进社会发展，促进社会前进，而且它们愈是确切地反映社会物质生活发展的需要，它们的意义就愈大。

新的社会思想和理论，只有在社会物质生活的发展向社会提出新的任务以后，才会产生。可是，一经产生，它们就会成为促进解决社会物质生活的发展所提出的新任务、促进社会前进的最重大的力量。正是在这里表现出新思想、新理论、新政治观点和新政治设施的那种极其伟大的组织作用、动员作用和改造作用。新的社会思想和理论所以产生，正是因为它们是社会所必需的，因为没有它们那种组织工作、动员工作和改造工作，就不可能解决社会物质生活发展中的已经成熟的任务。新的社会思想和理论在社会物质生活的发展所提出的新任务的基础上一经产生，就为自己开拓道路，成为人民群众的财富，它们动员人民群众，组织人民群众去反对社会上衰颓的势力，从而有助于推翻社会上衰颓的、阻碍社会物质生活发展的势力。

可见，社会思想、理论和政治设施，在社会物质生活的发展即社会存在的发展所提出的已经成熟的任务的基础上一经产生，便反过来影响社会存在，影响社会物质生活，为彻底解决社会物质生活的已经成熟的任务，为社会物质生活能进一步发展，创造必要的条件。

因此马克思说：

"理论一经掌握群众，就会变成物质力量。"

这就是说，无产阶级党为着有可能去影响社会物质生活条件，加速这些条件的发展，加速这些条件的改善，就应当依据这样一种社会理论和社会思想，这种理论和思想正确反映社会物质生活发展的需要，因而能发动广大人民群众，能动员他们，把他们组织成一支决心粉碎社会反动势力、为社会先进势力开辟道路的无产阶级党的大军。

"经济派"和孟什维克所以垮台，其原因之一，就是他们不承认先进理论、先进思想有动员作用、组织作用和改造作用，他们陷入庸俗唯物主义，把先进理论和先进思想的作用看成几乎等于零，从而要党消极起来，无所作为。

马克思列宁主义的力量和生命力在于，它以正确反映社会物质生活发展需要的先进理论为依据，把这种理论提到它应有的高度，并且把充分利用这种理论的动员力量、组织力量和改造力量，看作自己的职责。

历史唯物主义就是这样来解决社会存在和社会意识之间、社会物质生活发展条件和社会精神生活发展之间的关系问题的。

——斯大林：《论辩证唯物主义和历史唯物主义》（1938年9月），《斯大林文选》上卷，人民出版社1962年版，第190—192页。

三、主流价值重在建设

意识形态建设对于社会主义事业的成败有着极其重要的作用，马克思指出："如果从观念上来考察，那么一定的意识形式的解体足以使整个时代覆灭。"[1]

---

[1] 《马克思恩格斯文集》第8卷，人民出版社2009年版，第170页。

当前中国意识形态建设所面临的是社会价值日趋多元,多种社会思潮并存的复杂局面。在这种情况下,社会主义核心价值体系的主流地位是否稳固,是否能够保持强大的凝聚力和引领力,关系到执政党执政地位的稳固,关系到社会主义事业的人心所向。而社会主义核心价值体系的主流地位能否稳固,则需要对当代中国意识形态做科学的分析研判,找到各种社会思潮、意识的社会根源,找准问题的症结所在,在此基础上加强社会主义意识形态建设,发挥意识形态的各项效能。

1. 当代中国意识形态问题研判

近年来多项关于我国意识形态领域的调查研究均表明,当前我国主流意识形态的主流地位不够稳固,对其他社会思潮的引领不够有力,意识形态效能的发挥不够显著。2010年一项由人民论坛问卷调查中心主持的问卷调查显示:在对待主流文化的态度上,45.6%的受调查者选择了"讨厌,有意规避",而仅有35.3%的受调查者选择了"喜欢,心向往之";在问及主流文化是否被边缘化时,多达55.7%的受调查者表示"严重"或"比较严重"。[①] 2011年一项由国家社科基金重大招标课题"构建我国主流价值文化研究"所作的问卷调查显示,在问及构建当代中国主流价值文化应该以什么为主导时,选择"马克思主义""西方文化""中国传统文化"的分别有1336人次、1173人次、2466人次。[②] 2012年出版的《中国大众意识形态报告》显示,在问及对当前主流意识形态的做法时,65.5%的受调查者认为应"对当前的意识形态进行调整,作出新的解释",仅有16.4%的受调查者认为要"维护当前的意识形态";在问及哪些社会思潮比较符合中国实际,可以用来指导社会实践时,仅有36.6%的受调查者选择了马克思主义。[③] 这些数据让我们不得不反思,主流价值怎么了?社会主义主流意识形态要如何稳固主流地位?这就必须对当代中国意识形态出现的问题作细致的分析研判,找出有哪些因素对社会主义主流意识形态形成了挑战,进而找到适应挑战,化挑战为机遇的办法。

从意识形态文本自身来看。马克思认为:"理论在一个国家实现的程度,总是决定于理论满足这个国家的需要的程度。"同样的道理,意识形态被群众接纳

---

① 《"主流文化怎么了"问卷调查分析报告》,《人民论坛》2010年8月下。
② 朱云海、戴茂堂:《我国主流价值文化构建中存在的问题及对策——基于对"当今我国主流价值文化"问卷调查的统计分析》,《深圳职业技术学院学报》2013年第6期。
③ 樊浩等:《中国大众意识形态报告》,中国社会科学出版社2012年版,429—431页。

的程度,总是决定于意识形态满足群众需要的程度。群众的需要永远是现实的、具体的,在不同的时期、在不同的具体群体之间有着相对多样性;而意识形态的文本生产由于要保持权威度和延续性,则不可避免地带有抽象性和全局性,这样就出现了"意识形态产品"和"意识形态消费"的不相适应。同时意识形态的传播必须要借助于一定的文本载体,文本载体就是意识形态的"营销方式",它在多大程度上能够吸引眼球、打动人心决定了意识形态的效能发挥。当代中国主流意识形态之所以难以稳固其主流地位,所面临的一大问题就是"产品"和"营销方式"吸引力不足,不能够满足广大群众的现实需要,使得"意识形态生产"与"意识形态消费"相脱节。在人民论坛问卷调查中心组织的问卷调查中,在问及当前主流文化面临哪些问题时,73.6%的受调查者认为"主流文化缺乏现实关怀",54.3%的受调查者认为"宣传的多,说教的多,难以打动人心"。[①]这表明,社会主义主流意识形态要稳固主流地位,就要让文本内容更加贴近群众的现实需要,要让文本形式更加贴近群众的使用习惯。在当前网络文化兴起,网络语言盛行的情况下,改造意识形态话语体系的要求愈加迫切。

从意识形态的环境场域来看。意识形态是社会意识的重要组成部分,受到了社会的经济生产方式、人际交往方式等一系列权变因素的影响。在全球化高度发展的今天,整个世界的交往活动日益频繁,文化碰撞显著增多,对我国社会主义主流意识形态建设构成了背景性制约;我国改革开放以来的历史实践在给社会主义主流意识形态建设提供巨大的资源支持的同时,又深刻改变了意识形态所处的社会环境和文化场域,对意识形态的效能发挥带来了新挑战。总体说来,社会主义主流意识形态的环境场域有两方面的重要变化。

第一,社会转型带来社会利益诉求的多元。改革开放以来,我国社会结构转型和体制转型逐步推进,形成了多样性的经济关系,利益分化和资源集聚的态势日益明显,大大改变了计划经济体制下单一性意识形态的基础。从近年的数据来看,我国的经济贫富差距和利益分化程度已经不容小觑。根据世界银行《世界发展报告2006》提供的不平等状况测量指标,在127个国家和地区里,按基尼系数(基尼系数越高,表明收入不平等程度越高)从低到高排列,中国列第95位,收入不平等程度高于中国的只有29个。世界银行2009年的统计则显示,中国贫富收入差别达到近1∶13,美国5%的人口掌握了60%的财富,而中

---

① 《"主流文化怎么了"问卷调查分析报告》,《人民论坛》2010年8月下。

国则是1%的家庭掌握了全国41.4%的财富,财富集中程度远远超过美国,成为全球两极分化最严重的国家之一。国家统计局发布的数据显示,中国近十年的基尼系数均在国际警戒线0.4之上。此外,我国的利益分化呈现出结构性不均衡的特点,这表现在城乡居民收入差距扩大、地区居民收入差距扩大、高低收入群体差距扩大三个方面。经济利益和社会地位的分化,十分显著地引起了社会心理和意识形态的分化。2012年出版的一项教育部人文社会科学研究重大课题攻关项目研究,就被调查者对改革的信心与其职业的关联度开展了问卷调查和统计分析,结果显示因职业的不同,被调查者对改革持有的信心存在一定的差别。其中公务员群体和管理人员对改革的持有信心和很有信心的比例高达73.7%和67.6%,而教师、工程技术人员、工人、三资企业从业人员、自雇人员等群体对改革持有信心和很有信心的比例分别为58.7%、57.9%、58.7%、58.4%、56.3%,均低于总体的指标。该项研究又把被调查者的自我社会地位认同与对改革的信心进行统计分析,结果表明被调查者对社会地位的自我认同越高,对改革的信心也越高。其中自我认同为社会下层的受调查者对改革持有信心的比例为48.3%,中下层为56.7%,中层为67.6%,中上层为74.4%,上层为73.3%。① 这些数据表明,源自经济领域的利益分化和冲突将会反映和表现在社会意识形态领域,形成社会心理乃至社会思潮的多样。处于社会转型中的社会主义主流意识形态建设必须增强应对社会利益分化局面的能力,提高引领力和凝聚力。

第二,全球化的交往活动带来社会意识的激荡。在全球化程度日益加深,全球交往活动日益频繁的今天,境外各种思潮大量涌入,在经济、社会、文化等领域与马克思主义争夺话语权,对社会主义主流意识形态的地位造成巨大的挑战。江泽民鲜明地指出:"意识形态领域,社会主义思想不去占领,资本主义思想就必然去占领。"②今天看来,在全球化进程中,资本主义思想对主流意识形态阵地的占领有几个"杀手锏"。其一是"民主政治"的示范效应。在20世纪末,全球出现一波民主化的浪潮。全球民主化之所以成"波形"延伸,一个重要原因就是民主政治具有示范效应:一国的民主化进程将会刺激其他国家的居民,从而形成连锁反应。造成的结果是,一部分条件不成熟的国家被卷入到民主化进程,最后造成社会剧烈动荡和民主化的失败。全球民主浪潮中所推行的

---

① 刘少杰:《当代中国意识形态变迁》,中央编译出版社2012年版,第94—97页。
② 《江泽民论有中国特色社会主义》(专题摘编),中央文献出版社2002年版,第407页。

是以竞争性选举为最主要标志的民主,本质上是一种程序性的民主。它们在传播的过程中以竞争性选举为道德武器,批评社会主义国家的民主实践,对社会主义主流意识形态形成了冲击。其二是发达国家文化产业的无形渗透。美国前总统安全顾问布热津斯基不无自豪地说:"在文化方面,美国文化有无比的吸引力,特别是在世界的青年中,这些使美国具有一种任何国家都望尘莫及的政治影响。"①据早先一项统计,传播于世界各地的新闻,90%以上由美国和西方国家垄断,美国控制了全球75%的电视节目的生产和制作,美国公司出产的影片产量只占全球影片产量的6.7%,却占领了全球总放映时间的50%以上。与此同时,我国的文化产业还处于起步阶段,文化输出不足,文化市场的占有量有限。发达国家在文化产业上的显著优势,为他们推行文化霸权主义提供了先天优势,与好莱坞、肯德基等一起进入国门的发达国家文化对社会主义主流意识形态具有潜在的渗透影响。其三是物质消费主义的蔓延。2013年《人民日报》刊登了对热映电影《小时代》的评论文章,对电影中表现出来的个人主义和消费主义进行了批判,对其中的追逐物质炫耀财富的倾向表示了担忧。西方马克思主义思想家阿多诺、马尔库塞、弗洛姆等人敏锐地察觉到物质消费主义的意识形态化倾向和其背后的政治性,他们发现现代资本主义的统治方式已经发生了转变,从对生产过程的控制转向了对消费过程的控制。物质消费主义就是资产阶级向消费者灌输的虚假意识,以此来操纵他们的行为,保证资本主义的稳定。物质消费主义的意识形态化,对社会主义主流意识形态形成了巨大的挑战,这种挑战不在于它敌视主流意识形态,而在于它造成了对主流意识形态的普遍冷漠,逐渐使主流意识形态失去了听众。

2. 意识形态建设的前景

伴随着全球化的深入和现代化转型的急剧发展,社会心理、思想的多元并存和境外思潮、文化的大量涌入已经是无法回避的事实,传统一元控制型的意识形态已经无法适应社会存在的剧烈变迁,必须建设更加具有引领力和包容性的社会主义主流意识形态。

当代中国意识形态建设必须坚持指导思想一元和社会思想观念多样的辩证统一。指导思想一元是意识形态领域的客观规律,自从人类进入阶级社会

---

① [美] 布热津斯基:《大棋局:美国的首要地位及其地缘战略》,中国国际问题研究所译,上海人民出版社1998年版,第22—23页。

后,统治阶级的思想就一直是社会的主导思想。"思想的历史除了证明精神生产随着物质生产的改造而改造,还证明了什么呢?任何一个时代的统治思想始终都不过是统治阶级的思想。"①从历史经验来看,任何社会、任何国家都没有实现过什么"指导思想多元"。奴隶社会、封建社会、资本主义社会都有一元的主流意识形态。指导思想一元化,是维护与巩固政权的"铁律"。相反,削弱甚至取消指导思想的做法,不是肢解了国家,就是引发了混乱甚至战争。社会主义意识形态建设必须牢固坚持马克思主义的一元化指导,马克思主义是被历史和实践证明了唯一适合中国的科学理论。同时,我们又必须看到,社会思想观念的多样性是社会发展的必然趋势。在市场经济和全球交往活动不断发展深入的今天,社会思想观念不断走向多元异质是势所必至的历史趋势。而随着网络时代的到来,以扁平化人际关系为基础的网络交往推动了崇尚个性崇尚独特的网络文化。在这种情况下,主流意识形态建设必须坚持指导思想一元和社会思想观念多样的辩证统一,在多样中坚持一元,在一元中引领多样。针对日益分化的社会利益诉求,主流意识形态必须加强统筹包容;针对多元冲突的社会思潮,主流意识形态必须善于统筹引领;针对日益新颖的社会文化符号,主流意识形态必须能够使用能够驾驭;针对大量涌入的异国文化,主流意识形态必须能够回应、能够输出。

当代中国意识形态建设必须做好官方话语和大众话语的有机衔接。从历史经验来看,我们国家意识形态建设较为成功的时期,往往就是意识形态的话语建设较为成功的时期。思想从一开始就要受到语言的纠缠,再伟大的思想也必须搭配适宜的语言,否则就难以有效传播。法拉第发现了电磁感应规律,但由于他不能用适宜的语言表达出来,因此一直没有得到科学界的承认。直到麦克斯韦完整地表述这一规律,才得到人们的正式承认。意识形态建设也遵循同样的规律,为了提高意识形态的吸引力,必须把官方话语与大众话语相衔接,构建科学的、亲民的话语体系。在这一点上,毛泽东、邓小平等老一辈无产阶级革命家曾经探索出具有中国风格、大众风味的意识形态话语体系,值得我们深入学习。第一,要善于继承传统文化中的优秀元素,比如毛泽东运用传统文化中的"实事求是"话语,阐释了理论与实践关系这一抽象的学术命题,以此确立了党的思想路线。第二,要善于吸收民俗文化中的优秀元素。比如,毛泽东通过运用民俗文化中的"打土豪,分田地"等话语,而非"共产主义"等远离农民现实

---

① 《马克思恩格斯选集》第1卷,人民出版社2012年版,第420页。

利益的学术话语，成功动员和武装了广大农民。第三，要善于运用日常用语中的优秀元素。比如邓小平运用浅显易懂的"摸着石头过河""不管白猫黑猫，捉到老鼠就是好猫"等话语，诙谐直白地表达了关于改革开放的决心，打消了人们关于改革的顾虑。老一辈革命家们的马克思主义语言宝库里有许多值得我们学习的地方，归结到一点，就是要善于把握群众心理，说群众听得懂的话，讲群众自己的话。结合当今网络技术高度发达的实际，社会主义意识形态建设还必须善于驾驭运用网络语言。当前许多政务部门利用官方微博等平台发布信息，沟通群众，在此过程中使用了大量的网络语言来补充原本的文件语言，得到了许多好评。运用网络语言来丰富社会主义意识形态话语，还值得进一步探索实践。

当代中国意识形态建设必须做好主体塑造和榜样示范等配套机制。陈毅元帅曾说过："淮海战役的胜利是人民群众用小车推出来的！"在淮海战役期间，前线和后方的解放区人民，节衣缩食，想方设法为人民军队筹集粮食、碾米磨面、运送粮草。据统计，淮海战役中，华东、中原、冀鲁豫、华中四个解放区前后共出动民工543万人。中国共产党及其人民军队之所以能够在筚路蓝缕的革命实践中得到广大群众的支持、拥护和爱戴，一个极其重要的原因就是中国共产党人在和群众打交道过程中展现出来的优良品质和人格魅力。共产主义理想信念和社会主义道德风尚能够深入人心，靠的是战争年代无数共产党人为了理想抛头颅洒热血，靠的是和平年代无数共产党人吃苦在前，全心全意为人民服务。意识形态对于群众的吸引力，是通过意识形态倡导者的言行这一中介形式体现出来的。如果意识形态的倡导者本身都不能够言行一致，那么即便它的理论再科学，它的话语再美好，都难以使人信服。社会主义意识形态的建设和传播，必须要发挥倡导者的道德模范和价值示范作用，必须做好主体塑造和榜样示范等配套机制。当前各类腐败事件频发，不少党员和领导干部的道德楷模和价值示范远远不够，他们的腐化与堕落行为极大地损害了主流意识形态的权威性。要提高社会主义主流意识形态的吸引力和凝聚力，必须大力推进廉政建设，做到干部清正、政府清廉、政治清明，在群众中树立起党政干部的廉洁形象。同时，还必须做好群众路线教育实践活动，让各级党政干部能够经常地深入群众，学好群众作风群众观点，建立起与群众的浓厚感情，为社会主义意识形态做好表率。

当代中国意识形态建设必须重视认识世界和改造世界两个维度。马克思曾用戏谑的口吻讽刺当时的德国实践政治派："该派认为，只要背对着哲学，并且扭过头去对哲学嘟囔几句陈腐的气话,对哲学的否定就实现了。"①同样,一个国家的意识形态要想在相互交织的社会思潮中取得主导地位,要想在纷至沓来的境外思想面前发挥引领作用,就不能只是"嘟囔几句陈腐的气话",还必须从现实的实践中挖掘意识形态的力量源泉。一个对社会主义怀有敌意的社会思潮能够在中国社会找到生存的土壤,就说明它表达了一定的社会诉求,反映了一定的社会问题,代表了一定的社会力量。社会主义主流意识形态建设,不能仅仅追求对其他社会思潮的简单的语词的否定,更重要的是深入挖掘每个社会思潮、社会心理的实践根源,从不同声音中找到中国特色社会主义建设中出现的问题和不足,从实现好维护好广大群众的现实利益入手赢得自己的听众。社会主义主流意识形态的地位巩固,一方面需要提升理论的现实性,要把主流意识形态建设成为真正反映群众在实践过程直接现实利益,真正为群众所用的有效工具;另一方面也要发挥理论对实践的指导能力,要让主流意识形态成为敦促党和政府推动经济发展、维护社会公正、拓展政治参与渠道、发展民生事业的有效工具。

延伸阅读 7.3

一切种类的文学艺术的源泉究竟是从何而来的呢?作为观念形态的文艺作品,都是一定的社会生活在人类头脑中的反映的产物。革命的文艺,则是人民生活在革命作家头脑中的反映的产物。人民生活中本来存在着文学艺术原料的矿藏,这是自然形态的东西,是粗糙的东西,但也是最生动、最丰富、最基本的东西;在这点上说,它们使一切文学艺术相形见绌,它们是一切文学艺术的取之不尽、用之不竭的唯一的源泉。这是唯一的源泉,因为只能有这样的源泉,此外不能有第二个源泉。有人说,书本上的文艺作品,古代的和外国的文艺作品,不也是源泉吗?实际上,过去的文艺作品不是源而是流,是古人和外国人根据他们彼时彼地所得到的人民生活中的文学艺术原料创造出来的东西。我们必须继承一切优秀的文学艺术遗产,批判地吸收其中一切有益的东西,作为我们从此时此地的人民生活中的文学艺术原料创造作品时候的借鉴。有这个借鉴和没有这个借鉴是不同的,这里有文野

---

① 《马克思恩格斯选集》,人民出版社 2012 年版,第 8 页。

之分,粗细之分,高低之分,快慢之分。所以我们决不可拒绝继承和借鉴古人和外国人,哪怕是封建阶级和资产阶级的东西。但是继承和借鉴决不可以变成替代自己的创造,这是决不能替代的。文学艺术中对于古人和外国人的毫无批判的硬搬和模仿,乃是最没有出息的最害人的文学教条主义和艺术教条主义。中国的革命的文学家艺术家,有出息的文学家艺术家,必须到群众中去,必须长期地无条件地全心全意地到工农兵群众中去,到火热的斗争中去,到唯一的最广大最丰富的源泉中去,观察、体验、研究、分析一切人,一切阶级,一切群众,一切生动的生活形式和斗争形式,一切文学和艺术的原始材料,然后才有可能进入创作过程。否则你的劳动就没有对象,你就只能做鲁迅在他的遗嘱里所谆谆嘱咐他的儿子万不可做的那种空头文学家,或空头艺术家。

人类的社会生活虽是文学艺术的唯一源泉,虽是较之后者有不可比拟的生动丰富的内容,但是人民还是不满足于前者而要求后者。这是为什么呢?因为虽然两者都是美,但是文艺作品中反映出来的生活却可以而且应该比普通的实际生活更高,更强烈,更有集中性,更典型,更理想,因此就更带普遍性。革命的文艺,应当根据实际生活创造出各种各样的人物来,帮助群众推动历史的前进。例如一方面是人们受饿、受冻、受压迫,一方面是人剥削人、人压迫人,这个事实到处存在着,人们也看得很平淡;文艺就把这种日常的现象集中起来,把其中的矛盾和斗争典型化,造成文学作品或艺术作品,就能使人民群众惊醒起来,感奋起来,推动人民群众走向团结和斗争,实行改造自己的环境。如果没有这样的文艺,那末这个任务就不能完成,或者不能有力地迅速地完成。

——毛泽东:《在延安文艺座谈会上的讲话》(1942年5月),《毛泽东著作选读》下册,人民出版社1986年版,第537—538页。

解放思想,开动脑筋,实事求是,团结一致向前看,首先是解放思想。只有思想解放了,我们才能正确地以马列主义、毛泽东思想为指导,解决过去遗留的问题,解决新出现的一系列问题,正确地改革同生产力迅速发展不相适应的生产关系和上层建筑,根据我国的实际情况,确定实现四个现代化的具体道路、方针、方法和措施。

在我们的干部特别是领导干部中间,解放思想这个问题并没有完全解决。不少同志的思想还很不解放，脑筋还没有开动起来，也可以说，还处在僵化或半僵化的状态。这并不是因为他们不是好同志。这种状态是在一定历史条件下形成的。

……

思想不解放，思想僵化，很多的怪现象就产生了。

思想一僵化，条条、框框就多起来了。比如说，加强党的领导，变成了党去包办一切、干预一切；实行一元化领导，变成了党政不分、以党代政；坚持中央的统一领导，变成了"一切统一口径"。违反中央政策根本原则的"土政策"要反对，但是也有的"土政策"确是从实际出发的，是得到群众拥护的。这些正确政策现在往往也受到指责，因为它"不合统一口径"。

思想一僵化，随风倒的现象就多起来了。不讲党性，不讲原则，说话做事看来头、看风向，满以为这样不会犯错误。其实随风倒本身就是一个违反共产党员党性的大错误。独立思考，敢想、敢说、敢做，固然也难免犯错误，但那是错在明处，容易纠正。

思想一僵化，不从实际出发的本本主义也就严重起来了。书上没有的，文件上没有的，领导人没有讲过的，就不敢多说一句话，多做一件事，一切照抄照搬照转。把对上级负责和对人民负责对立起来。

不打破思想僵化，不大大解放干部和群众的思想，四个现代化就没有希望。

目前进行的关于实践是检验真理的唯一标准问题的讨论，实际上也是要不要解放思想的争论。大家认为进行这个争论很有必要，意义很大。从争论的情况来看，越看越重要。一个党，一个国家，一个民族，如果一切从本本出发，思想僵化，迷信盛行，那它就不能前进，它的生机就停止了，就要亡党亡国。这是毛泽东同志在整风运动中反复讲过的。只有解放思想，坚持实事求是，一切从实际出发，理论联系实际，我们的社会主义现代化建设才能顺利进行，我们党的马列主义、毛泽东思想的理论也才能顺利发展。从这个意义上说，关于真理标准问题的争论，的确是个思想路线问题，是个政治问题，是个关系到党和国家的前途和命运的问题。

实事求是，是无产阶级世界观的基础，是马克思主义的思想基础。过去我们搞革命所取得的一切胜利，是靠实事求是；现在我们要实现四个现代化，同样要靠实事求是。不但中央、省委、地委、县委、公社党委，就是一个工厂、一个机关、一个学校、一个商店、一个生产队,也都要实事求是,都要解放思想,开动脑筋想问题、办事情。

在党内和人民群众中,肯动脑筋、肯想问题的人愈多,对我们的事业就愈有利。干革命、搞建设,都要有一批勇于思考、勇于探索、勇于创新的闯将。没有这样一大批闯将,我们就无法摆脱贫穷落后的状况,就无法赶上更谈不到超过国际先进水平。我们希望各级党委和每个党支部,都来鼓励、支持党员和群众勇于思考、勇于探索、勇于创新,都来做促进群众解放思想、开动脑筋的工作。

——邓小平:《解放思想,实事求是,团结一致向前看》(1978年12月),《邓小平文选》第2卷,人民出版社1994年版,第142—144页。

坚持党性原则,就要求新闻宣传在政治上必须同党中央保持一致。各级党报要这样,部门的和专业性的报纸也要这样。虽然有许多新闻本身不带政治性质,但是,从任何一个报纸、电台、电视台的总的新闻宣传来说,都不可能脱离政治。这几年新闻界出现了所谓"淡化"政治的提法。但是事实上极少数人并没有"淡化"他们的政治,而是在那里强化资产阶级政治观点,加紧进行否定四项基本原则的活动。新闻宣传在政治上同党中央保持一致,决不是机械地简单地重复一些政治口号,而是站在党和人民的立场上,采取多种多样的方式,把党的政治观点、方针政策,准确地生动地体现和贯注到新闻、通讯、言论、图片、标题、编排等各个方面。

坚持党性原则,就要求新闻工作者必须同人民群众保持最广泛最深刻的联系,从群众的实践中汲取智慧和力量。这几年,许多优秀的新闻工作者,正是这样做的。他们写出了大量反映人民群众历史创造活动的好作品,受到了群众的赞扬。但是,也确有一些新闻工作者,不去努力反映在建设和改革中忘我工作、无私奉献的广大工人、农民、知识分子和解放军指战员的可歌可泣事迹,甚至连文风和语言也追求诡谲怪异,越来越脱离群众。

我想借此机会向全体新闻工作者提出一个殷切的希望:到生活中去,到群众中去。归根到底,物质财富的创造者是群众,精神财富的创造者也是群众。群众进行社会主义现代化建设和改革的伟大实践,是新闻作品写作的原料、灵感、思想和艺术技巧的无尽源泉。我们的新闻工作者要老老实实地向群众学习,学习他们的优秀品质、宝贵经验、丰富知识、生动语言,努力成为深受群众欢迎的新闻工作者。

坚持党性原则,就必须在新闻宣传中旗帜鲜明地坚持不懈地反对资产阶级自由化。这一点决不能含糊。前些年,这场斗争曾经几起几落,结果使自由化思潮愈演愈烈,最后酿成了这场动乱和反革命暴乱。殷鉴不远,我们的新闻工作者和全党同志务必牢牢记取这个血的教训,决不能再蹈覆辙。意识形态领域,社会主义思想不去占领,资本主义思想就必然去占领。这是一个真理,应该成为我们所有新闻工作者和宣传工作者的座右铭。我们的报刊、广播、电视,今后决不允许再为资产阶级自由化提供阵地。对于这些年来极少数人所散布的资产阶级自由化观点,比如所谓政治多元化、经济私有化、中产阶级论、全盘西化论、马列主义过时论等等,各新闻单位都要认真地积极地组织力量,根据自己的读者对象,写出一批有说服力的高质量的批判文章,以澄清那些反动的错误的观点在人们头脑中造成的思想混乱。马克思主义是在斗争中坚持和发展的。只有克服错误的东西,才有利于树立和发展正确的东西。只有进行这种严肃的科学的批判,才能统一认识,增强团结,稳定大局。

——江泽民:《关于党的新闻工作的几个问题》(1989年11月),《十三大以来重要文献选编》,人民出版社1993年版,第771—773页。

全面建设小康社会、加快推进社会主义现代化,要求我们必须把发展社会主义先进文化放到十分突出的位置,着眼于提高人的素质、促进人的全面发展,加强思想道德建设,发展教育科学文化,培育有理想、有道德、有文化、有纪律的社会主义公民。

一是要提高全民族素质。当今世界的综合国力竞争,说到底是民族素质竞争。要充分发挥教育对提高人的素质的基础性作用,坚持教育优先发展,全面推进素质教育,加大统筹城乡教育发展的力度,加大对义务教育尤其是农村义务教育的投入,使每一个适龄青少年都能接受良好教育。要努力建设学习型社会,在全社会树立全民学习、终身学习的理念,通过多种形式和渠道的学习培训,使每个人都不断获得新知、增长才干,跟上时代前进步伐。要在全体人民中大力弘扬科学精神、普及科学知识、树立科学观念、提倡科学方法,努力在全社会形成学习科学、相信科学、依靠科学的良好氛围,促进全民族科学素质的提高。要牢牢把握文化发展的正确方向,积极推动文化创新,大力发展文化事业和文化产业,为广大人民群众提供更多更好的精神文化产品,充分发挥文化启迪思想、陶冶情操、传授知识、鼓舞人心的积极作用。

二是要培养大批优秀人才。国家兴盛,人才为本。要全面实施人才强国战略,大力加强人力资源能力建设,加大投入力度,完善工作措施,重点培养人的学习能力、实践能力,着力提高人的创新能力,努力造就大批优秀人才。要进一步优化人才发展的环境,不拘一格选人才,建立健全育才、引才、聚才、用才的体制机制,形成鼓励人才干事业、支持人才干成事业、帮助人才干好事业的社会氛围,开创人尽其才、才尽其用、用当其时、人才辈出的局面。

三是要树立良好的社会风气。社会风气是社会文明程度的重要标志,是社会价值导向的集中体现。树立良好的社会风气是广大人民群众的强烈愿望,也是经济社会顺利发展的必然要求。在我们的社会主义社会里,是非、善恶、美丑的界限绝对不能混淆,坚持什么、反对什么、倡导什么、抵制什么,都必须旗帜鲜明。要在全社会大力弘扬爱国主义、集体主义、社会主义思想,倡导社会主义基本道德规范,扶正祛邪,扬善惩恶,促进良好社会风气的形成和发展。要教育广大干部群众特别是广大青少年树立社会主义荣辱观,坚持以热爱祖国为荣、以危害祖国为耻,以服务人民为荣、以背离人民为耻,以崇尚科学为荣、以愚昧无知为耻,以辛勤劳动为荣、以好逸恶劳为耻,以团结互助为荣、以损人利己为耻,以诚实守信为荣、以见利忘义为耻,以遵纪守法为荣、以违法乱纪为耻,以艰苦奋斗为荣、以骄奢淫逸为耻。

——胡锦涛:《牢固树立社会主义荣辱观》(2006年3月4日),《求是》杂志2006年第9期。

经济建设是党的中心工作,意识形态工作是党的一项极端重要的工作。党的十一届三中全会以来,我们党始终坚持以经济建设为中心,集中精力把经济建设搞上去、把人民生活搞上去。只要国内外大势没有发生根本变化,坚持以经济建设为中心就不能也不应该改变。这是坚持党的基本路线100年不动摇的根本要求,也是解决当代中国一切问题的根本要求。同时,只有物质文明建设和精神文明建设都搞好,国家物质力量和精神力量都增强,全国各族人民物质生活和精神生活都改善,中国特色社会主义事业才能顺利向前推进。

宣传思想工作就是要巩固马克思主义在意识形态领域的指导地位,巩固全党全国人民团结奋斗的共同思想基础。党员、干部要坚定马克思主义、共产主义信仰,脚踏实地为实现党在现阶段的基本纲领而不懈努力,扎扎实实做好每一项工作,取得"接力赛"中我们这一棒的优异成绩。领导干部特别是高级干部要把系统掌握马克思主义基本理论作为看家本领,老老实实、原原本本学习马克思列宁主义、毛泽东思想特别是邓小平理论、"三个代表"重要思想、科学发展观。党校、干部学院、社会科学院、高校、理论学习中心组等都要把马克思主义作为必修课,成为马克思主义学习、研究、宣传的重要阵地。新干部、年轻干部尤其要抓好理论学习,通过坚持不懈学习,学会运用马克思主义立场、观点、方法观察和解决问题,坚定理想信念。

要深入开展中国特色社会主义宣传教育,把全国各族人民团结和凝聚在中国特色社会主义伟大旗帜之下。要加强社会主义核心价值体系建设,积极培育和践行社会主义核心价值观,全面提高公民道德素质,培育知荣辱、讲正气、作奉献、促和谐的良好风尚。

党性和人民性从来都是一致的、统一的。坚持党性,核心就是坚持正确政治方向,站稳政治立场,坚定宣传党的理论和路线方针政策,坚定宣传中央重大工作部署,坚定宣传中央关于形势的重大分析判断,坚决同党中央保持高度一致,坚决维护中央权威。所有宣传思想部门和单位,所有宣传思想战线上的党员、干部都要旗帜鲜明坚持党性原则。坚持人民性,就是要把实现好、维护好、发展好最广大人民根本利益作为出发点和落脚点,坚持以民为本、以人为本。要树立以人民为中心的工作导向,把服务群众同教育引导群众结合起来,把满足需求同提高素养结合起来,多宣传报道人民群众的伟大奋斗和火热生活,多宣传报道人民群众中涌现出来的先进典型和感人事迹,丰富人民精神世界,增强人民精神力量,满足人民精神需求。

坚持团结稳定鼓劲、正面宣传为主,是宣传思想工作必须遵循的重要方针。我们正在进行具有许多新的历史特点的伟大斗争,面临的挑战和困难前所未有,必须坚持巩固壮大主流思想舆论,弘扬主旋律,传播正能量,激发全社会团结奋进的强大力量。关键是要提高质量和水平,把握好时、度、效,增强吸引力和感染力,让群众爱听爱看、产生共鸣,充分发挥正面宣传鼓舞人、激励人的作用。在事关大是大非和政治原则问题上,必须增强主动性、掌握主动权、打好主动仗，帮助干部群众划清是非界限、澄清模糊认识。

在长期实践中，我们党的宣传思想工作积累了十分丰富的经验。这些经验来之不易、弥足珍贵，是做好今后工作的重要遵循，一定要认真总结、长期坚持，并在实践中不断丰富和发展。"明者因时而变，知者随事而制。"宣传思想工作创新，重点要抓好理念创新、手段创新、基层工作创新，努力以思想认识新飞跃打开工作新局面，积极探索有利于破解工作难题的新举措新办法，把创新的重心放在基层一线。要继续推进文化体制改革，推动文化事业全面繁荣和文化产业快速发展、建设社会主义文化强国。

……

宣传思想部门承担着十分重要的职责，必须守土有责、守土负责、守土尽责。宣传思想部门工作要强起来，首先是领导干部要强起来，班子要强起来。各级宣传部门领导同志要加强学习、加强实践，真正成为让人信服的行家里手。

——习近平：《在全国宣传思想工作会议上的讲话》(2013年8月19日)，《人民日报》2013年8月21日。

第八讲 世界文明与中国发展

在马克思主义时代化和中国特色社会主义的推进下,中国不断融入世界经济和人类文明发展的大潮,中国的发展,不仅使中国人民稳定地走上富裕安康的广阔道路,而且为世界经济发展和人类文明进步作出了重大贡献。中国发展离不开世界,世界繁荣稳定也离不开中国。改革开放以来,中国与世界的关系发生了历史性变化,一方面,改革开放使中国的综合国力获得明显增强,使中国的国际地位发生显著变化;另一方面,中国在各种涉外事件的处理中理顺了自身的对外交往理念,制定既符合国家利益需要又合乎国际规范要求的各项制度与策略,并致力于不断完善对外交往的理论、体制与机制。中国在改革开放中走向世界、融入世界,在与世界的互动中积极开拓进取。中国与世界的关系日益密切,不但中国的前途命运日益紧密地同世界的前途命运联系在一起,而且中国还以自身的发展有力地促进地区和世界共同发展。

一、中国的发展离不开世界

"中国的发展离不开世界",是邓小平围绕中国社会主义现代化建设提出的战略性命题,这一命题的基本内涵是,中国的现代化建设和国家发展是世界发展和人类文明的重要组成部分,中国的发展战略应该融入世界发展的潮流之中。当今世界,开放性的特点日益突显,国家之间的联系更加紧密,因此,结合国际社会在经济、政治、文化、科技、信息等方面的发展趋势,制定好国家发展的基本战略,增强中国与世界各国的互动,处理好中国与世界的关系,已经成为中国现代化建设和国家发展的重要基础。

中国在历史上曾经处于长期的与世隔绝状态,闭关锁国与自我孤立使中国既未能正视自己也未能正视世界,在近代历史发展的相当长一段时间内,习惯于在贫穷与落后中固守传统文化,中国失去了与世界文明对话的机会,也与科学技术的快速发展失之交臂。马克思主义在中国的传播使中国传统文化与广大中国民众开始了吸收和借鉴外部世界优秀思想成果的进程,一方面,这一进程曾经存在曲折,尤其是受到斯大林"两个平行的世界市场"理论影响,社会主义的新中国几乎隔绝了与世界所有资本主义国家之间的正常联系,冷战遏制的阴影也使新中国的经济、政治、文化、科技与外交等领域饱受西方世界的封锁与对抗,经济发展徘徊于计划与短缺之间,政治与社会生活也未能在复杂局面中形成良好秩序;另一方面,这一进程也在曲折中不断走向发展,新中国成立以后,中国不仅坚持马克思主义的指导地位,而且坚持把马克思主义与中国国情相结合,逐步开辟了中国特色社会主义道路,这是一条以马克思主义为指导的发展道路,而马克思主义的本质特性也决定了这是一条与人类文明共同发展的道路,正如列宁指出的,"马克思主义与'宗派主义'毫无相似之处,它绝不是离开世界文明发展大道而产生的一种故步自封、僵化不变的学说。"①马克思主义是开放的理论,中国特色社会主义不仅继承了马克思主义,而且发展了马克思主义,以开放的胸怀把中国的发展与世界的文明和进步逐步融合起来。这一融合不仅体现了中国对现有国际环境和国际局势的正确判断,而且也体现了中国自身发展的迫切需要。

1. 准确判断时局

改革开放以来,中国和世界都发生了复杂而深刻的变化,中国共产党科学判断时代发展潮流,准确把握国际形势特点,在保持中国对外战略和对外政策稳定延续的同时逐步形成了体现中国国情与特点的外交道路和外交理论,坚持和平发展、多样发展、合作发展、共同发展,坚持在融入国际社会中实现中国国家利益,坚持把发展对外交往与中华民族伟大复兴的实践紧密结合,坚持把国家发展和树立良好国际形象紧密结合,在改革与创新中不断开创了我国外交工作的新局面。

对时局的准确判断,就是把握一定时代的主要矛盾与基本特征,这是一个国家制定和实施发展战略的重要依据。由于世界力量对比格局的变化、科学技术日新月异的进步、人类共同面临的各种新问题的产生以及在经济全球化带动下世界各国之间日益紧密的相互联系等现象的出现,使得各国之间相互作用的

---

① 《列宁选集》第 2 卷,人民出版社 1995 年版,第 309 页。

方式在发生变化,世界进入新的历史发展阶段,国家作为国际社会中的主要行为体,必须准确判断时局、及时调整发展战略,这是谋求进一步发展的根本出发点。

在经由改革开放推动中国走向世界舞台之初,中国领导人在经历国际格局风云变幻的同时也开始对国际社会的各种矛盾与问题有了更为现实的认识。邓小平在总结历史经验的基础上提出,"关起门来搞建设是不能成功的,中国的发展离不开世界"①,而融入世界的起点则是需要对世界局势形成准确判断。在新中国成立后相当长一段时间内,由于两大阵营的对峙和西方世界对社会主义国家的封锁,中国所面临的国际环境复杂而严峻,不仅国际社会未能给中国留下广阔的活动空间,甚至还时时出现面临战争的担忧,国内社会的有限资源并未得到恰当的运用,经济发展缓慢,人民生活水平低下。

20世纪70年代末80年代初,伴随着国际政治力量的变迁,邓小平敏锐观察到国际格局由紧张向缓和、由对抗向对话的转变,做出了"世界和平力量的增长超过战争力量的增长"的准确判断,并提出和平与发展是当代世界的根本问题。1985年3月,他在与日本客人谈话时曾经指出:"现在世界上真正大的问题,带有全球性的战略问题,一个是和平问题,一个是经济问题或者说是发展问题。和平问题是东西问题,发展问题是南北问题。概括起来,就是东西南北四个字。"②这是一个带有全局性和战略性意义的认识与判断,并直接促成党的十三大确立"和平与发展是当代世界的主题"。邓小平还在1990年和1992年两次强调这一主题在当时的突出表现以及解决这两大问题的重要性。这一认识在之后的历次党的代表大会得到充分阐述,党的十八大报告再次肯定了这一主题,"当今世界正在发生深刻复杂变化,和平与发展仍然是时代主题","要和平不要战争,要发展不要贫穷,要合作不要对抗,推动建设持久和平、共同繁荣的和谐世界,是各国人民共同愿望",并且庄严承诺:"中国将继续高举和平、发展、合作、共赢的旗帜,坚定不移致力于维护世界和平、促进共同发展","中国将始终不渝走和平发展道路,坚定奉行独立自主的和平外交政策"。并进一步指出:"人类只有一个地球,各国共处一个世界","合作共赢,就是要倡导人类命运共同体意识,在追求本国利益时兼顾他国合理关切,在谋求本国发展中促进各国共同发展,建立更加平等均衡的新型全球发展伙伴关系,同舟共济,权责共担,

---

① 《邓小平文选》第3卷,人民出版社1993年版,第78页。
② 《邓小平文选》第3卷,人民出版社1993年版,第105页。

增进人类共同利益。"①这就慎重提出了"命运共同体"的理念。"要和平、促发展、谋合作"业已成为对时代主旋律的基本判断,"命运共同体"的理念也融入中国的外交实践之中。

把和平与发展判断为时代主题的重要原因还包括和平与发展也是未来相当一段时间人类面临的根本问题。一方面,当今世界各种性质的局部战争对和平的巨大威胁,由民族与种族冲突所引发的战争、由领土争端而引发的战争、由恐怖主义所引发的恐怖战争与反恐战争以及其他与利益冲突或势力范围争夺相关的战争既是当前局部战争的基本样式,也是威胁和平的重要根源。另一方面,发展问题也是世界各国所面临的共同问题,广大发展中国家在资金、技术等方面所处的地位与发达国家之间存在严重的不平衡性,并在经济全球化的大潮中被边缘化,它们与发达国家之间的距离逐步扩大,全球化不仅未能解决世界范围贫富悬殊问题反而使之更为加剧;发展中国家还处于贸易条件不断恶化、金融风险日益增大的威胁之中。另外,日益严重的全球环境问题以及气候变化也是发展过程中人类遭遇的共同挑战,这些问题不仅影响发展而且还会带来不同程度的不稳定,人类至今未能找到突破性的解决方案。因此,深化对和平与发展的认识,深化和平发展的战略,在新的历史条件下坚持科学发展、自主发展、开放发展、和平发展、合作发展、共同发展已经成为中国对外战略的必要组成部分。

2. 坚定发展目标

准确判断时局有利于科学制定各项对内对外政策和发展目标。建立在对和平与发展趋势的认识基础上,我们开始把以经济建设为中心、发展生产力、提高人民生活水平、增强综合国力和国际竞争力作为现阶段的根本目标,实现这一目标,不仅需要立足国情并通过改革来理顺国内各项制度和政策,而且需要在对外开放中不断增强与各国的联系使自己不孤立于世界之外。邓小平指出,中国长期处于停滞和落后状态的一个重要原因是闭关自守,只有打开国门,充分利用世界先进技术、合理引进外部资金和资源、不断借鉴先进的管理经验,才能逐步赶上世界经济和社会的发展潮流。

改革与开放是相互促进、相辅相成的,我们进行经济、政治与各项体制改

---

① 胡锦涛:《坚定不移沿着中国特色社会主义道路前进 为全面建成小康社会而奋斗——在中国共产党第十八次全国代表大会上的报告》,人民出版社2012年版,第47页。

革,其根本目的是为了更为有效地利用、调配好市场和多种资源,从而促进国内经济和社会的全面发展,这不仅仅是一个自我设定目标和标准的问题,更重要的是要使中国的体制改革和经济发展尽快融入国际社会,与世界各国在竞争中谋发展。改革,必须通过对外开放去感受外部世界的竞争压力,感受与世界各国的差异与差距,并按照国际竞争的要求完善我们的体制和制度。事实表明,在对外开放的过程中,我们通过扩大对外贸易、发展出口导向型经济、引进外部的资金和技术、加入国际组织等,不仅经济规模日益增大,也积极地促进了各项体制改革。当然,改革与开放之间也有一个平衡与协调的问题,如何保持体制改革的速度和对外开放的程度之间的适宜性也是值得我们深入研究的问题。

今天,我们的认识已经在邓小平"关起门来搞建设是不行的"判断基础上进一步深化,包括:在对外开放的范围上,我们的对外开放是对世界所有国家的开放,既包括发达国家,也包括发展中国家,并且不在意识形态、社会制度或发展程度上对开放设限;在对外开放的方向上,我们既欢迎外来的资金、技术与经验,也鼓励出口贸易和对外投资,是"引进来"与"走出去"并举的双向开放;在对外开放的目标上,我们既追求自身的发展,也坚持世界各国的共同发展,力求在平等的基础上互利共赢、扩大共同利益;在对外开放的规模上,在经历了由东到西、由点到线、由线到面、由沿海到内地的逐步推进之后,我们已经形成了全方位、多层次、宽领域的开放格局,外向型经济不断发展。

我们逐步打破以社会制度和意识形态论亲疏的做法,积极与不同社会制度、不同发展程度的国家开展交往,至今已有170多个国家与我们建立了外交关系;逐步形成了"大国是关键、周边是首要、发展中国家是基础、多边是重要舞台"的外交工作总体战略方针,并与许多国家、地区和国际组织建立了战略协作、战略伙伴以及战略对话关系,促成了一系列双边和多边机制的形成,逐步建构起层次分明、相互补充的外交战略格局,我们还努力推动国际层面的制度和规范建设,强调以和平共处五项基本原则为基础建设国际政治经济新秩序,在处理领土等争议问题上以"搁置争议、共同开发"的新思路缓解争端,促进国际关系民主化。

中国特色社会主义的外交理论也在逐步形成、丰富和发展之中。以习近平为总书记的新的中央领导集体不仅做出了"国际力量对比继续朝着有利于世界和平与发展的方向发展","今天的人类比以往任何时候都更有条件朝和平与发展的目标迈进"等的判断,而且提出通过实现"两个转变"来走通和平发展道路的设想,"和平发展道路能不能走得通,很大程度上要看我们能不能把世界的机遇转变为中国的机遇,把中国的机遇转变为世界的机遇,在中国与世界各国良性互动、互利共赢中开拓前进",并提出"决不能放弃我们的正当权益,决不能牺牲国家核心利益"是中国坚持和平发展道路的底线。中国不惹事也不怕事,在事关国家核心利益的问题上,任何外国不要指望我们会拿自己的核心利益做交易,不要指望我们会吞下侵害我国主权、安全、发展利益的苦果。这些主张立场鲜明地表达了中国在坚持和平发展的同时坚决维护国家核心利益的不可动摇之决心。① 这些都是对和平发展道路和中国外交理论的丰富与发展。中国外交理论改变了自身身份认同,强调全方位地参与和融入国际体系;强调利益与道德的平衡,走独立自主的和平外交道路,并形成了"与时俱进的国际合作观""利义均衡的国家利益观""积极主动的国际体系观""全局视野的内外统筹观""以人为本的外交价值观"等中国特色外交理论的五大创新。②

3. 深度融入国际社会

我国对外交往与外交政策在思维、理念、准则、目标等方面已经逐步形成了一个日益完善的体系,并加速了中国广泛融入国际社会的进程。20 世纪 80 年代初,邓小平对当时国际形势及其发展趋势作出过几个判断:一是美苏关系趋向缓和,多极化趋势出现;二是经济因素在国际关系中的作用逐步提升;三是中国是世界上一支重要的力量。进而制定了独立自主、不结盟、不当头、维护国家利益的和平外交政策,顶住了外部压力,坚持既定政策不动摇,争取了许多国家的支持并与外部世界建立广泛联系,开创了对外交往中的主动局面。邓小平针对苏东剧变提出的"冷静观察、稳住阵脚、沉着应付"③已成为对外交往的重要战略思维,而"韬光养晦""有所作为""不结盟""不当头""不称霸"等战略策略赋予了新中国独立自主外交政策新的内涵,同时也明确了中国国家利益的表达和追求。④ 并把维护国家利益作为制定和实施对外政策的最高准则,把互利共赢作为衡量对外政策的重要尺度,把合作与对话作为推进对外关系的主要手段,有理、有节地排除和处置交往中的外来干扰,合理开拓公众外交、民间外交

---

① 习近平:《在中央政治局第三次集体学习时的讲话》,《人民日报》2013 年 1 月 30 日。
② 杨洁勉:《改革开放 30 年的中国外交和理论创新》,《国际问题研究》2008 年第 6 期。
③ 《邓小平文选》第 3 卷,人民出版社 1993 年版,第 319—320 页。
④ 1989 年 10 月,邓小平在会见美国前总统尼克松时说:"考虑国与国之间的关系主要应该从国家自身的战略利益出发,着眼于自身长远战略利益,同时也尊重对方的利益。"见《邓小平文选》第 3 卷,人民出版社 1994 年版,第 330 页。

等多种途径,使外交服务于改革开放的大局。

　　冷战结束,国际格局出现了许多新变化,多种力量重新分化组合,单极与多极并存,经济全球化迅速发展利弊互见,不合理的国际政治经济秩序仍在起作用,国际经济的相互依存日益加深国家之间的竞争也更加激烈,世界范围的技术创新和制度创新要求强烈,气候变化、环境污染、疾病蔓延等全球性问题呼唤国际合作,而恐怖主义又加深了安全威胁。中国融入国际社会的进程既处于大国关系和周边关系呈现总体缓和的势头之下,也处于各国之间的合作与竞争关系更趋复杂化的局面之中。"当今世界是一个开放的世界,谁也不可能孤立于世界之外去发展自己的经济";"不同社会制度和发展模式长期共存、取长补短,在竞争比较中共同发展,这是人类文明进步的表现"。① 中国既深刻认识到世界局势的复杂性,又能以积极姿态主动探索、奋发有为,逐步寻找和开拓与外部世界更多的合作方式与合作领域,在通过参与亚太经济合作组织、推动上海合作组织成立和发挥作用等方面作出了不少努力,还在核裁军、防扩散等方面发挥了建设性作用。

　　新世纪以来,国际形势的复杂性进一步加深。一方面,发展中国家的总体力量不断上升,并出现了一些新兴的发展中大国;世界经济总体向好,虽然出现国际性金融危机并危及实体经济领域,但主要国家和地区尚具有一定的危机承受力;国际合作进一步加强,各种类型的对话与合作机制逐步形成。另一方面,世界范围各种问题和挑战也层出不穷,各种原因的地区冲突依然严重,环境危机出路越发困难,金融危机还催生膨胀了各国的贸易保护倾向,经济政治领域的不公平、不公正现象依然存在。中国国内的发展局面也日新月异,经济总量持续增加,体制和制度的各项改革有效推进,国民素质得到提高,中国已成为国际社会日益重要的组成力量,世界对中国的认识和中国对世界的认识都发生了重大变化。这些新的形势和变化,促使中国形成融入国际社会新的动力和信念,"命运共同体"意识贯穿于我国外交理念与实践,习近平在多个场合多次提到要倡导命运共同体意识,促进各国合作共赢,"国际社会日益成为一个你中有我、我中有你的命运共同体","我们生活在同一个地球村,应该牢固树立命运共同体意识"。②

---

① 《江泽民文选》第 2 卷,人民出版社 2006 年版,第 201 页;《江泽民文选》第 3 卷,人民出版社 2006 年版,第 526 页。
② 习近平:《在同外国专家代表座谈时的讲话》,《人民日报》2012 年 12 月 6 日。

可以说，对时代主题的准确判断、以坚定实施对外开放基本国策为前提融入国际社会、积极调整对外战略已经构成了中国当代对外交往理论和实践的重要特征。中国要发展自身就需要顺应时代潮流，不能自我封闭，也不能置身于世界之外，坚持走和平发展道路、坚持互利共赢的对外开放战略、积极推动和谐世界的建设等三大方针是新世纪中国外交有所作为的重要依托和重要目标。我们对世界的认识更为现实，而对中国的定位也更为清晰。展望未来，超越意识形态的差异，发展与世界各国及政党的关系；努力寻找并扩大在国家交往中的共同利益和利益交汇点；既坚持原则又讲求策略，增强对外交往中的回旋空间；不主动挑战现行国际秩序和规则，在对外交往中积极融入中国元素，在传播我们的传统文化精华中实现与当代国际关系理念的契合，积极推动建立以合作共赢为核心的新型国际关系等，都将成为中国外交战略的重要组成部分。

延伸阅读 8.1

当前世界上主要有两个问题，一个是和平问题，一个是发展问题。和平是有希望的，发展问题还没有得到解决。人们都在讲南北问题很突出，我看这个问题就是发展问题。我曾多次对一些外国朋友讲，这个问题要从人类发展的高度来认识。现实情况是当今世界只有四分之一的人口生活在发达国家，其他四分之三的人口是生活在发展中国家，或者叫不发达国家。国际社会虽然提出要解决南北问题，但讲了多少年了，南北之间的差距不是在缩小，而是在扩大，并且越来越大。

——邓小平：《以和平共处五项原则为准则建立国际新秩序》（1988 年 12 月 21 日），《邓小平文选》第 3 卷，人民出版社 1993 年版，第 281 页。

总之，对于国际局势，概括起来就是三句话：第一句话，冷静观察；第二句话，稳住阵脚；第三句话，沉着应付。不要急，也急不得。要冷静、冷静、再冷静，埋头实干，做好一件事，我们自己的事。

——邓小平：《改革开放政策稳定，中国大有希望》（1989 年 9 月 4 日），《邓小平文选》第 3 卷，人民出版社 1993 年版，第 320—321 页。

中国搞社会主义，是谁也动摇不了的。我们搞的是有中国特色的社会主义，是不断发展社会生产力的社会主义，是主张和平的社会主义。只有不断发展社会生产力,国家才能一步步富强起来,人民生活才能一步步改善。只有争取到和平的环境,才能比较顺利地发展。

——邓小平:《社会主义的中国谁也动摇不了》(1989年10月26日),《邓小平文选》第3卷,人民出版社1993年版,第328页。

    和平与发展仍是当今时代的主题。维护和平,促进发展,事关各国人民的福祉,是各国人民的共同愿望,也是不可阻挡的历史潮流。世界多极化和经济全球化趋势的发展,给世界的和平与发展带来了机遇和有利条件。新的世界大战在可预见的时期内打不起来。争取较长时期的和平国际环境和良好周边环境是可以实现的。

    但是,不公正不合理的国际政治经济旧秩序没有根本改变。影响和平与发展的不确定因素在增加。传统安全威胁和非传统安全威胁的因素相互交织,恐怖主义危害上升。霸权主义和强权政治有新的表现。民族、宗教矛盾和边界、领土争端导致的局部冲突时起时伏。南北差距进一步扩大。世界还很不安宁,人类面临着许多严峻挑战。

    不管国际风云如何变幻,我们始终不渝地奉行独立自主的和平外交政策。中国外交政策的宗旨,是维护世界和平,促进共同发展。我们愿同各国人民一道,共同推进世界和平与发展的崇高事业。

    我们主张顺应历史潮流,维护全人类的共同利益。我们愿与国际社会共同努力,积极促进世界多极化,推动多种力量和谐并存,保持国际社会的稳定;积极促进经济全球化朝着有利于实现共同繁荣的方向发展,趋利避害,使各国特别是发展中国家都从中受益。

    我们主张建立公正合理的国际政治经济新秩序。各国政治上应相互尊重,共同协商,而不应把自己的意志强加于人;经济上应相互促进,共同发展,而不应造成贫富悬殊;文化上应相互借鉴,共同繁荣,而不应排斥其他民族的文化;安全上应相互信任,共同维护,树立互信、互利、平等和协作的新安全观,通过对话和合作解决争端,而不应诉诸武力或以武力相威胁。反对各种形式的霸权主义和强权政治。中国永远不称霸,永远不搞扩张。

    我们主张维护世界多样性,提倡国际关系民主化和发展模式多样化。世界是丰富多彩的。世界上的各种文明、不同的社会制度和发展道路应彼此尊重,在竞争比较中取长补短,在求同存异中共同发展。各国的事情应由各国人民自己决定,世界上的事情应由各国平等协商。

我们主张反对一切形式的恐怖主义。要加强国际合作,标本兼治,防范和打击恐怖活动,努力消除产生恐怖主义的根源。

——江泽民:《全面建设小康社会,开创中国特色社会主义事业新局面》(2002年11月8日),《江泽民文选》第3卷,人民出版社2006年版,第566—567页。

当今世界正在发生深刻复杂变化,和平与发展仍然是时代主题。世界多极化、经济全球化深入发展,文化多样化、社会信息化持续推进,科技革命孕育新突破,全球合作向多层次全方位拓展,新兴市场国家和发展中国家整体实力增强,国际力量对比朝着有利于维护世界和平方向发展,保持国际形势总体稳定具备更多有利条件。

同时,世界仍然很不安宁。国际金融危机影响深远,世界经济增长不稳定不确定因素增多,全球发展不平衡加剧,霸权主义、强权政治和新干涉主义有所上升,局部动荡频繁发生,粮食安全、能源资源安全、网络安全等全球性问题更加突出。

人类只有一个地球,各国共处一个世界。历史昭示我们,弱肉强食不是人类共存之道,穷兵黩武无法带来美好世界。要和平不要战争,要发展不要贫穷,要合作不要对抗,推动建设持久和平、共同繁荣的和谐世界,是各国人民共同愿望。

我们主张,在国际关系中弘扬平等互信、包容互鉴、合作共赢的精神,共同维护国际公平正义。平等互信,就是要遵循联合国宪章宗旨和原则,坚持国家不分大小、强弱、贫富一律平等,推动国际关系民主化,尊重主权,共享安全,维护世界和平稳定。包容互鉴,就是要尊重世界文明多样性、发展道路多样化,尊重和维护各国人民自主选择社会制度和发展道路的权利,相互借鉴,取长补短,推动人类文明进步。合作共赢,就是要倡导人类命运共同体意识,在追求本国利益时兼顾他国合理关切,在谋求本国发展中促进各国共同发展,建立更加平等均衡的新型全球发展伙伴关系,同舟共济,权责共担,增进人类共同利益。

中国将继续高举和平、发展、合作、共赢的旗帜,坚定不移致力于维护世界和平、促进共同发展。

——胡锦涛:《坚定不移沿着中国特色社会主义道路前进 为全面建成小康社会而

奋斗——在中国共产党第十八次全国代表大会上的报告》(2012年11月8日),人民出版社2012年版,第48页。

  我们的事业是同世界各国合作共赢的事业。国际社会日益成为一个你中有我、我中有你的命运共同体。面对世界经济的复杂形势和全球性问题,任何国家都不可能独善其身、一枝独秀,这就要求各国同舟共济、和衷共济,在追求本国利益时兼顾他国合理关切,在谋求本国发展中促进各国共同发展,建立更加平等均衡的新型全球发展伙伴关系,增进人类共同利益,共同建设一个更加美好的地球家园。中国走的是和平发展道路,中国的发展不是自私自利、损人利己、我赢你输的发展,对他国、对世界决不是挑战和威胁。中国决不会称霸,决不搞扩张。中国越发展,对世界和平与发展就越有利。中国不仅是合作共赢的积极倡导者,更是合作共赢的切实践行者。中国扎实推进同各国的务实合作,坚持向发展中国家提供力所能及的帮助。
  ——习近平:《在同在华工作的外国专家代表座谈时的讲话》(2012年12月5日),《人民日报》2012年12月6日。

  做好外交工作,胸中要装着国内国际两个大局,国内大局就是"两个一百年"奋斗目标,实现中华民族伟大复兴的中国梦;国际大局就是为我国改革发展稳定争取良好外部条件,维护国家主权、安全、发展利益,维护世界和平稳定、促进共同发展。要找到利益的共同点和交汇点,坚持正确义利观,有原则、讲情谊、讲道义,多向发展中国家提供力所能及的帮助。要推进外交工作改革创新,加强外交活动的策划设计,力求取得最大效果。要做好外交工作的统筹兼顾,组织和协调好方方面面,注意发挥各自优势,把外交工作办得更好。
  ——习近平:《在周边外交工作座谈会上的讲话》(2013年10月25日),《人民日报》2013年10月26日。

二、世界的繁荣也需要中国

  新中国成立以后,尤其是改革开放以来,随着中国经济实力的不断增长,国际地位也有了显著提高,中国与世界的关系发生了根本性的变化,中国已经从世人眼中那个任人宰割的穷国弱国演变为很多人心目中"全球经济增长的发动机","中国模式""中国道路"正在成为人们热议的话题,不仅中国的发展离不开世界,世界的繁荣发展也越来越离不开中国,中国与世界之间的相互依存趋势在不断增强,中国以自身的努力为世界的和平、发展、繁荣、稳定以及为人类的文明作出了重大贡献,在经济、政治、文化等各个领域,中国既为世界的发展增添了动力,也为世界发展的多样性提供了有力支持。

1. 推动世界经济增长

中国经济增长对世界经济发展的积极影响主要可以从两个方面来考察:其一是在贸易、投资、消费等要素推动下中国经济增长速度与增长规模所产生的积极影响;其二是中国政府的各项经济政策对世界经济的稳定、发展和秩序所具有的积极作用。从经济增长的角度来看,自改革开放以来,中国一直是世界上经济增长速度最快的国家,年均GDP的增长率远高于同期世界各国的平均增长率,当前,中国经济增长对世界经济的贡献率仅次于美国而居世界第二位,2008年的世界性金融和经济危机之后,中国更是成为世界经济复苏的动力和信心之源。同时,随着国民收入水平和生活水平在经济增长之下的逐步提高,中国经济增长还促进了世界贫困人口数量的不断减少。

中国商品进出口贸易规模的不断扩大和服务贸易水平的不断提高推动了世界贸易的蓬勃发展:一方面,由于经济稳步增长,中国国内的进口需求一直保持旺盛势头,中国的进口总额已经从1978年的187亿美元增长到2012年的18 178亿美元,占世界1/5人口的需求无疑为世界各国的商品出口提供了巨大的市场,拓展了各国商品的出路,同时也为商品出口国直接或间接创造了许多生产和就业机会,使一些国家的经济发展获得可持续性,一定程度上缓解了世界市场日益突显的供需矛盾,有效地维持了世界市场的平衡与发展;另一方面,对外开放和外向型经济的发展,使中国的出口贸易一直保持高水平增长,而中国所拥有的相对低廉的劳动力价格和原材料价格水平又使得我们所制造的大量劳动密集型产品深受世界各地市场的欢迎,到2010年,中国超过美国成为世界第一制造业大国,"中国制造"不仅为世界各地提供了丰富的产品,同时也有效地改善了世界经济的供给结构,改善了各国人民的生活。

不断扩大和深化的对外开放使中国不仅吸引了大量世界资本,而且也大大提高了中国的对外投资水平,在国际资本流动领域起着越来越重要的作用。一方面，中国一直对外来直接投资持欢迎态度，是吸引国际资本最多的国家之一，中国所拥有的巨大市场和丰富的劳动力资源，促使全球资本竞相来华逐利，外商投资的领域不仅涉及制造业、加工业、服务业、农业、基础设施业等劳动密集型产业，而且还涉及一些技术密集型产业，多数外商投资都能在华获得较为丰厚的收益与回报；另一方面，中国也一直鼓励境内企业和资本的对外投资，而我们所积累的大量外汇储备又为对外投资的增长提供了有力的保障，特别是随着中国加入WTO，我们在对外投资领域的政策法规日益完善，对外投资的行为也更加规范，从资金的流向来看，一部分是用于购买欧美等发达国家的国债，并投资一些相关的服务贸易和研究开发类的非生产性项目，另一部分是用于对发展中国家的资源开发、生产经营性投资和基础设施投资，两方面都促进了资本输入国经济的稳定和发展。发展对外直接投资，是中国经济"走出去"的重要战略步骤，到目前为止，中国的对外直接投资已经在世界近130个国家和地区有所分布，投资的主体也日益多元，虽然，我们还是在投资行业、投资方式、投资地区、投资管理等方面存在着一些问题和困难，但不争的事实是，规模日益扩大的中国对外投资正在不断引起世界各国的普遍关注。

在促进经济增长的三驾马车中，消费水平和消费结构所产生的影响和作用正在变得日益重要，随着收入水平的不断提高，中国居民的消费状态正在经历从生存型向发展型的转变，消费的作用不仅体现在拉动内需促进国民经济发展上，而且还具有重大的外部性影响，对世界经济的促进作用也不可小视。在改革开放和经济快速增长初期，中国居民的消费类型基本集中在食品、服装等生存性领域，20世纪90年代以后逐步拓展到了居住、交通、教育、医疗、文化、娱乐、旅游等发展性领域，并且也开始涉及股票、基金、房产等风险性领域。从当前的消费特点和趋势来看，一方面，城乡居民的消费理念在不断演变，居民收入中消费与储蓄的结构有所变化，一些群体中超前消费的观念正在形成，消费不仅改善了居民的生活质量，而且也促进了国民经济的发展；另一方面，不仅居民消费的商品化程度越来越高，而且对各类商品所能提供的质量和服务等的要求也越来越高，同时，不同收入群体之间的消费层次还存在明显的差距，国内企业所生产的商品和提供的服务已经不能满足一些较高收入群体的消费需求，他们开始把日用品和奢侈品消费的目光投向国外市场，中国的富裕消费者正在成为全球消费市场增长的全新推动力量。

在中国经济不断融入世界经济运行体系的过程中，中国政府所制定的各项经济政策也对世界经济的有序发展具有重要促进作用。一方面，通过制定和落实相应的经济政策来恪守规则,中国政府在降低关税,减少和消除非关税壁垒,扩大在农业领域的开放,逐步放开金融、保险、旅游、电信等服务业市场和资本市场等方面积极履行各项承诺,使我国的社会主义市场经济运行更加符合世贸组织的规则和国际经济领域的惯例,形成了一系列与市场发展相配套的涉外法律体系,使世界各国都能从中国的经济增长和与中国的自由贸易中获得更多的发展机会;另一方面,通过制定和落实相应的经济政策来承担责任,特别是在金融领域,顶住要求人民币升值的外部压力,通过有序的管理来改革汇率制度,既维持了人民币汇率的稳定,又有力地促进了世界金融市场的稳定,努力推动世界经济和金融秩序的公平与合理。

2. 促进世界和平发展

20世纪80年代中期,对话逐步替代对抗成为世界大国处理相互关系的主要方式,中国也获得相对缓和的周边环境,并在联合国舞台上得到广大第三世界国家的支持。邓小平指出了在美苏缓和前提下,中国的外部战略环境是基本稳定的,并带领中国顺利实现"以经济建设为中心"的战略转移,这是新中国成立以来走出的和平发展第一步。自此,中国始终认为维护世界和平的力量和因素是不断增长的,维护世界和平,并在和平的条件下谋求发展是不可阻挡的历史潮流,中国政府也始终高举和平、发展、合作的旗帜,加强与世界各国的交往,积极参与各项国际事务,在谋求自身发展的同时努力促进世界各国的共同发展。

以和平外交方式求和平,坚持走和平发展的道路,是我国对外政策的核心理念。我们推行全方位的和平外交政策,既"争取和平的国际环境发展自己,又以自身的发展促进世界和平"①。而且,发展也正是和平的要义,我们的目标是在自身发展基础上积极谋求和平,积贫积弱的旧中国由一味忍让获取的和平只能是屈辱的和平。我们还提出"一国两制"的构想用以指导和平解决自身的历史遗留问题,同时还积极参与联合国维和行动等人道主义援助,推动与发展中国家在诸多领域的合作,在"富邻、睦邻、安邻"的原则下与周边国家建立友好关系,体现了我们积极地担负责任、追求和平发展的外交姿态。

和平外交理念的主要内容包括:维护全人类的共同利益,推动建立公正合

---

① 国务院新闻办公室:《中国的和平发展道路》,参见 http://news.xinhuanet.com/politics/2005-12/22/content_3954937.htm。

理的国际政治经济新秩序,维护世界多样性、发展模式多样化,推进国际关系民主化,反对一切形式的恐怖主义等。当然,我们必须看到,在我们致力于和平发展的同时,也将遭遇来自外部世界各种有利和不利因素,一些因素之间不仅相互混杂而且还会相互转换。我们还必须看到,中国与许多大国的相互联系日益密切,但彼此利益交错复杂,维系相互合作的因素并不牢固,化解对抗需要发挥大智慧;中国与广大发展中国家之间的关系尽管得到不断巩固与发展,但随着中国跻身世界经济大国行列和不断融入国际体系,中国与发展中国家合作的领域也需要拓宽和递进,还需要寻求新的合作机制,如果摆不好位置则很容易受到挑拨离间或陷入被动。

中国的和平发展与全世界的共同发展紧密相连,是符合全人类利益的发展,是世界进步潮流的重要组成部分,同时也推动世界不断进步和发展。当今世界,经济全球化进程把各国的命运都联结在一起,经济上相互依存与相互合作、政治上求同存异与相互借鉴是各国已有的共识。各国既存在许多共同利益,也面临许多共同问题和挑战。在反对战争、恐怖主义与各种武力威胁,争取和维护和平、安宁的总体环境上,在科学、合理开发与利用资源,保护人类共同的资源与环境、保持生态平衡、维持可持续发展上,在对抗疾病、饥饿、毒品、犯罪等一系列问题上,以及获取公平合理的发展秩序、良好的制度环境等方面,世界各国所面临的利益和挑战是一致的。这些问题都是事关人类生存与发展的大问题,解决好这些问题是世界和平发展的共同前提。

共同发展思想的提出,是中国自我发展的递进,包含着对处理自我发展与共同发展关系的深刻思考,同时也意味着中国对外战略不断走向成熟。"平等互利、讲求实效、形式多样、共同发展"被确认为我国开展对外经济合作的四项原则,20 世纪 90 年代以后中国外交实践的积极推进更是促成了这一战略思想的形成,几代领导集体在许多国际场合的表述中,都将促进共同发展作为中国处理与外部世界关系的重要原则。"互惠互利共同发展","加强国际合作、促进共同发展"既是我们的战略思想,也是我们的具体行动。共同发展,不但是一种客观需要,也体现了一种主观境界。努力扩大共同利益的领域,减少恶性竞争,寻找解决分歧与冲突的合理办法,中国愿意在世界的共同发展中作出自己应有的贡献。

3. 支持世界文明多样性发展

当今世界是一个充满多样性的世界,不仅各国发展阶段和发展水平各不相同,而且还处于多种文明相互交汇、多种制度相互共存的情形之下,诸多差异容易导致国与国之间认同度和信任度的降低,相互猜疑与对抗还很容易使各方纠缠于无谓的内耗而与发展机会失之交臂。世界的多样性是一种客观存在,它要求世界各国能把加强国家之间的相互合作作为理性选择,在合作中谋求发展。世界多样性的存在也在客观上要求世界各国能够相互尊重、相互承认,在求同存异中实现共同发展。

建立在支持世界多样性发展的基本理念上,中国政府提出建设和谐世界的设想,这一设想是中国政府关于和谐社会的执政理念在外交领域的延伸,也是对"和平发展""共同发展"外交战略思想的深化,对内建设和谐社会、对外推动世界和谐已经成为当代中国的价值追求。"和谐"的追求在中国有着悠久的思想根源,但是,中国在近代备受外来侵略与凌辱,中华民族在奋起反抗的斗争历程中以革命替代忍让和妥协,以谋求中国的独立、安全与发展。今天,时代发生了巨大变化,中国的经济、政治和社会生活都向前迈进了一大步,中国正以崭新姿态屹立于世界舞台。近年来,中国领导人在许多重大场合多次阐述了构建"和谐世界"的思想,并逐步升华为当代中国处理国家之间关系的新理念。

建设和谐世界等一系列主张的提出,既基于中国自身发展的需要,更着眼于当今世界许多领域的紧张态势,它提出了这样的问题:面对各种形式和性质的矛盾与冲突,全世界是否能够共同努力寻找兼具建设性和包容性的解决方法。这是一种新的姿态,新的尝试。建设和谐世界理念的丰富内涵包括:世界各国在经济上的相互合作与互利共赢,在政治上的求同存异与相互借鉴,在文化上的相互交流与彼此尊重,在人类所面临的环境、生态、气候、疾病等一系列问题上加强合作与共担责任。世界是丰富多彩的,各国之间在不同领域既有独特性与差异性,也有共同性、依存性与可融合性,在相互尊重与合作中共同进步符合各国利益。和谐世界的理念就是主张和平、合作与发展的重要性,主张通过推动国际多边合作机制的建设,积极寻求建立公正、合理的世界政治经济新秩序,逐步打破依靠力量制衡的世界格局,努力建设更加美好的新世界。

世界各国的发展成就了世界的多样性,而世界的多样性又是人类文明发展的本质特征。"世界是丰富多彩的。如同宇宙间不能只有一种色彩一样,世界上也不能只有一种文明、一种社会制度、一种发展模式、一种价值观念。各个国家、各个民族都为人类文明的发展作出了贡献。应当充分尊重不同民族、不同宗教和不同文明的多样性。世界发展的活力恰恰在于这种多样性的共存。应本着平等、民主的精神,推动各种文明的相互交流,相互借鉴、以求共同进步。"①习近平提出,各国应该共同享受尊严、共同享受发展成果、共同享受安全保障,他还指出,世界的命运必须由各国人民共同掌握,各国主权范围内的事情只能由本国政府和人民去管,世界上的事情只能由各国政府和人民共同商量来办,这是处理国际事务的民主原则,国际社会应该共同遵守。② 当今世界,市场经济、民主政治、现代科技与文化等的发展已经成为各国共同的追求,但世界各国都有各自的具体国情和鲜明个性,都可以以各自不同的方式去运行市场、实现民主、发展科技和文化,不同国家可以有各自的发展道路和发展模式,适用于一国的经验并不一定能对其他国家产生直接的借鉴作用,世界各国只有从自身的实际出发,充分发挥自立自主的主体意识,以相互尊重对方的意愿为前提建立平等互利的合作关系,才是走向共同发展的必然选择。

延伸阅读 8.2

　　我们奉行反对霸权主义、维护世界和平的外交政策。谁搞和平,我们就拥护;谁搞战争和霸权,我们就反对。我们同美苏两个超级大国都改善关系,但是他们哪件事做得不对,我们就批评,就不投赞成票。我们不能坐到别人的车子上去。我们这种独立自主的外交政策,最有利于世界和平。问题的关键是中国的现行政策不能变,无论对内还是对外政策都不能变。我相信,只要坚持现行政策,搞它几十年,中国会发展起来的。
　　——邓小平:《拿事实来说话》(1986年3月28日),《邓小平文选》第3卷,人民出版社1993年版,第156页。

　　世界和平与发展这两大问题,至今一个也没有解决。社会主义中国应该用实践向世界表明,中国反对霸权主义、强权政治,永不称霸。中国是维护世界和平的坚定力量。
　　——邓小平:《在武昌、深圳、珠海、上海等地的谈话要点》(1992年1月18日—2月21日),《邓小平文选》第3卷,人民出版社1993年版,第383页。

　　在新的世纪里,中国共产党和中国政府愿同全世界一切爱好和平、渴望

---

① 江泽民:《在联合国千年首脑会议中的讲话》,2000年9月6日。
② 习近平:《在莫斯科国际关系学院的演讲》,《人民日报》2013年3月24日。

发展、向往进步的国家和人民携起手来，争取实现一个长时期的国际和平环境，共同推进历史的车轮向着光明的目标前进。

中国对外政策的宗旨，就是维护世界和平，促进共同发展。我们坚持奉行独立自主的和平外交政策，在和平共处五项原则的基础上同世界上一切国家友好交往、平等相待、互利合作，推动人类进步事业不断前进。中国共产党将在独立自主、完全平等、互相尊重、互不干涉内部事务原则的基础上，同世界各国政党、政治组织广泛交往，加强合作，促进人民之间的友谊和国家关系的发展。

我们一贯主张，各国应遵守联合国宪章的宗旨和原则以及公认的国际关系基本准则，各国的事务应由本国政府和人民决定，世界上的事情应由各国政府和人民平等协商，反对一切形式的霸权主义和强权政治。国际社会应树立以互信、互利、平等、协作为核心的新安全观，努力营造长期稳定、安全可靠的国际和平环境。各国应加强经济技术的交流和合作，逐步改变不公正不合理的国际经济秩序，使经济全球化达到共赢和共存的目的。

世界是丰富多彩的。各国文明的多样性，是人类社会的基本特征，也是人类文明进步的动力。应尊重各国的历史文化、社会制度和发展模式，承认世界多样性的现实。世界各种文明和社会制度，应长期共存，在竞争比较中取长补短，在求同存异中共同发展。我们将继续同各国人民一道，为建设一个持久和平与普遍繁荣的世界而努力。

——江泽民：《在庆祝中国共产党成立八十周年大会上的讲话》（2001年7月1日），《江泽民文选》第3卷，人民出版社2006年版，第297—298页。

环顾全球，和平、发展、合作的时代潮流没有变，但世界和平与发展面临诸多挑战。共同分享发展机遇，共同应对各种风险，推动建设持久和平、共同繁荣的和谐世界，是各国人民的共同愿望。

中国共产党和中国人民历来是促进世界和平与发展的积极力量。为人类作出应有贡献，是中国共产党和中国人民早就作出的庄严承诺。我们将坚持不懈为人类和平与发展的崇高事业作出自己的努力，争取对人类作出新的更大的贡献。

中国外交政策的宗旨是维护世界和平、促进共同发展。我们将继续坚持独立自主的和平外交政策，始终不渝走和平发展道路，始终不渝奉行互利共赢的开放战略,在和平共处五项原则的基础上同所有国家发展友好合作,维护发展中国家正当要求和共同利益,积极参与多边事务,推动国际政治经济秩序朝着更加公正合理的方向发展。我们将坚定不移实行对外开放的基本国策,完善开放型经济体系,全面提高开放型经济水平,加强同世界各国的互利合作,继续以自己的和平发展促进各国共同发展。

中国共产党将在独立自主、完全平等、相互尊重、互不干涉内部事务原则的基础上,同各国各地区政党和政治组织发展交流合作,相互学习借鉴治国理政经验,促进国家关系发展。

——胡锦涛:《在庆祝中国共产党成立九十周年大会上的讲话》(2011年7月1日),《人民日报》2011年7月2日。

世界繁荣稳定是中国的机遇,中国发展也是世界的机遇。和平发展道路能不能走得通,很大程度上要看我们能不能把世界的机遇转变为中国的机遇,把中国的机遇转变为世界的机遇,在中国与世界各国良性互动、互利共赢中开拓前进。我们要坚持从我国实际出发,坚定不移走自己的路,同时我们要树立世界眼光,更好把国内发展与对外开放统一起来,把中国发展与世界发展联系起来,把中国人民利益同各国人民共同利益结合起来,不断扩大同各国的互利合作,以更加积极的姿态参与国际事务,共同应对全球性挑战,努力为全球发展作出贡献。

我们要坚持走和平发展道路,但决不能放弃我们的正当权益,决不能牺牲国家核心利益。任何外国不要指望我们会拿自己的核心利益做交易,不要指望我们会吞下损害我国主权、安全、发展利益的苦果。中国走和平发展道路,其他国家也都要走和平发展道路,只有各国都走和平发展道路,各国才能共同发展,国与国才能和平相处。我们要广泛深入宣传我国坚持走和平发展道路的战略思想,引导国际社会正确认识和对待我国的发展,中国发展绝不以牺牲别国利益为代价,我们绝不做损人利己、以邻为壑的事情,将坚定不移做和平发展的实践者、共同发展的推动者、多变贸易体制的维护者、全球经济治理的参与者。

——习近平:《在十八届中央政治局第三次集体学习时的讲话》(2013年1月28日),《人民日报》2013年1月30日。

三、讲好"中国故事"树立良好国际形象

改革开放及其所取得的成就,使中国在走向现代化的历史进程中开始了阶梯式的迈进,中国在较短的时间内经历了从农业社会向工业社会、从工业社会向知识社会的两次转型,经济体制深刻变革、社会结构深刻变动、利益格局深刻调整、思想观念深刻变化,是对这一转型过程中所发生变化的精要概括,这些变化和发展,使中国呈现出新的面貌和姿态,也引发了国内社会和国际社会两个层面的效应与关注。如何向国内和国际社会恰到好处地阐述中国的发展现状、面临的问题与未来的目标,如何使国内和国际社会理性地认识中国、接纳中国,并由此而树立良好的国家形象,是当前的一个重要课题。

1. 国家形象的组成

国家形象是对国家的一种认知,在空间上,既包括由国家的自我认知和民众的认知所形成的国内形象,也包括由国际社会其他行为体的认知所形成的国际形象,还包括两者之间的结合;从主体的角度看,又会通过具体的政府形象、官员形象、国民形象来体现;从涉及的领域看,可以划分为经济、政治、社会、文化、军事、生态等方面的形象;在哲学上,国家形象又有主观认识下的形象与客观状态下的形象之分,以及在认知对事物的不同反映程度和方式下具有真实的国家形象与扭曲的国家形象之分。国家形象通常是经由具体的主体、事件、经历而逐步呈现,一系列的要素、变量、工具、媒介在这一过程中起着重要作用。

国家形象的主体身份特征具有两重性:一方面,面向国内社会,国家以特定的权力运行方式对一个在特定领土面积上特定数量的人口进行管理,国民对于国家政权运行的方式、对各方面生活的管理能力与管理成效都有一定的认识和评价,国家内政的运行在国民心目中形成的印象就是国内形象;另一方面,面向国际社会,国家作为其中的一员,其对外决策和对外行为必定使国际社会其他行为体形成一定的认识和评价,这就是国家的国际形象。当然,由于认识和评价需要建立在对事物综合认识的基础之上,而国家的对内政治与对外事务之间经常是联动影响的,因此,国家形象从根本上说应该是国内形象与国际形象的总和,两者相互映衬、相互作用、相辅相成,共同构成完整的国家形象,那种把国家形象仅仅看作是国家在国际社会中的形象的认识是片面的。

"国家"是一个抽象的主体,但"国家"又是一个实体,国家形象实际上是通过作为主体和实体的国家的各个组成部分的相互作用而获得支撑的。抽象的主体形象是从具体的主体形象中提炼的,代表国家实施权力的政府工作人员、作为国家最基本组成的全体国民等都是国家具体的主体,他们的智力能力、处事方式、言行举止甚至个性特点和外表特征等,都会成为人们认识国家形象的重要组成部分并影响国家形象,从某种意义上说,国家正是通过一个个活生生的个体来展示其形象的。作为实体的国家,其组成十分广泛,国土面积、人口数量、民族组成、经济总量和各项经济指标、政治生活和各项制度的运行、国家的军事力量和安全战略、国家的文化事业与产业的发展、环境的质量与生态的平衡以及各个领域发展的数量、质量与速度之间的关系等,国家这一实体通常可以被量化成诸多指标来加以认识,而各种统计数字以及人们对这些数字的认识与评价背后所呈现的就是国家形象。

　　国家形象既是一种客观的呈现,也是一种主观的认识,在这一过程中,不仅人的认知起着重要作用,而且各种类型的认知中介所起的作用也十分突出。由于在国家形象的组成中一些因素起着基础性的作用,如国家所处的地理位置、国家的民族组成和人口数量等,在这些因素的作用下,国家形象具有一种自在性,是不以人的意志为转移的,或者可以说,这种自在性就是国家形象的自我规定性。但与此同时,国家形象又是被描述、被评价的,且存在自我评价和外部评价之分,而这些认识和评价通常是带有一定主观色彩的,立场不同、方法不同、角度不同,所得出的结论自然也会不同。而随着时代和技术的发展,各种传统的和新兴的媒介和中介在人们认知形成中所起的作用越来越明显,从口口相传到纸质媒介到平面媒体再到今天的新媒体,信息传播的工具越来越先进,传播的所产生的影响也越来越大,但是,海量的信息却又是真伪难辨的。可以说,在认知的形成和传播的进程中都存在诸多难以控制的因素,包括认识的方法、信息的性质、传播的方式等,这就使得建构起来的国家形象有可能是真实的,也有可能是被扭曲的。

　　国家形象的内容涉及国家生活的各个方面,它的形成既跟现实有关,跟实践有关,跟认识有关,还跟传播有关,而从总体上说,国家形象的形成离不开三大要素,即它以国家的活动为基础、由信息来建构、在认知中改变。首先,国家形象是国家作为主体在国内或国际社会活动的产物,国内社会的互动包括政府与民众、民众之间、人与物或环境之间以及政策与执行等,国际社会的互动主要是与其他行为体之间的交往,交往的内容和方式都会沉淀为国家的形象,而且,这还应该是一种历史的累积。其次,国家形象是由各种信息建构而成的,不论是何种内容、何种性质的信息,只要与国家的主体或活动有关,都会成为国家形象的载体。最后,国家形象还会在认知中改变,不同的主体,无论是个人、群体还是组织,其认知的能力、认知的立场、认知的方法都可能改变认知的结果,有的是善意的改变,也有的是恶意的改变。

这就告诉我们,国家形象从根本上说是认知对现状的一种反映,这种反映有其相对稳定的一面,但也具有在动态中形成的特点。认知通常是在特定信息的作用下形成的,是人们根据所获得的信息对事物外在特征的认识以及由此而形成的对内在属性的推断,在一个特定的时间段内,由于客观事物所提供的信息的不变性或有限性,也由于认知主体本身的身份与地位、知识和经验、需要与兴趣、人格与情绪以及认知情境的相对固定,使得认知往往具有相对稳定性,个体对人和事物的认识过程通常都存在这样的环节,人们对于国家形象的认识和表述也具有这样的特点,西方世界眼中的中国形象在他们一定的信息来源和认识方法之下是基本不变的。当然,随着主客观各方面条件的变化,新信息的出现或主体特征的改变都会对认知产生新的作用并促使其发生变化,随着不同国家之间往来的频繁和认识的深入,彼此之间对于对方的形象可能会出现新的判断,国家形象因此而具有动态性的特点。

2. 国家形象的塑造

由认知的性质而造成的国家形象所具有相对稳定和动态发展的特点,可以推断出国家形象的可塑造性,也就是说认知的形成与改变同国家形象的形成与改变之间存在直接关联和相互作用,国家形象的客观性和自在性一面永远无法替代认知对它的改变和塑造的一面,而在实践中,人们又可以把认知对国家形象的塑造分成两个层面来理解,一是不同认知主体对国家形象的作用,二是认知塑造国家形象所造成的结果。

从不同的认知主体对国家形象的作用看:一方面是国家形象的自我塑造,即国家可以对自身形象进行自我定位,并以特定的方式向外部世界展示具有代表性的国家信息,使这些信息成为人们认知形成的基础性来源;另一方面是国家形象的被塑造,即外部世界根据其特定的立场和需要去认识一个国家,发现它的外在特征或内在属性,并由此而形成对一个国家的基本认识,建构出特定的国家形象。值得注意的是,不同的认知主体在知识、经验、立场、观点、需要、兴趣等方面具有各不相同的积累,因此对于各自眼中认识对象的印象也会不同,更重要的是,不同的认知主体还会根据自身的需要对所获得的关于对象的信息做出主观的选择,其所描述的国家形象因其对信息的选择性而呈现出差别。因此可以说,国家形象都是认知主体塑造的结果,国家形象的内容组成很大程度上取决于认知主体的价值立场及其对各类相关信息的选择。

从认知塑造国家形象的效果或结果看,存在几种可能情况:一是对国家形象全面客观的反映,这一结果的取得需要满足比较苛刻的条件,包括信息具有全面、客观的特性以及主体拥有中立、公正的立场,信息或立场的偏离就会导致认识上的偏差;二是对国家形象局部、片面的反映,这主要是由信息的局限性造成,获得信息渠道的不畅通造成了认识的局部性和片面性;三是对国家形象的反映存在偏差或发生扭曲,这种情况可能与认知的心理有关,人们在认识事物的过程中存在一系列的心理效应,包括首因效应、近因效应、晕轮效应以及刻板印象等。但是,认知的偏差还更多地由人们所掌握信息的状况而引发,或者由认知主体的价值立场、主观意愿或认识能力决定,相比较而言,这两类情形在国家形象形成中所起的作用往往更大。在现实中,每一个国家都倾向于把自己认为最理想的一面展现给外部世界,而其他国家或个体又倾向于从自身的需要出发选择一些特定的信息来解读,"中国威胁论"就是典型的带有价值立场的判断,同时也在国际社会极大地挑战着中国的国家形象。

国家形象具有可塑造的特点,国家可以站在战略的高度来审视这些因素,并从宏观上理顺塑造自身国家形象的思路,从微观上合理确定塑造国家形象的策略。当然,这是一项涉及诸多领域的工程,包括政府对国家形象的总体定位、国家的各项政策安排如何合理体现国家定位、媒体如何进行有效的信息传播等问题,前者属于战略性安排,后两者属于策略性问题,国家形象的塑造就需要在战略与策略相结合中进行。

给国家形象定位就是通过有目的有意识的主动规划来明确国家的形象,通过历史与现实、理论与实践的结合,从总体框架上对其各方面的要素组成做出设计和规范,形成表达国家形象的特定话语系统和行动系统,并使两者之间形成合乎逻辑的循环。比如,国家谋求发展的不同方式将展示不同的国家形象,温和或粗暴,平和或急躁,心态不同、话语表达不同、对待和处理问题的方式不同则形象不同,无论是面对国内社会还是国际社会,其作用方式和机理是基本一致的。给国家形象定位也是一个确立标准的过程,而标准应该是国家在各个领域价值追求的综合体现,具有历史性、现实性和一贯性,国家按照既定的标准来规范自身的言行,将有助于塑造一个完整统一的国家形象。当国家对自身的发展形成基本定位之后,这一定位还需充分体现于各项战略、政策和制度安排之中,国家应该尽量展示系统与完整的相关信息,使认知主体能沿着逻辑的轨道去规范地认识和描述国家形象,而避免出现明显的认识偏差或扭曲。

当我们把国家形象看作是一个信息输入与输出过程时,媒体的传播就起着举足轻重的作用,在其特定的传播理念、传播内容和传播方式下将建构起特定的国家形象。在今天的技术条件下,媒体所发出的每一条信息哪怕是意思表达模糊的信息也具有快速的扩散效应,因此,客观、公正地反映事实是媒体应有的社会责任,客观就是实事求是,公正则是体现正义的原则而非对抗的立场。在媒体成为塑造和传播国家形象的载体时,它在信息输送的质与量、时间与空间上的安排对于其传播效应的产生具有重要作用,一般而言,其所输送的信息是明确或是模糊、充分或是局部、时间上持续或是中断、空间上广泛或是狭窄,都将直接影响传播的效果,因此,要使认知主体对一个国家形成完整、准确的印象,以明确、持续而充分的方式展示信息是必要条件,任何模糊的、局部的、在时空上不连续的信息传播都会对传播效应造成影响。我们也必须认识到,媒体通常因为其服务于一定的组织机构或利益集团而具有特定的立场属性或利益目标,因此媒体在传播信息的过程中,总是采取选择性的方式来处理信息,选择那些或是符合自身利益,或是代表自身价值倾向的信息进行传播,所以,公众所接受到一方面是媒体以自己的方式传播或打造的信息,另一方面也是社会公众以自己的方式解读的信息,两方面都受到主客观多方面因素的影响,两方面也都存在对信息的选择性问题。

因此,塑造国家形象对于国家发展来说具有战略性的意义,它也是一项庞大的系统工程,涉及的领域众多,国家在对自身形象的塑造过程中既要有全盘的宏观思考,又要有局部的细节推敲,既要关注客观的事态所形成的基本信息,也要关注解读信息的主观视角,更要充分利用各项资源,促成对国家形象的有力传播。国家的形象渗透于国家的每一个细胞之中,任何个体和组织的行动都会成为国家形象的重要组成部分,因此,国家要形成系统的价值观,以价值引领行动,对国家形象进行高瞻远瞩的策划和塑造。

3. 树立良好的中国国际形象

中国是一个世界大国,而大国的概念容易使人浮想联翩:她可以是一个由庞大数字支撑起的国家,可以是一个实力强大的国家,可以是一个雄心勃勃而又姿态温和的国家,但也会因其之"大"而被理解为具有强势、扩张、挤占、争夺、超越等的行动取向。经历了各项实力迅速增强的中国,究竟是继续发展自己还是将不断扩张?究竟是蓄意威胁他国还是追求相互协调?国家形象的形成既包含国家客观的现状,也受到诸多主观因素的干扰,既有不少建立在真实信息基础上的真切解读,也存在很多由被歪曲了的事实左右下的认识误区。全球化进程下的信息时代,扑面而来的常常是夹带着真假难辨的符号、数字、图像乃至评说的资讯,何去何从之间考验的不仅仅是人们的经验和智慧,对于国家来说,更重要的任务是如何努力引导人们更好地辨别信息,对已有的误读做出解构,逐步在人们心目中塑造一个良好的中国新形象。

我们至少面对两方面的挑战。一是努力解构一个被西方误读的中国。西方世界对中国的误读具有结构性特征,既有复杂的社会和心理原因,也有特定的逻辑与范式。随着东西方之间交流的日益频繁,不少人抱着各种各样的目的和心理来到中国、体察中国,但是迄今为止,外部世界在常规途径下对中国的认识基本还是通过各种文本以及媒体的话语表达而进行,这些表达和描述在几经加工之后往往被带上了更多主观的烙印,在这些主观的改变中,有的出于不同的价值立场和不同的思维方式,有的出于不同的利益需求,致使呈现在外部世界眼中的中国形象有诸多被误读、被扭曲之处,在历史和现实因素的共同作用下,这些误读和曲解尚难在短时间内快速消除。二是努力获取国民的认同。从当前国家和社会建设的现实出发,在政治、经济、文化、社会各个领域的物质和精神生活层面,代表国家的政府与民众之间尚存在一系列有待解决的问题,双方之间需要建立良好的沟通与协调,政府与民众是组成同一系统的两个有机体,政府以其特定的价值理念和行动作用于社会和民众,在民众心目中形成总体的印象,这便是国家形象的内在表现,而这个总体印象通常由一系列相互关联的要素组成,包括民众的思维方式与政府的执政理念之间的关系、民众的利益需求与政府的执政效率之间的关系以及民众的权利诉求与政府的执政方式之间的关系,这三重关系的积极建设与协调将有助于建设一个国民高度认同的政府,在国内社会形成良好的国家形象。

在当前复杂环境和条件下,要通过讲好中国故事来塑造国家形象:一是话语系统的建构和话语权的把握,目前我们面临国内政治生活中的话语强势与国际社会中的话语弱势两大困境,如何有效地运用恰当的语言来对内对外表达国家的价值观和政策取向,如何有效地掌握信息传播中的主动权和话语权,既是一个抢占舆论主导权的问题,也是一个占据塑造国家形象制高点的问题;二是重视国家力量和社会力量的融合,使两者形成合力,尤其是要恰当培育和引导社会力量,发挥其在国家形象建设中的积极作用,赋予国家形象以新的内涵;三是充分发挥媒介功能、合理运用媒体来传播国家形象,在发挥媒体对国家形象建设性功能的同时抵制可能出现的破坏性影响;四是掌握传播技巧、全面提升策划媒介事件的能力,在新的技术条件下,媒体既要反映现实、揭示问题,也要做好正确的引导,使其所提出的观点和勾画的图景有助于人们认识一个更为全面和真实的中国。

延伸阅读8.3

到下世纪中叶,能够接近世界发达国家的水平,那才是大变化。到那时,社会主义中国的分量和作用就不同了。我们就可以对人类有较大的贡献。

——邓小平:《在中国共产党全国代表大会上的讲话》(1985年9月23日),《邓小平文选》第3卷,人民出版社1993年版,第143页。

我们搞的是具有中国特色的社会主义,是不断发展社会生产力的社会主义,是主张和平的社会主义。

——邓小平:《社会主义的中国谁也动摇不了》(1989年10月26日)《邓小平文选》第3卷,人民出版社1993年版,第328页。

对外宣传工作的着力点应该是,继续向世界说明我国改革和建设的伟大成就,说明邓小平同志开创的建设有中国特色社会主义道路的正确性,充分展示中国人民坚定不移地走自己的路、实现社会主义现代化的形象;继续向世界说明我国改革开放的方针政策,充分展示中国人民坚持实行改革开放的形象;继续向世界说明我国反对霸权、维护和平、支持国际正义事业的立场,充分展示中国人民爱好和平的形象;继续向世界说明我国政治稳定、经济发展、社会进步、民族团结的局势,充分展示中国人民为维护安定团结和实现繁荣富裕而不懈奋斗的形象;继续向世界说明我国社会主义民主法制建设的成就,充分展示中国人民依法治国,建设社会主义法治国家的形象。

——江泽民:《在全国对外宣传工作会议上的讲话》(1999年2月26日),《人民日报》1999年2月27日。

坚持把加强和改进对外宣传作为宣传思想战线的一项战略性任务。要紧紧围绕党和国家的工作大局，认真贯彻中央的对外工作方针，全面客观地向世界介绍我国社会主义物质文明、政治文明和精神文明不断发展的情况，及时准确地宣传我国对国际事务的主张，着力维护国家利益和形象，不断增进我国人民同各国人民的相互了解和友谊，逐步形成同我国国际地位相适应的对外宣传舆论力量，为全面建设小康社会营造良好的国际舆论环境。

——胡锦涛：《在全国宣传思想工作会议上的讲话》（2003年12月5日），《人民日报》2003年12月8日。

在全面对外开放的条件下做宣传思想工作，一项重要任务是引导人们更加全面客观地认识当代中国、看待外部世界。宣传阐释中国特色，要讲清楚每个国家和民族的历史传统、文化积淀、基本国情不同，其发展道路必然有着自己的特色；讲清楚中华文化积淀着中华民族最深沉的精神追求，是中华民族生生不息、发展壮大的丰厚滋养；讲清楚中华优秀传统文化是中华民族的突出优势，是我们最深厚的文化软实力；讲清楚中国特色社会主义植根于中华文化沃土、反映中国人民意愿、适应中国和时代发展进步要求，有着深厚历史渊源和广泛现实基础。中华民族创造了源远流长的中华文化，中华民族也一定能够创造出中华文化新的辉煌。独特的文化传统，独特的历史命运，独特的基本国情，注定了我们必然要走适合自己特点的发展道路。对我国传统文化，对国外的东西，要坚持古为今用、洋为中用，去粗取精、去伪存真，经过科学的扬弃后使之为我所用。

对世界形势发展变化，对世界上出现的新事物新情况，对各国出现的新思想新观点新知识，我们要加强宣传报道，以利于积极借鉴人类文明创造的有益成果。要精心做好对外宣传工作，创新对外宣传方式，着力打造融通中外的新概念新范畴新表述，讲好中国故事，传播好中国声音。

——习近平：《在全国宣传思想工作会议上的讲话》（2013年8月19日），《人民日报》2013年8月21日。

四、中国和平发展为世界文明作更大贡献

中国一直是国际社会中一支重要的政治力量，虽然新中国成立以后的三十

年中我们发展缓慢、面临多方面的困难,但我们还是向世界展示了一个精神上积极向上的中国。改革开放使中国综合国力大大增强,国际地位显著提高,国际影响力与日俱增。改革开放改变了中国,也改变了中国与世界的关系。中国全面地关注和认识外部世界,并以积极姿态融入世界发展潮流,已经成为国际社会向前发展的重要推动者,中国在和平发展的战略主张和实际行动下,将更好地树立起负责任的大国形象,为世界文明的发展作出更大的贡献。

中国和平发展道路归结起来就是:既通过维护世界和平发展自己,又通过自身发展维护世界和平;在强调依靠自身力量和改革创新实现发展的同时,坚持对外开放,学习借鉴别国长处;顺应经济全球化发展潮流,寻求与各国互利共赢和共同发展;同国际社会一道努力,推动建设持久和平、共同繁荣的和谐世界。中国的和平发展及其对世界文明的贡献有这样几个方面:其一,从经济和社会发展的宏观层面而言,一个拥有庞大人口基数的国家,如果处于饥饿或动荡之中,那将是对世界发展的极大威胁,中国以全面建成小康社会为发展目标,无疑将为世界稳定与和谐加码;其二,在经济与社会发展的微观层面,中国积极融入经济全球化的进程,为世界提供了大量的劳动力、市场、资源和产品,有力地促进了世界经济的交流与繁荣;其三,在国际政治生活中,把反对霸权主义、反对侵略扩张、反对战争和使用武力作为中国对外交往的基本立足点,已使中国成为维护世界和平的重要力量,同时,中国也积极参加和推动国家之间、地区之间的合作,努力推动建立公平、正义、合理的国际秩序;其四,在国际制度建设层面,中国努力发挥自己的影响力,使政治经济等各个领域的国际制度建设更趋公平合理,捍卫自身的国家利益也捍卫了大多数发展中国家的利益;其五,随着自身国力的逐步增强,中国已开始更加具体、切实地承担起自身的国际责任,以更加积极的姿态面对世界性金融危机、全球气候变化、生态危机、疾病防治、防止核扩散等问题上。

中国国际责任问题的提出与我国综合国力提高和国际地位上升相伴随,在积贫积弱的旧中国,从未曾有国家提出维护中国国际地位的问题;新中国成立后,我们坚守独立自主的外交路线,但在动荡中求发展的局面使我们始终处在国际舞台的外围;改革开放以来,中国经济以惊人速度实现腾飞,市场拥有诱人的吸引力,贸易总额与外汇储备迅速增加,人民生活正从温饱逐步迈向小康,与发达国家在教育、科技等领域的差距也在缩小。"中国崛起"日益成为世界共同关注的话题。中国积极调整自身的对外战略,从适应世界、融入世界到开始注重发挥建设性作用,中国的大国地位逐步得到了外界的认同,中国自身的大国意识和责任意识也在增强。

不容否认，中国的快速发展引起了西方的担忧，一些西方学者和政治家认为，由于中国国力上升和其他国家相对衰退将使中国在国际社会的影响力不断增强，中国有可能利用其影响力改造现有国际制度和秩序，从而对当前的大国造成威胁与挑战。同时，伴随着一系列全球性问题的出现，尤其是金融和经济危机的蔓延，中国日益突出的地位也使得西方关于中国责任的话题不断升温。从"中国威胁论"到"中国责任论"，一定程度上反映了中国崛起过程中西方舆论的导向变化，这些论调的存在和发展，也使国际社会对中国责任平添了几分期待。

"中国威胁论"和"中国责任论"既带有警示和担忧，也包含着抱怨和期待，在美国煽动下，国际社会越来越表现出对中国的厚望，特别是2008年金融危机发生后，"中国责任"的呼声越发高涨，甚至出现了"G2"和"Chimerica"的说法。如果"G2"的说法只用来指称中美在当前世界经济领域的地位和作用还具有一定合理性的话，那它在实践中却演变成一种政治施压，这种施压往往出于这样的怀疑逻辑：中国实力正在逐步上升，无法确定中国是否将变得与他国更加合作，还是会走向美国和发达国家主导的国际体系反面，同时也担心中国未必履行承诺担负责任。美国和其他发达国家对崛起中的中国在经济、政治、军事、社会等领域多有期待，包括更充分地开放市场，实行自由化、民主化与透明化等，究其实质而言，是给中国的发展套上美国标准和模式。

作为国际社会一员，中国理应对自己的行为负责，中国也从未试图逃脱自己的责任，但问题是我们应该对谁负责、负什么责、怎么负责，这些是我们必须在战略上首先明确的问题。从身份定位看，中国仍然是发展中大国，我们面临义不容辞的国际责任，也面对复杂而严峻的国内问题。发展中国家既是我们的现状，又是我们的立场，我们以发展中国家的身份融入国际体系，同时深切体会到当前国际秩序中的不合理与不公正，我们提出将"致力于建立更加公正合理的国际秩序"，目标是对内建设和谐社会，对外谋求和谐世界。中国的发展战略首先是对中国人民负责，同时也与国际社会所有成员共同担负起建设整个世界的责任；我们努力承担与我们的实力和能力相符的责任，不被人家牵着鼻子走，糊里糊涂背负不属于自己的责任。

中国一贯以积极姿态融入国际社会，逐步扩大与周边国家和世界大国在经济、安全、反恐等领域的合作，广泛参与国际条约签订和国际机制形成，中国从来不推卸自己的责任，但也拒绝国际责任问题上的西方标准，国际社会也应本着平等友好的原则,不无端猜疑也不恶意施压。美国为首的发达国家希望中国担负起责任,发展中国家希望中国成为负责任的大国,两者的标准大不相同,而中国只能承担自己能力范围内的责任。中国应对国际责任问题形成长远战略和现实策略,既从实际出发融入和维护现有国际体系,也敢于表达自己的理想,使之更有利于自身发展壮大。

走和平发展的道路、承担力所能及的国际责任,是中国对时代发展潮流的顺应,也已经成为引领中国与世界交流和交往的基本价值取向。在中国和平发展的主张和行动影响下,世界的多极化趋势日益明显,中国因素越来越成为有效抑制一些国家实施霸权主义行径的重要力量,世界各国之间相互制约、相互倚重、相互合作的势头愈加明显。中国和平发展的重要努力还包括积极参与国际组织的活动、积极推动建立新型国际组织,争取主动权和话语权,促进地区和世界的安全与发展。中国还将根据形势的发展努力调整自身的对内对外政策,以发展的姿态面对新情况、新问题、新困难,全面深化改革目标、完善各项制度,推进国家治理体系和治理能力的现代化,同时,推动对内对外开放相互促进,促进国际国内要素有序自由流动、资源高效配置、市场深度融合,加快培育参与和引领国际经济合作竞争新优势。

世界文明是各种文明相互交流、相互作用、相互融合的产物,中华文明向来是世界文明的重要组成部分。改革开放既是我们对传统文明进行改造和革新的过程,也是我们全方位地吸收和借鉴外部文明的过程,在这一过程中,我们的物质文明、精神文明、政治文明都获得了新的发展。通过改革开放,把13亿多的中国人民从一个农业社会走入工业社会走上现代化进程,中国只用了三十多年的时间走过了西方要花两百年才走过的工业化之路,这在人类文明史上具有非凡的意义。同时,我们所走的中国特色社会主义道路是一条非西方化的发展道路,也给世界上许多国家提供了一种新的模式和新的思维,中国的特色可能是一种特例,但它至少鼓励更多的国家去追求和实现独立发展、自主发展,这一启发所提供的贡献将远远大于直接的效仿和借鉴所产生的能量。

中国对于和平发展、和谐共处等理念的倡导,已经在逐步显现出其对世界格局、世界发展进程以及世界文明进程的影响力。中国文明的悠久历史和不间断性是世界唯一的,它历经几千年仍然以其强大的体系呈现出凝聚力与生命力,同时中国的现代化进程还不断为其融入新的元素与活力,在全球化进程的推动下,中国文明正以其强大的兼容性拥抱世界文明,世界文明也需要融合中国文明才能更显其完整性。在21世纪的世界,文明的冲突并非不同文明之间差异的必然归宿,文明在交汇中的相互融合也是一种发展趋势,文明的冲突可能是在局部的范围内发生,而文明的交融则是一种世界性的潮流,新时代的世界文明应该是由中西方文明共同融合而成的全新篇章,这也是中国发展对世界文明的贡献。

延伸阅读8.4

中国作为国际社会的一员,对未来的世界怀有美好期待,坚持与和平发展相适应的国际关系理念和对外方针政策。

——推动建设和谐世界

维护世界和平、促进共同发展是中国外交政策的宗旨。中国倡导并致力于同世界各国一道推动建设持久和平、共同繁荣的和谐世界。认为这既是一个长期目标,又是一项现实任务。为了建设和谐世界,应努力做到:

政治上相互尊重、平等协商,共同推进国际关系民主化。国家不分大小、强弱、贫富,都是国际社会平等成员,都应受到国际社会尊重。维护联合国在世界事务中的核心地位,遵循联合国宪章宗旨和原则,恪守国际法和公认的国际关系准则,在国际关系中弘扬民主、和睦、协作、共赢精神。各国内部事务应由本国人民自己决定,世界上的事情应由各国平等协商,各国平等参与国际事务的权利应得到尊重和维护。

经济上相互合作、优势互补,共同推动经济全球化朝着均衡、普惠、共赢方向发展。努力建立公正、公开、合理、非歧视的多边贸易体制,使经济全球化成果惠及世界各国。携手落实联合国千年发展目标,使21世纪成为人人享有发展成果的世纪。

文化上相互借鉴、求同存异,尊重世界多样性,共同促进人类文明繁荣进步。大力提倡不同文明间对话和交流,消除意识形态偏见和隔阂,使人类社会一天比一天和谐和睦,让世界更加丰富多彩。

安全上相互信任、加强合作,坚持用和平方式而不是战争手段解决国际争端,共同维护世界和平稳定。通过协商对话增进信任、减少分歧、化解纠纷,避免使用武力或以武力相威胁。

环保上相互帮助、协力推进,共同呵护人类赖以生存的地球家园。提倡创新发展模式,走可持续发展道路,促进人与自然和谐发展。坚持共同但有区别的责任原则,加强环境保护和应对气候变化的国际合作。

——坚持独立自主的和平外交政策

中国人民坚持自己选择的社会制度和发展道路,不允许外部势力干涉中国内政。坚持在和平共处五项原则基础上,同所有国家发展友好合作,不同任何国家和国家集团结盟,不以社会制度和意识形态异同决定国家关系的亲疏。尊重各国人民自主选择社会制度和发展道路的权利,不干涉别国内部事务,反对以大欺小、以强凌弱,反对霸权主义和强权政治。坚持通过求同存异、对话协商解决矛盾分歧,不把自己的意志强加于人。坚持从中国人民的根本利益和世界人民的共同利益出发,根据事情本身的是非曲直确定立场和政策,秉持公道,伸张正义,在国际事务中积极发挥建设性作用。

中国坚决维护国家核心利益。中国的核心利益包括:国家主权,国家安全,领土完整,国家统一,中国宪法确立的国家政治制度和社会大局稳定,经济社会可持续发展的基本保障。

中国充分尊重各国维护本国利益的正当权利,在积极实现本国发展的同时,充分顾及他国正当关切和利益,绝不做损人利己、以邻为壑的事情。

中国把中国人民的利益同世界各国人民的共同利益结合起来,扩大同各方利益的汇合点,同各国各地区建立并发展不同领域不同层次的利益共同体,推动实现全人类共同利益,共享人类文明进步成果。

——倡导互信、互利、平等、协作的新安全观

中国倡导互信、互利、平等、协作的新安全观,寻求实现综合安全、共同安全、合作安全。

注重综合安全。在新的历史条件下,传统安全威胁和非传统安全威胁相互交织,安全内涵扩展到更多领域。国际社会需要强化综合安全观念,坚持综合施策、标本兼治,携手应对人类面临的多样化安全挑战。

追求共同安全。在经济全球化条件下各国命运休戚与共,国际社会应增强共同安全意识,既要维护本国安全,又要尊重别国安全关切。要摒弃冷战思维和同盟对抗,通过多边合作维护共同安全,协力防止冲突和战争。充分发挥联合国在维护世界和平与安全方面的作用,建立公平有效的共同安全机制。

促进合作安全。战争和对抗只会导致以暴易暴的恶性循环,对话和谈判是解决争端的唯一有效和可靠途径。要以合作谋和平、以合作保安全、以

合作化干戈、以合作促和谐,反对动辄使用武力或以武力相威胁。

——秉持积极有为的国际责任观

作为世界上人口最多的发展中国家,中国把自己的事情办好,本身就是对世界负责任最重要的体现。作为国际社会负责任的国家,中国遵循国际法和公认的国际关系准则,认真履行应尽的国际责任。中国以积极姿态参与国际体系变革和国际规则制定,参与全球性问题治理,支持发展中国家发展,维护世界和平稳定。各国国情和发展阶段不同,应按照责任、权利、实力相一致的原则,着眼本国和人类共同利益,从自身国力出发,履行相应国际义务,发挥建设性作用。随着综合国力的不断增强,中国将力所能及地承担更多国际责任。

——奉行睦邻友好的地区合作观

中国同周边各国积极开展睦邻友好合作,共同推动建设和谐亚洲。主张地区各国相互尊重、增进互信、求同存异,通过谈判对话和友好协商解决包括领土和海洋权益争端在内的各种矛盾和问题,共同维护地区和平稳定。密切经贸往来和互利合作,推进地区经济一体化进程,完善现有区域次区域合作机制,对其他区域合作构想持开放态度,欢迎地区外国家在促进地区和平与发展中发挥建设性作用。中国不谋求地区霸权和势力范围,不排挤任何国家,中国的繁荣发展和长治久安对周边邻国是机遇而不是威胁。中国将始终秉承自强不息、开拓进取、开放包容、同舟共济的"亚洲精神",永做亚洲其他国家的好邻居、好朋友、好伙伴。

……

在世界发生翻天覆地变化的今天,无论什么主义、什么制度、什么模式、什么道路,都在经历时代和实践的检验。各国国情千差万别,世界上不存在最好的、万能的、一成不变的发展模式,只有最适合本国国情的发展道路。中国的发展道路形成于、立足于本国国情。中国深刻认识到走和平发展道路的重要性和长期性,认识到国内外环境变化的深刻性和复杂性,将更加注意总结和运用自身的成功经验,更加注意学习借鉴其他国家的有益经验,更加注意研究前进道路上的新问题、新挑战,为和平发展开辟更为广阔的前景。

中国发展离不开世界,世界繁荣稳定也离不开中国。中国取得的发展成就与世界各国友好合作密不可分,中国未来发展更需要国际社会理解和支持,我们衷心感谢所有理解、关心、支持、帮助中国发展的国家和人民。有十几亿人口的中国走和平发展道路,这是人类发展史上新的伟大探索和实践,不可能做得十全十美,我们欢迎一切友好建议和善意批评。我们真诚希望国际社会更加深入地了解中国源远流长的文明传统,尊重中国人民对国家主权、安全、领土完整和社会稳定的珍视,理解中国作为最大发展中国家需要逐步解决的各种发展难题,理解中国人民渴望彻底摆脱贫困、过上富裕日子的心情,相信中国人民走和平发展道路的诚意和决心,支持而不是阻碍中国走和平发展道路。

回顾历史,展望未来,我们坚信,一个繁荣发展的中国,一个民主法治的中国,一个和谐稳定的中国,必将为世界作出更大贡献。中国人民愿同世界各国人民一道,为实现人类美好理想而不懈努力。

——国务院新闻办公室:《中国的和平发展》(白皮书,2011年)。

图书在版编目(CIP)数据

你应该了解的——专业学位硕士研究生政治读本/肖巍,吴海江主编.—上海：复旦大学出版社，2015.5（2023.10重印）
ISBN 978-7-309-11320-4

Ⅰ.你… Ⅱ.①肖…②吴… Ⅲ.政治理论-研究生-入学考试-自学参考资料 Ⅳ.D0

中国版本图书馆 CIP 数据核字(2015)第 059810 号

你应该了解的——专业学位硕士研究生政治读本
肖　巍　吴海江　主编
责任编辑/方尚芩

复旦大学出版社有限公司出版发行
上海市国权路 579 号　邮编：200433
网址：fupnet@fudanpress.com　　http://www.fudanpress.com
门市零售：86-21-65102580　　团体订购：86-21-65104505
出版部电话：86-21-65642845
上海新艺印刷有限公司

开本 787 毫米×960 毫米　1/16　印张 17.75　字数 284 千字
2023 年 10 月第 1 版第 7 次印刷

ISBN 978-7-309-11320-4/D·731
定价：48.00 元

如有印装质量问题,请向复旦大学出版社有限公司出版部调换。
版权所有　侵权必究